"十三五"综合交通运输统计发展纲要研究

胡希元 高敏雪 段新◎编著

SHISANWU ZONGHE JIAOTONG YUNSHU TONGJI
FAZHAN GANGYAO YANJIU

图书在版编目（CIP）数据

“十三五”综合交通运输统计发展纲要研究/胡希元编著．
北京：中国经济出版社，2017.6
ISBN 978－7－5136－4757－1

Ⅰ.①十… Ⅱ.①胡… Ⅲ.①交通运输业—统计—发展战略—研究—中国—2016—2020
Ⅳ.①F512.3

中国版本图书馆 CIP 数据核字（2017）第 134664 号

责任编辑　路　巍
责任印制　巢新强
封面设计　任燕飞装帧设计室

出版发行　中国经济出版社
印 刷 者　北京九州迅驰传媒文化有限公司
经 销 者　各地新华书店
开　　本　710mm×1000mm　1/16
印　　张　17.75
字　　数　267 千字
版　　次　2017 年 6 月第 1 版
印　　次　2017 年 6 月第 1 次
定　　价　54.00 元
广告经营许可证　京西工商广字第 8179 号

中国经济出版社 **网址** www.economyph.com **社址** 北京市西城区百万庄北街 3 号 **邮编** 100037
本版图书如存在印装质量问题，请与本社发行中心联系调换（联系电话：010－68330607）

编委会名单

前言

交通运输统计工作是政府统计工作的重要组成部分，也是各级交通运输主管部门实施科学管理的重要手段。在党的十八届三中全会掀起的全面深化改革的大潮下，在综合交通管理体制大一统的背景下，在交通运输行业加强供给侧结构性改革的新形势下，交通运输统计具备了更多的改革诱因和创新动力。“十三五”时期是我国全面建成小康社会的决胜阶段，也是交通运输行业调整结构、转型升级的关键时期。新阶段、新形势下的多维要求倒逼交通运输统计工作要加快改革和创新。

一是对国家综合统计进行了制度集成、采集方法等方面的大尺度改革，并要求交通运输行业加快构建综合交通运输统计体系。二是经济社会发展进入新常态，适应新常态、服务新常态、引领新常态，要求交通运输统计充分发挥对经济运行分析和决策的支撑作用。三是国家“一带一路”、京津冀协同发展、长江经济带等重大战略的实施，以及行业转型发展，要求交通运输统计提供更加科学、及时、可信的统计产品和服务。四是经济加速向以信息技术产业为驱动的经济活动转变，互联网、云计算、大数据等现代信息技术深度融入交通运输组织、生产和管理，要求交通运输统计创新理念，推进技术、业务、数据融合，变革数据生产流程。

近年来，交通运输统计工作取得长足进步，已从传统的生产数据逐步向数据分析、数据挖掘和综合应用延伸，在制定重大政策、实施精准调控、开展行业经济运行分析等方面发挥着越来越重要的作用。面对新形势、新要求，交通运输统计工作仍有巨大改革与创新空间，主要表现为综合交通运输统计工作机制尚未建立，行业综合统计与专业统计之间协调衔接不够，基层基础薄弱，数据生产和管理自动化、智能化水平低，个别指标存在外部干扰现象。

要解决上述问题，就必须创新理念、机制和方法。要从交通运输部层面统筹谋划，做好顶层设计，构建并形成与五大发展理念相适应，能够客观反映综合交通运输发展全貌，指标设置科学、数据质量可靠、机制运行顺畅、队伍素质优良的综合交通运输统计体系，以指导和引领"十三五"及未来一个时期交通运输统计工作创新和科学发展。

本书立足交通运输统计发展现状和实际，以四大导向为主线，开展相关研究。

一是坚持问题导向。本书编写过程中，注重突出问题导向，紧紧围绕行业统计工作存在的统筹不够、基础薄弱、数据质量受到干扰等突出问题进行思考和布局。

二是注重突出重点。统计工作点多面广、周期性强，本书在兼顾日常工作的同时，重点选择了综合交通运输统计体系建设、"一套表"和联网直报、交通运输经济运行分析等，带动统计工作全面、科学发展。

三是着力实现创新。按照新形势、新要求，本书力求以新的理念、方法和手段建立综合交通运输统计工作机制、变革统计数据生产方式、再造统计业务流程，推动交通运输统计创新发展。

四是全面加强指导。本书主要突出对部、省、市、县各级公路水路统计工作创新发展的指导，突出对公路水路综合统计与专业统计协调发展的指导，同时提出建立部级层面综合交通运输统计工作机制，实现对综合交通运输统计、公路水路综合统计与专业统计的全覆盖。

本书内容总体分为三大部分：一是统筹综合交通运输统计重点内容研究的总报告；二是围绕"综合统计、精准统计、智慧统计"塑造为核心的专题报告；三是综合总报告、专题报告重点内容提炼形成并发布的《交通运输统计发展纲要》。本书以综合交通运输统计指标体系为引领，以创新和完善统计调查方法，加强统计信息化建设为核心，以数据质量管控体系建设为手段，以数据共享和综合应用为服务根本，提出了"十三五"期间乃至未来一段时期交通运输统计要从构建综合交通运输统计体系，推进公路水路交通运输企业"一套表"和联网直报、强化统计数据质量控制、提升统计服务质量、加强统计能力建设等五方面开展重点工作。

目录

总报告：综合交通运输统计改革与创新

专题报告：综合统计框架顶层设计

专题报告：精准统计质量控制体系

专题报告：智能统计信息化建设框架

总报告

综合交通运输统计改革与创新

1. 新时期、新要求

综合交通运输统计是政府统计的重要组成部分，承担着向社会提供交通运输信息、服务于交通运输宏观管理以及整个经济社会发展宏观管理的职能。经过几十年建设，我国综合交通运输统计已经具备一定的基础，在国家经济社会发展过程中发挥了重要作用。

着眼于未来，综合交通运输统计面临着交通运输新发展以及外部环境新变化引发的新需求。为应对这些需求，综合交通运输统计需要进一步变革完善。

（1）国家经济社会发展新趋势，要求交通运输统计工作科学定位、服务全局

党的十八大以来，国家经济社会发展战略出现一系列重大变革，对内深化改革、对外扩大开放，都有实质性推进。要适应经济发展的新常态，以改革促进经济社会的稳定发展；要重点实施“一带一路”、京津冀协同发展、长江经济带三大战略，开拓中国国际发展新格局并带动国内不同区域间的发展整合。“十三五”期间，预期中国发展将进入新的阶段，世界经济增长格局、国际产业分工、全球投资贸易规则、能源资源版图、地缘政治环境等都在发生深刻变化，面临的机遇前所未有，面临的风险和挑战也前所未有。要确保全面建成小康社会的宏伟目标胜利实现，确保全面深化改革在重要领域和关键环节取得决定性成果，确保转变经济发展方式取得实质性进展，中国经济社会也将在“十三五”期间形成并呈现出新的发展特点。

在此大背景下，交通运输承担了重要的职能。一方面国内交通运输基础设施的加速建设，进一步为各区域间的互联互通提供支持；另一方面将交通运输基础建设延伸到国际，不仅拓展了中国与周边国家之间的

人流、物流渠道，而且还为中国制造的优势产品走向全球提供支持。为此，围绕交通运输管理出现了许多新课题，也给综合交通运输统计提出了新要求。

交通运输统计作为与政府综合统计紧密配合的部门统计，是一项以公益性为本质属性的基本公共服务，在行业发展中的重要作用越来越凸显。特别在经济社会发展新阶段，“用数据说话、用数据管理、用数据决策”。交通运输统计需求总量越来越大，内容形式越来越丰富，不仅要求提供全面、系统地反映行业总体运行情况的宏观信息，而且要求能够提供反映局部区域发展的微观信息；不仅要静态反映行业情况，而且要成为反映行业动态运行的“晴雨表”和“监视器”；不仅要求提供数据资料，而且要求提供分析得透、建议拿得准、可操作性强的分析成果。

（2）国家统计改革新动向，需要交通运输统计适应改革需要，走精简高效之路，切实降低基层工作负担

为适应全面深化改革、全面建成小康社会对统计工作提出的新要求，近几年来，国家统计部门开展了“基本单位名录库”、“一套表”、“统一平台”、“联网直报”等一系列统计改革，同时对部门统计工作也明确提出建立部门统计调查单位库、健全统计标准体系、强化部门统计基础等方面的改革任务。今后一段时期内，随着国家统计局统计改革工作的进一步推进，对部门统计工作也会提出相应的要求，要求交通运输统计工作必须适应新的管理方式，既要满足行业发展新的统计需求，切实充当好行业发展的“晴雨表”和“温度计”，又要充分考虑基层实际情况，力争精简高效。

目前，交通运输行业统计采用的是基层单位填报、管理部门层层汇总上报的工作模式，基础统计数据都由行业内的运营单位负责填报。对于基层运营单位而言，面临的统计工作包括行业内现在执行的部级统计报表制度31套，综合统计指标项超过2000多项，还有各省（市）自己增加的各种统计需求，统计工作量大而且存在一定的重复。从未来发展趋势看，随着行业管理日趋精细化，预期统计内容和统计指标将会不断扩展和丰富。面对这一情况，亟须通过制度整合和合理的顶层设计，切实减轻基层工作负担，提高基层数据采集的准确性和规范性。

（3）综合交通管理新体制、新发展，要求交通运输统计必须开拓综合运输统计领域，不断完善统计调查内容

党的十八大以来，围绕转变职能和理顺职责关系，国务院开始了新一轮大部制改革。撤销铁道部，组建中国铁路总公司，将铁道部拟订铁路发展规划和政策的行政职责划入交通运输部，成为影响交通运输行业发展的头等大事，开启了交通发展由原来的分散、独立向一体化、集约化转变的新阶段。杨传堂部长在2014年全国交通运输工作会议上指出，当前和今后一个时期，要集中力量加快推进综合交通运输体系建设，统筹各种运输方式在区域间、城市间、城乡间、城市内的协调发展，充分发挥各种运输方式技术经济优势和交通网络整体效能。为更好履行新一轮大部制改革赋予交通运输部统筹铁路、公路、水路、民航及邮政行业发展的职责，加快推进综合交通运输体系建设，需要在做好公路水路统计的基础上，统筹铁路、民航、邮政等部门统计，拓展范围，加强顶层设计，按照《中央编办关于交通运输部有关职责和机构编制调整的通知》的规定要求，“承担综合交通运输统计工作，监测分析交通运输运行情况，发布有关信息”，做好综合统计。

从发展形势来看，“十三五”时期将是全面建设小康社会的关键时期，也是综合交通体系建设的关键时期，更是适应政府与市场的关系变化、区域经济格局调整、传统产业的提升和战略性新兴产业发展的新时期。资源环境约束及科技创新、信息技术、物联网等外部环境变化，相应地也就要求交通运输统计工作必须适应发展理念的转变，全力打造综合交通运输统计，不断充实统计内容，使之能够反映不同区域、不同层次、不同方式的运输网络布局和整体效能，反映各种运输方式技术经济优势和深度融合后发挥的组合效率。

（4）现代信息技术新发展、“智慧交通”新建设，成为交通运输统计发展新的驱动力，要求全面革新统计数据生产方式

“智慧交通”是新一届部党组确定的行业发展的重点战略性方向，也是今后促进交通运输行业发展转型升级的重要抓手。近年来，交通运输行业在电子政务、运行管理和运输服务信息化等方面都取得了快速的发展和长足的进步。行业主管部门依托信息化重大工程，先后推广建设了高速公路联网计重收费系统、客运站联网售票系统、全国重点营运车辆联网联控

系统、道路交通流量观测系统等各类管理信息系统。信息化逐步应用到交通各个业务领域，不仅有效地提升了行业管理和服务水平，而且产生了大量可用于行业统计工作的行政记录信息。比如，在公路运输方面，重点营运车辆监控每天能够产生车辆位置、速度等数据 2 亿条以上；在水路运输方面，在东海海区借助船舶自动识别系统获取的船舶位置、航速等数据每天达到 5500 万条。这些行政记录数据的产生，为改变传统统计调查手段创造了有利条件，同时客观上也要求交通运输统计要加强对行业管理行政记录信息和企业管理信息的融合应用，加快改革数据生产方式。

此外，动态信息采集技术和传输技术的快速发展，也为交通运输统计调查方式革新提供了新的驱动力和基础条件。基于射频识别（RFID）、红外感应器、全球定位系统、激光扫描器等信息传感设备的物联网技术的快速发展，为交通运输产业活动基础信息的采集提供了强有力的手段，大大提高了调查数据的采集和分析效率，保障底层数据的准确性和可靠性。

从发展趋势来看，交通运输部党组把加快“智慧交通”发展作为今后一段时期内的重点工作，要求要以信息化、智能化为牵引，推动现代信息技术在行业监管、运行管理和服务领域的深度应用，进一步推进行业转型发展、创新管理和提升效率。可以预计“十三五”时期，交通运输统计将面对行业“智慧交通”建设不断深入推进的全新环境，考虑到交通运输统计对象总量巨大、变动频繁，传统统计调查将越来越难以满足社会各界多样性需求、及时性要求，这就要求交通运输统计工作必须突破传统理念束缚，按照开放协同、重点突破、全面提升的发展要求，推动现代信息技术与交通运输统计工作的全面融合，创新数据采集方式和手段，加强行政记录信息的融合应用，推广动态在线统计监测体系建设，做好智慧统计。

（5）经济形势日益复杂和行业管理趋于精细化，要求交通运输统计必须建立健全数据质量管控体系，确保统计数据真实可靠

数据质量是统计的生命线，真实准确的统计数据是政府决策管理的基础。十八大以来，新一届中央领导集体对数据质量高度关切。习近平总书记多次指示要提高基础数据质量，摸清家底，更好地为宏观决策服务；张高丽副总理要求，统计数据要实打实、硬碰硬，绝不能有水分。“十三五”时期是全面建成小康社会的关键时期，也是深化改革开放、加快转变经济

发展方式的攻坚时期。从预期来看，"十三五"时期我国经济发展面临的形势将更加复杂，经济发展将呈现出新的阶段性特征。在经济形势日益复杂的情况下，对政府管理部门的预判、预调能力将提出更高的要求，而这种科学调控的关键就是需要有客观、准确的统计数据作为决策基础。

"十三五"时期，面对全新的统计发展要求，为了更好地实现行业科学发展，服务好"两个百年目标"，交通运输统计必须加强数据质量管理，需要从体制机制和统计流程入手，建立健全统计数据评估体系，对源头采集、审核处理、评估校核、数据发布整个链条进行全过程质量控制，切实保障统计数据的及时性、准确性，努力构筑提高统计数据质量的坚实技术屏障和体制保障，为政府决策提供真实可靠的统计数据。

（6）数据资源日渐丰富，个性化需求逐渐增加，要求交通运输统计要加大数据的融合应用和深度挖掘，提高交通运输统计服务能力

经过长期的积累，目前交通运输行业已经积累起来了较为丰富的数据基础。"十三五"时期，随着行业高速公路联网计重收费系统、客运站联网售票系统、全国重点营运车辆联网联控系统等行业重大信息化工程的继续深入实施和推广，将会产生种类更加丰富、内容更加多元的行业动态运营数据。与此同时，在信息化技术快速发展的时代，与交通行业相关的数据资源的生成方式也产生了深刻变化。互联网运营企业、通讯移动企业、地理信息运营企业等都会产生和积累大量的与交通运输发展有关的信息资源，同时也会对交通运输行业信息产生融合应用需求。交通运输统计需要从服务行业管理、服务社会公众认知分析等多角度出发，加强对不同种类数据资源的融合应用、加大对数据资源的挖掘分析，为行业主管部门和社会公众、企业等用户提供更加优质的统计服务产品。

此外，随着社会文明的快速进步，特别是"十三五"期间经济形势更加复杂、社会发展更加多元，不同受众对交通运输行业信息资源的需求也会呈现出明显的不同，个性化的需求将会快速增加。如何为不同的信息需求者提供个性化的统计服务产品将成为交通运输统计工作面临的客观需求。

（7）转变职能、简政放权需要交通运输统计不断加大保障体系建设，以便更好地发挥事后监管作用

党的十八届二中全会和十二届全国人大一次会议审议通过了《国务院

机构改革和职能转变方案》（以下简称《方案》），明确提出要推动国务院机构改革和职能转变。党的十八届三中全会通过的《中共中央关于全面深化改革若干重大问题的决定》提出，要大力实施简政放权，取消和下放行政审批事项，作为加快转变政府职能的突破口。按照国务院相关文件的要求，交通运输部也积极组织开展了相应的工作。截至目前，交通运输部已分五批取消和下放了22项行政审批事项，占65项的34%，2015年目标是年内完成取消和下放50%。

按照国务院颁发的《国务院办公厅关于实施〈国务院机构改革和职能转变方案〉任务分工的通知》（国办发［2013］22号），国务院机构改革和职能转变分批实施、逐步推进，用3～5年时间完成《方案》提出的各项任务。因此从发展趋势来看，今后一段时期内，国务院还将继续推动各级主管部门下大力气推进简政放权。可以预期未来的“十三五”时期，交通运输行业发展将进入前期减政放权和职能转变工作评估适应期，同时又面临着新的职责调整工作。这些都将对政府治理能力提出新的更高要求，主要表现在对取消和下放事项，要及时跟进事中、事后监管，防止出现管理真空和服务缺位，同时各级政府部门要加强发展战略、规划、政策、标准等制定和实施，中央政府要进一步增强宏观调控能力，地方政府要不断加强公共服务、市场监管、社会管理、环境保护等职责履行，这些都将产生大量新的统计信息需求，要求交通运输走权力下移、信息上浮，分析上移、服务下沉的发展道路。因此，各级交通运输主管部门必须要加大投入，按照事权划分原则、政府购买服务的方式，加快行业统计保障体系建设，为统计工作开展创造必要的保障条件。

上述挑战带来的影响是全面性的，不是简单的“拾遗补缺”，不是“打补丁”，而是需要在原有基础上重新规划、整合，实现综合交通运输统计水平的整体提升。为此，需要对综合交通运输统计的统计内容、统计手段、统计流程、统计管理等方面做系统的顶层设计，需要系统回答“统什么”、“怎么统”、“怎样用”这些基本问题。“统什么”就是统计内容架构，“怎么统”涉及手段、流程和管理，“怎样用”关系到统计功能的最终实现。

2. 发展基础

2.1 发展现状

2.1.1 统计内容及指标体系

（1）铁路统计内容及指标体系

铁路统计工作主要依托经国家统计局审批的《铁路旅客运输统计报表制度》、《铁路货物运输统计报表制度》、《铁路行李包裹运输统计报表制度》、《铁路机车统计报表制度》、《铁路客车统计报表制度》、《铁路货车统计报表制度》、《铁路运输设备统计报表制度》、《铁路固定资产投资统计报表制度》、《铁路物资统计报表制度》、《铁路劳动统计报表制度》、《铁路运输企业环境保护统计报表制度》、《铁路运输企业能源消耗与节约统计报表制度》12 套统计报表制度开展，统计内容主要分为铁路固定资产投资统计、铁路交通基础设施统计、铁路运输设备统计、铁路旅客运输统计、铁路货物运输统计、铁路运输质量统计、铁路物资统计、铁路劳动统计、铁路行李包裹运输统计、铁路运输企业环境保护统计、铁路运输企业能源消费与节约统计、铁路多种经营统计。

表 1　铁路交通统计指标体系

指标类别	统计主要内容
铁路固定资产投资统计	机车车辆及配件购置、改造投资，基本建设及更新改造投资
铁路交通基础设施统计	铁路线路、铁路桥梁、铁路隧道及明洞、铁路车站及站段
铁路运输设备统计	铁路通信设备、铁路供电设备、铁路机车、铁路客车、铁路货车、装卸机械、养路机械、铁路轮渡渡船、信息技术设备
铁路旅客运输统计	发送旅客人数、旅客周转量、票价收入、省级行政区划间旅客运输交流量、运输密度

续表

指标类别	统计主要内容
铁路货物运输统计	货物发送量、货物周转量、省级行政区划间货物交流量、运输密度
铁路运输质量统计	设备升级改造，门到门运输办理站数量统计
铁路物资统计	铁路物资采购、消耗、库存
铁路劳动统计	从业人员、工资、劳动生产率
铁路行李包裹运输统计	行李、包裹发送量和行李包裹周转量
铁路运输企业环境保护统计	污染物排放量
铁路运输企业能源消费与节约统计	铁路行业能源消耗量、单位运输工作量综合能耗
铁路多种经营统计	铁路客货运输辅助业、商贸业、旅游业、建筑施工业、租赁业统计

（2）公路水路交通统计内容及指标体系

公路水路交通运输统计工作目前主要依托《交通运输综合统计报表制度》、《交通固定资产投资统计报表制度》等经国家统计局审批和备案的31套统计报表制度开展，按统计内容主要分为13大类，分别为公路水路交通固定资产投资统计、基础设施数量统计、装备数量统计、装备运用情况统计、生产统计、运输质量统计、运输能源消耗统计、运输安全统计、运输法人企业财务统计、环境统计、科技统计、劳资统计、教育培训统计。统计调查对象包括交通运输行业主管部门及所属单位、交通运输企业及所属运输车辆和船舶等。统计频度主要有月报、季报、半年报、年报等。

表2　公路水路交通现行统计报表制度一览表

制度组织实施单位	统计报表制度名称	批准类型
部综合规划司	交通运输综合统计报表制度	审批
	港口综合统计报表制度	审批
	交通固定资产投资统计报表制度	审批
	水上交通情况调查统计报表制度	审批
	城市（县城）客运统计报表制度	审批
	交通运输能耗统计监测报表制度	审批
	交通运输行业公路、水路环境统计报表制度	审批

续表

制度组织实施单位	统计报表制度名称	批准类型
部综合规划司	交通运输扶贫统计报表制度	审批
	公路交通情况调查统计报表制度	备案
部人事教育司	交通运输劳动工资统计报表制度	审批
	交通运输行业教育培训信息统计报表制度	审批
部公路局	收费公路统计报表制度	审批
	公路养护统计报表制度	审批
部水运局	两岸海上直航运量统计表制度	审批
	水运生产快速统计报表制度	审批
	国内航运统计报表制度	审批
	海上国际运输业统计报表制度	审批
	水运及交通运输支持系统建设项目统计报表制度	审批
	航道管理与养护统计报表制度	备案
部运输司	道路运输统计报表制度	审批
	道路运输行业行车事故统计报表制度	审批
部安全与质量监督管理司	港口生产事故统计报表制度	审批
	交通运输行业建设工程生产安全事故统计报表制度	审批
	公路水运工程质量状况及质量监督信息统计报表制度	备案
部科技司	交通科技统计报表制度	审批
部长航局	长江航务管理局固定资产投资统计报表制度	审批
部办公厅	交通档案工作基本情况统计报表制度	备案
部财务司	交通审计统计报表制度	备案
部海事局	海事系统统计报表制度	备案
部救捞局	交通救捞统计报表制度	备案
中国交通通信中心	交通专用通信网统计报表制度	备案

表 3　公路水路交通统计指标体系

指标类别	统计主要内容
固定资产投资统计	固定资产投资项目属性、固定资产投资计划、固定资产投资资金来源、到位、固定资产投资完成、新增生产能力、项目形象进度
基础设施统计	公路线路、公路构造物、收费公路、公路运输场站、航道、航道永久性构造物、助航设施、港口码头泊位、仓库堆场、港口构造物

续表

指标类别	统计主要内容
装备数量统计	运输车辆、装卸搬运车辆与机械、筑养路机械、维修检测装备、船舶、港口装卸机械、港务船舶、港口拥有的机车
装备运用情况统计	运输车辆运用情况、装卸机械运用情况、筑养路机械运用情况、船舶运用情况、码头泊位运用情况、装卸机械运用情况、仓库堆场运用情况、港务船舶运用情况
生产统计	公路客货运输生产、出入境客货运输、站场生产、公路养护、车辆维修检测、水路客货运输生产、航道及辅助设施维护、船闸生产、打捞、港口客货吞吐量、港口装卸与集疏运、港口堆存、港口辅助作业生产、运输船舶在港停时、火车在港停时、进出港船舶、港口作业
运输质量统计	客运质量、货运质量
运输能源消耗统计	运输车辆能源消耗、运输船舶能源消耗、港口能源消耗
运输安全统计	道路行车事故、水上交通事故、船舶机损事故、水上搜寻救助、交通运输行业建设工程生产安全、港口生产安全
运输法人企业财务统计	公路、水路、公路运营、港口企业
环境统计	公路、水路及港口环境保护统计
科技统计	交通科技机构情况、交通科技机构科研建设、交通科技机构科研条件、交通科技项目类型和研究目标、交通科技项目人员及工作量投入情况、交通科技项目资金使用情况、交通科技项目执行情况、交通科技项目成果、效益及影响情况
劳资统计	人员、工资
教育培训统计	机构人员、培训机构情况、开展培训情况

（3）民航统计内容及指标体系

民航统计工作主要依托《民航综合统计报表制度》开展，由国家民航局组织实施，统计调查对象包括民航运输企业、通航企业、机场、空管局，按统计内容主要分为14大类，分别为固定资产投资、航空基础设施、航空装备、装备运用情况、航空运输生产、服务质量、航空安全、通用航空、人力资源、财务状况、企业信息、航空器信息、空管信息、能源消耗与排放。统计报表频度有月报、年报，月度主要统计航空运输相关业务量、能耗等数据，年度统计侧重财务状况与服务情况。

表 4　民航统计指标体系

指标类别	统计主要内容
固定资产投资	民航运输、通航企业（包括航空公司、民用航空机场）固定资产投资（包括利用外资）完成情况，包括建设规模、投资情况和新增生产能力统计、飞机购置和租赁投资统计
航空基础设施	通用机场基本情况、运输机场基本情况、机场供油系统
航空装备	国内注册航空器数量统计、通讯导航监视设备、气象设施
装备运用情况	航空器利用率统计，包括起飞架次、飞行时间统计、日生产飞行时间统计
航空运输生产	运力、客货运输量、正班率、航线条数、运营里程、机场飞机起降架次、机场运输业务量、机场客货流量流向统计
服务质量	航班正常统计、航班延误统计、机场放行正常统计、机场滑行时间统计、投诉统计
航空安全	民用航空器飞行事故统计、航空器事故征候统计、民用航空地面事故统计
通用航空	通用航空飞行中农林牧渔业航空作业飞行完成情况，除工业、农林业航空作业飞行以外的其他经营性通用航空活动，通用航空器代管飞行统计
人力资源	从业人员、专业技术人员、技能人才、空勤人员及机组配套数
财务状况	民航企业的资产负债及营业情况
企业信息	民航企业的基本情况
空管信息	空管保障各类飞行架次
能源消耗与排放	航空公司和机场的能源消耗量与二氧化碳排放量、航空燃油消耗

（4）邮政统计内容及指标体系

邮政行业的统计工作主要依托《邮政行业统计报表制度》开展，由国家邮政局组织实施，主要统计内容包括邮政和快递物流两大方面，分为9大类：固定资产投资、邮政服务基础设施、邮政机要网点与设备、邮政业务与业绩、邮政局所及邮路、邮政服务能力与水平、邮政服务质量、财务状况、邮政机构及从业人员。统计报表频度有月报、半年报、年报，月度主要统计业务量及业绩统计，年度统计侧重普遍服务情况。

邮政行业的统计调查对象包括两大类：邮政企业和速递物流企业。具体为中国邮政集团公司、中国邮政速递物流股份有限公司，以及在邮政管理部门注册取得相应资质的快递企业。邮政行业的所有统计指标数据来源于各邮政企业和速递物流企业，全国范围内法人企业和分支机构约 2.5 万家。

表 5　邮政统计指标体系

指标类别	统计主要内容
固定资产投资	计划投资、完成投资
邮政服务基础设施	提供邮政服务的营业场所数量、邮政报刊亭数量数
邮政机要网点与设备	机要服务网点数量、机要接发转运站数量、机要汽车数量、机要监控摄像头数量、机要通信独立监控系统数量
邮政业务、业绩	业务量、业务收入、收支差额总额、补贴收入、收支差额净额统计
邮政局所数及邮路	邮政局所数量，邮路条数、长度，机要投递道段条数、长度。
邮政服务能力与水平	邮件直投户（点）数、平均投递频次、邮筒（箱）数量、设局所的（乡）镇数量、邮件处理中心数量、已通邮的行政村数量、当天见党报的地（县、市）数量、人均函件量、每百人报刊量
邮政服务质量	查询单总数、赔偿数、抽查给据邮件逾限率、给据邮件损失数量、用户投诉总数、已答复投诉数、无法投递又无法退回邮件数量、逾期未兑领又无法退回汇款量、逾期未兑领又无法退回汇款金额、秘密载体失密丢损次数、秘密载体失密丢损件数
财务状况	资产负债、规模及效益统计
机构及从业人员	邮政机构基本情况、邮政行业从业人员

2.1.2　统计调查方法

新中国成立以来，我国统计方法体系不断完善、不断发展，经历了“以全面调查为主体”到“以周期性普查为基础、以经常性抽样调查为主体，同时辅之以重点调查和科学推算等多种方法综合运用”的统计调查方法体系发展历程。

与国家统计方法体系发展历程相比，铁路系统和民航系统由于自成体系，系统化、信息化程度较高，统计数据大部分可从业务系统生成，其统计调查基本属于全面调查。邮政行业的统计调查目前采用的是逐级上报、逐级汇总的方式进行。

下面重点介绍公路水路交通运输统计调查方法。目前，我国公路水路交通运输行业统计主要采取的统计方法包括周期性普查、定期调查（全面调查、抽样调查、重点调查)、在线监测等。其中，交通基础设施（如公路线路、港口码头泊位、航道及构筑物）数量统计采用周期性普查，业户、车辆船舶、从业人员等数量统计多采用全面调查，企业统计及动态监测多采用重点调查的方式开展，运输生产统计由于市场庞杂多采用抽样调查与全面调查、重点调查相结合的方式进行。

表 6　公路水路交通运输统计调查方法（按制度分）

实施单位	统计报表制度名称	调查方法
部综合规划司	交通运输综合统计报表制度	基础设施、装备等采用全面调查，运输生产采用抽样与全面、重点调查相结合，重点企业统计采用重点调查
	港口综合统计报表制度	全面调查与重点调查相结合
	交通固定资产投资统计报表制度	全面调查
	水上交通情况调查统计报表制度	全面调查
	城市（县城）客运统计报表制度	全面调查
	交通运输能耗统计监测报表制度	重点调查
	交通运输行业公路、水路环境统计报表制度	重点调查
	交通运输扶贫统计报表制度	全面调查
	公路交通情况调查统计报表制度	重点调查
部人事教育司	交通运输劳动工资统计报表制度	全面调查
	交通运输行业教育培训信息统计报表制度	交通行业主管部门及直属单位为全面调查，企业为重点调查
部公路局	收费公路统计报表制度	全面调查
	公路养护统计报表制度	全面调查
部水运局	两岸海上直航运量统计表制度	全面调查
	水运生产快速统计报表制度	重点调查
	国内航运统计报表制度	全面调查
	海上国际运输业统计报表制度	全面调查
	水运及交通运输支持系统建设项目统计报表制度	全面调查
	航道管理与养护统计报表制度	全面调查

续表

实施单位	统计报表制度名称	调查方法
部运输司	道路运输统计报表制度	全面调查
	道路运输行业行车事故统计报表制度	重点调查
部安全与质量监督管理司	港口生产事故统计报表制度	全面调查
	交通运输行业建设工程生产安全事故统计报表制度	重点调查
	公路水运工程质量状况及质量监督信息统计报表制度	全面调查
部科技司	交通科技统计报表制度	重点调查
部长航局	长江航务管理局固定资产投资统计报表制度	全面调查
部办公厅	交通档案工作基本情况统计报表制度	全面调查
部财务司	交通审计统计报表制度	全面调查
部海事局	海事系统统计报表制度	全面调查
部救捞局	交通救捞统计报表制度	全面调查
通信中心	交通专用通信网统计报表制度	全面调查

表 7　公路水路交通运输统计调查方法（按内容分）

统计调查内容	统计调查方法
固定资产投资统计	全面调查
基础设施统计	全面调查
装备数量统计	全面调查
装备运用情况统计	重点调查，调查重点运输企业的装备运用情况
生产统计	机构人员为全面统计，公路水路客货运输量为总量数据，为综合采用全面调查、重点调查结合月度波动系数推算得出。港口吞吐量为全面调查
运输质量统计	重点调查
运输能源消耗统计	重点调查
运输安全统计	全面调查与重点调查相结合
运输法人企业财务统计	全面调查与重点调查相结合
公路水路环境统计	重点调查二级及以上公路以及规模以上港口的环境保护基本情况
交通科技统计	重点调查
劳资统计	全面调查
教育培训统计	交通运输主管部门及其直属单位为全面调查，交通企业为重点调查

2.1.3 统计信息化

信息化是当今世界发展的大趋势，是推动经济社会变革的重要力量。交通运输统计信息化作为交通运输行业信息化的有机组成部分，在推进统计现代化发展中具有很重要的地位。

（1）铁路统计信息化发展水平

我国铁路系统实行垂直管理，管理体制本身不同于公路水路交通。铁路现有基础信息资源主要分为两类：①体现铁路物资要素空间分布的信息，主要包括铁路运输系统内的组织部门、固定设备、移动设备等的空间分布及相互联系的信息；②运输、机务、工务、电务、车辆、财务等主要业务围绕铁路生产形成的信息，通过铁路运输管理信息系统、铁路运输调度指挥管理信息系统、铁道财务会计管理信息系统、铁路办公信息系统等进行生产和管理。借助垂直管理的各类生产管理信息系统，铁路统计信息系统通过与之对接实现绝大部分信息的自动化采集，例如铁路精报数据由票务系统生成获取，少部分数据为基层手工录入。高度的信息化使铁路运输可以做到按日统计。

（2）公路、水路统计信息化发展水平

“十二五”以来，交通运输部把信息化建设作为提高统计监测能力的重要抓手和切入点，开展了交通运输统计分析监测和投资计划管理信息系统工程（一期）建设。以统计信息化重大工程带动，实现了统计、投资、规划信息化全面普及，部、省、市、县交通运输统计、投资、规划日常业务管理信息化覆盖率100%，统计、规划、计划日常工作模式从利用单机版软件或EXCEL离线数据采集、报送、处理、汇总向依托网络环境开展日常业务工作转变。全国历年交通统计数据、历年投资计划安排、五年规划项目等信息都能做到集中存储、统一管理和有效交换与共享，可对规划项目执行情况、投资计划执行情况和交通行业运行状态进行动态跟踪，实现“规划、计划、统计”三位一体业务协同联动。同时打通了统计系统与部分省级高速公路收费系统、省级联网售票系统间的数据采集渠道，初步实现了调查方式由事后统计向事后统计与即时统计相结合的转变。此外，搭建了部级统计信息共享框架，横向实现了部内综合统计与专业统计数据以及宏观经济和上下游产业数据的信息共享，纵向实现了部省之间数据资源的共享交互，有效促进了信息资源由部门分散管理向综合协同管理的转变。

（3）民航统计信息化发展水平

民航系统信息化程度较高，不仅地面机场有各类生产系统，而且空管方面也有信息化系统支撑，能够记录每架飞机、每个旅客出行的详细信息。民航统计注重与业务系统对接实现统计数据的自动采集，从各个机场就按照统计报表的内容要求，由统计部门获得业务系统的数据，经过数据清洗、审核，逐级上报，形成全国的民航统计数据。为进一步提升统计信息化水平，民航局目前正在开发新的统计信息系统，更注重各类统计指标的自由组合的自动化运算和数据挖掘分析，并开发与其他运输方式共享数据的模块。

（4）邮政统计信息化发展水平

邮政统计与公路水路统计类似，实行逐级统计管理。针对 2.5 万家统计对象，国家邮政局开发了企业联网直报系统，实现了邮政企业直接向国家邮政局报送统计数据。该系统包括填报上报导入、催报审核、数据查询、统计分析、预警等功能模块。在统计分析模块里，除常规的统计报表分析外，又包括分析预测、数据挖掘和地图展示等功能。其中在统计数据填报方面，系统引入了短信发布平台，对于未上报数据的单位，用户能够批量发布信息进行催报；在统计数据审核方面，每个用户可以根据工作经验和相关文件要求自定义属于自己的审核公式，以便灵活多样的校核数据；在统计数据分析方面，不同用户可以根据自身需求，将分析维度指标（例如，年度、季度等）和分析数据指标（例如，快件数量）填到报表行表头和列表头，系统将自动生成相应的报表分析数据。

2.1.4 统计数据质量

交通运输统计工作一直重视统计数据质量。铁路和民航的统计数据主要来源于业务行政记录，较好地保证了数据质量，在判断宏观经济走势方面发挥了重要作用。在公路水路运输统计中，由于基础设施、装备等基础指标拥有管理台账且相对容易核实，数据质量较好，而运输生产指标（包括运输量和吞吐量等指标）一直是统计数据质量管理的重点和难点，针对其容易受到人为干预的特点，交通运输部从过程控制、质量评估和质量核查方面开展了一系列工作。

第一，采用机审、人核、抽查等多种方式加强过程控制。在机器审核方面，目前行业内已经全部实现利用统计软件上报统计报表，软件针对报表制度中的逻辑关系均开发相应的逻辑审核公式实施严格控制，禁止逻辑关系错误的数据上报。在人工审核方面，主要是从合理性角度，通过统计人员认真核查，评估合理后进行上报。在抽查核实方面，注重针对各类大型普查和专项调查，以及评估认为有问题的区域的汇总数据或分类、分组汇总数据，进行抽查核实。

第二，针对重点统计指标数据开展评估。主要开展了三方面的工作：①组织利用工业增加值、高速公路计重收费数据、公路交通量等相关指标，从趋势图、相关系数、弹性系数、HP 滤波、变异系数等角度对全国运输量总量数据进行准确性评估。②针对个别增速快、总量大、单产高、月度间变化大的省份，加强统计上报数据间的关联性审核，并综合利用高速公路计重收费、联网售票、海事签证等行政记录对省级统计数据进行重点评估。③站在重新核实的角度，通过采用源头数据，对统计数据进行重新评估和核实。2013 年，为弥补价值量统计指标空白、完成国家统计局“加强和完善服务业统计”，交通运输部组织开展了交通运输业经济统计专项调查，借助本次专项调查，同时也对各省公路水路运输量从“统一方法、统一调查、统一推算”角度进行全过程控制，由交通运输部“下核一级”，直接利用采集的车辆船舶基础数据，自上而下进行各省运输量统计推算，重建了公路水路运输量基数。并编制下发《公路水路运输量统计试行方案》，要求各省统一运输量日常统计采用专项调查月基数结合月度波动系数的方法，采用客观、难以干预的高速公路、联网售票等行政记录作为月度波动系数的数据来源，为统计数据质量提供组织和技术基础。

第三，启动“自查 + 核查”的监督模式开展统计质量核查工作。要求各省加强数据质量自查的同时，对部分省份开展重点核查工作。具体包括下发《关于重新审核 2013 年 1 月公路货物运输量数据的函》、《关于进行公路货物运输量统计数据质量自查工作的通知》，要求各省对公路货物运输量统计数据进行自查，并上报自查报告。并先后赴港口大省开展现场核查，采用不受人为干扰的行政记录（海事船舶签证、海关监管、稽征收费、流量流向等数据及相关资料）进行综合校验评估。

2.1.5　统计服务

近年来，交通运输统计数据的应用得到了长足发展，应用范围不断拓展，应用深度持续加强，应用过程中所使用的技术手段明显提高，统计服务的水平得到不断提升，主要体现在以下三个方面：

第一，有效服务交通运输经济运行分析工作。交通运输业作为基础性、先导性、服务型行业，在服务国民经济平稳健康发展方面有着重要的支撑保障作用。随着经济运行面临的形势日趋复杂，国家对经济运行分析工作的要求不断提高，特别是2008年国际金融危机以来，对分析的频度、研究的深度提出了更高的要求。相应地，交通运输经济运行分析的重视程度和要求也明显提高。为促进行业统计更好地服务于经济运行分析工作，研究建立了新形势下的交通运输经济运行分析工作制度（交规划发［2010］100号），按照“统一归口、分工协作”的工作原则，进一步明确了经济运行分析工作的制度安排、工作机制、框架内容和任务分工，使得分析工作能够有效统筹各司局优势，既加强了分析的深入，又保障了工作的顺利开展。为了满足新形势的要求，增加了能耗统计、城市客运统计、交通扶贫统计等内容，并适当提高了部分指标的统计频度（如城市客运）。

第二，积极扩大统计数据服务范围。除了定期将统计数据报送部领导及部内相关司局外，还分发至各省厅，并与国家统计局、住房和城乡建设部、中国铁路总公司、物流协会和煤炭协会等单位建立了数据交换机制，同时在部网站定期向社会公布行业主要统计数据，扩大了行业统计数据的受众面，提高了关注度，增强了影响力。在发布日常统计数据的同时，加大了对统计数据的挖掘和解读，定期在中国交通报、中国港口、中国远洋航务等媒体发布对当期行业运行情况的分析、行业统计数据的解读，针对一些社会热点问题，加强了专题分析。提高了统计决策支持水平，丰富了信息发布内容，提升了社会公众对行业的了解和认识。

第三，不断加强基础研究。为提高研究深度，丰富和加强研究的技术手段，先后开展了一些前瞻性的基础研究，比如交通运输经济短期预测模型构建研究、中国运输指数（CSI）构建研究、交通投资对就业的贡献研究以及海运业供需平衡指数研究等。这些研究的开展，加强了交通运输行业与宏观经济之间内在关系的分析，提高了行业经济运行分析的水平。

2.1.6 统计保障体系

近年来，随着政府管理体制改革的不断深入，国家对各级政府部门科学决策和依法行政的要求不断提高，各级政府部门对统计信息数量的需求快速扩大，并对信息类型、信息质量、信息的及时性和信息分析均提出了更高的要求。同时，随着交通运输市场经济体制的确立和政府管理职能的转变，特别是大部制改革赋予交通运输部更多的统计职责，统计范畴由传统的公路水路延伸到铁路、民航、邮政等行业，统计调查范围不断拓展，统计内容不断增多，统计调查对象急剧增加，统计的深度和广度均明显提升。

第一，与各阶段工作要求相适应，制定了相关规章制度和规范性文件。为适应交通运输行业的不断发展对统计工作的新要求，顺利开展统计工作，有效提升统计工作的质量，交通运输行业在保障统计工作顺利开展方面，根据各阶段统计工作的特点，制订了相关规定，形成了一些规范性文件，与国家层面的统计法律法规相结合形成了部门统计法律法规体系。

表 8　交通运输行业统计法律法规一览表

分方式	统计及相关法规	颁布文号	制定部门
铁路	中华人民共和国铁路法	1990 年，中华人民共和国主席令第 32 号	第七届全国人民代表大会常务委员会
	铁路统计管理规定	2006 年，铁道部令第 28 号	铁道部
公路、水路	公路、水路运输全行业统计工作规定	1992 年，交通部、国家统计局第 36 号令	交通部、国家统计局
	关于制发统计报表和发布统计资料的暂行规定	1999 年	交通部
	关于印发《交通统计工作管理规定》的通知	2002 年	交通部

续表

分方式	统计及相关法规	颁布文号	制定部门
公路、水路	关于印发《交通统计工作评比表彰办法（试行）》的通知	交规划发［2004］735号	交通部综合规划司
	港口统计规则	2006年	交通部
	关于印发交通运输经济运行分析工作制度的通知	2010年	交通运输部
民航	中华人民共和国民用航空法	1996年，第56号主席令	
	中国民用航空统计管理办法	中国民用航空总局令第134号	中国民用航空总局
邮政	中华人民共和国邮政法	2009年，第12号主席令	
	邮政行业统计管理办法	2011年，交通运输部令第8号	交通运输部

第二，在经费与队伍保障方面，铁路、公路、水路、民航、邮政均成立了专门的统计管理部门，均有专门的统计队伍支撑统计工作。其中，铁路行业的统计工作目前由中国铁路总公司计划统计部具体负责承担，有专项经费支撑。公路水路交通运输综合统计由交通运输部综合规划司统计处组织实施，委托交通运输部科学研究院交通信息中心承担具体工作，统计工作经费近年来通过在部门年度预算中以经常性专项业务费项目的形式进行申请，改变了原来统计经费无出处的现状，取得了一定的突破，但仍存在一定的缺口。民航统计工作由国家民航总局发展规划司统计处负责，有专项经费支撑。邮政统计工作由国家邮政局政策法规司负责组织实施，统计经费通过在财政中列支有专项经费的形式予以支撑，每年国家邮政局均向各省拨付相应的统计工作经费。

2.2 存在问题

2.2.1 统计内容及指标体系

在“行业推进结构调整、加快转变发展方式”的大背景下，当前各种运输方式的统计调查体系仍相对独立，统计内容结构仍有待完善，难以及时反映运输行业市场的发展变化，在满足行业管理决策方面，仍存在一些不适应，具体表现在以下五个方面：

第一，衔接紧密的综合运输统计指标体系尚未形成。各运输方式统计按照各自的业务领域特点制定，指标体系相对独立，一些核心运输统计指标的口径和方法存在明显差异，难以整合应用。例如客运量，在口径上，铁路是区域运输量，公路是属地运输量；在计算方面上，铁路是基于运单起终点的发送量统计，公路则是基于工具按运输趟次的统计，对于中转运输不能真正反映起终点，不适应综合交通运输规划、政策制定的应用需求。

第二，静态统计内容多、动态统计内容少。例如运输价格统计，发改委、物流与采购联合会都有相关统计，仅供内部参考，但无论是权威性还是灵敏度，均难以适应行业管理需要。2013 年运输司开始组织道路货物运输价格试点工作，目前正处于深化试点阶段。又例如高速公路收费车流量监测统计，目前工作已在开展，已统计 14 个省份，仍处于初步阶段，全国所有高速公路收费车流量的整体情况目前还不能获取。

第三，实物量统计内容多，价值量统计内容少。例如运输统计，运输量一直是主要统计内容，缺乏运输货物的价值统计，也缺乏运输行业对经济的贡献度统计。而交通运输价值量统计也刚刚起步。

第四，与交通运输体制机制改革和转型升级密切相关的统计内容有待进一步丰富和完善。例如缺乏反映城市居民出行特点的城市居民公交分担率、城市居民出行强度、出行方式、出行时耗等内容的统计。此外，缺乏反映甩挂运输、零担快运、城市配送等行业转型升级步伐等方面的统计，不利于制定相关政策科学引导行业发展。

第五，统计时间维度和空间维度不适应现代管理需求。现有报表制度主要以月度、季度和年度汇总数据为主开展统计，缺乏分时段、分区域统计。例如缺乏城市公交的高峰时段满载率，不能满足对城市公交服务水平的考核需求。又例如运输统计数据是分省的，缺乏市、县统计数据，不能满足区域规划需求。此外，缺乏反映道路运输货物流量流向和危险品货物运输等内容的统计，难以满足与经济相关的深度挖掘分析。

2.2.2 统计调查方法

在我国全面进入社会主义市场经济和信息时代的大背景下，交通运输行业统计调查方法创新步伐仍落后于社会经济和科学技术的发展。具体表现在以下四个方面：

第一，统计报表多头布置，缺乏统一性。统计数据多渠道，交叉重复报送，基层单位或企业填报负担较重。公路水路交通行业是改革开放最早的行业，已经全面从计划经济体制转变为市场经济体制。但是，现行的统计调查方法和运行模式仍主要沿用计划经济体制下形成的逐级上报的传统统计报表制度。目前，每一个省、市级综合交通管理部门一般承担26～27套统计报表制度，各报表制度制定主体分头向企业和基层管理部门进行布置，地方统计工作者学习多套软件，多系统分别报送统计数据。由于各套统计制度相对独立编制，相关指标定义、统计范围缺乏一体化统筹考虑，增加了企业和基层单位负担。

第二，统计系统与业务系统衔接不足。随着信息技术快速发展，信息技术以全面渗透到交通行业各个具体管理流程，在行政管理工作中形成大量支撑统计工作的基础信息。但是由于统计系统与业务系统建设缺乏有机融合，导致信息资源没有在统计领域得到更充分、高效的利用，统计人力资源不足矛盾日益尖锐。例如，目前车辆库、船舶库、企业名录库等静态基础数据采集尚未实现从交通运输管理部门业务系统中直接提取，工作量巨大，需要投入大量人力物力。另外，在当前31套统计制度中，除水上交通流量统计制度数据采集与海事签证业务系统衔接以外，其他制度均采用逐级填报的报表统计。

第三，借助现代化自动采集数据的手段不足。公路、水路交通运输企业8万余家，企业集中度低，数据采集困难。特别是道路运输企业，个体挂靠现象普遍，从业人员文化素质整体偏低，信息化条件差，数据采集自动化程度低，数据的真实性和及时性难以得到有效保证。以油耗和运输量统计为例，目前车辆油耗和运输量仍主要采用填报或人工调查，很难如实获取精准信息。

第四，尚未建立周期性普查与日常性调查相结合的制度安排。近年来，我部围绕交通发展需求先后开展了内河航道、港口、公路、运输量、城市公交站点、交通运输经济等一系列大型专项调查。在摸清家底的同时，建立了行业基础信息资源库，不仅为行业信息化建设提供了有力支撑，更为行业培养了一批统计人才。但是，目前周期性普查工作的启动仍缺乏制度性安排。在新形势下，哪些专项调查需要坚持、专项调查多少年组织一次最科学，均缺乏深入研究，需要形成制度。

2.2.3 统计信息化

交通运输行业各领域运行特点和发展不平衡决定了其对应信息化发展水平参差不齐。其中，铁路、民航统计依托强大的业务信息化系统实现主要基础数据自动采集，不仅能够及时获得总量信息，而且还包括详尽的结构数据；邮政统计实现了企业联网直报，数据生产透明度和控制能力较强；公路、水路多、小、散、弱市场化运行的特点导致交通运输统计信息与其他运输发展方式仍有较大差距，主要体现在以下六个方面：

第一，联网直报系统亟待升级改造。当前依托统计信息化一期工程，初步搭建了企业联网直报系统。但是，由于系统建设初期没有大规模企业直报需求，导致现有软硬件系统仅适合千家联网报送，不能满足万家企业的联网直报要求。

第二，现代信息技术手段应用不足。由于传统统计以报表汇总数据为主，统计数据规模不大，因此，软硬件环境和系统建设方案均不适应大数据存储、运行要求。随着统计系统与业务系统的有机衔接，统计基础数据越来越多来自业务系统，数据规模快速增长。例如，在公路运输领域，重点营运车辆位置、速度等数据每天 2 亿条以上；在城市交通领域，以广州为例，其综合处理服务平台每日新增城市交通运营数据记录已超过 12 亿条；每日数据量达到为 150 ~ 300GB。与此同时，随着统计决策分析需求的不断升级，决策管理对数据处理速度和统计结果展现方式也提出越来越高的要求，因此迫切需要采用现代信息技术手段提高统计数据采集、处理和分析能力。

第三，数据挖掘分析技术手段落后。长期以来，由于统计数据以汇总数据为主，统计分析基本停留在简单的加、减、乘、除对比分析层面，模型、算法基础理论储备不足，导致交通数据挖掘分析信息化工具发展相对落后。"十二五"期间，随着统计监测数据采集能力大幅度提高，交通运输统计分析模型研究取得长足进步。但是交通数据挖掘分析信息系统建设仍相对落后，制约了统计分析能力的提升。

第四，行业统计调查成果与GIS技术融合应用不足。目前，交通统计数据的提供方式仍以表格和直方、线形等简单统计图为主，与地理信息相结合的统计图形展示能力薄弱。交通的空间特性难以全面向应用主体提供，难以适应多方面、多层次交通运输信息需求者的要求。

第五，面向管理部门和社会公众的统计服务方式单一。目前，交通运输统计通过网站发布、报纸刊登、年鉴出版等方式向管理部门和社会公众提供统计信息，移动终端APP、微信公众账号等便捷服务方式缺乏，互联网思维运用不够，难以适应社会各界对交通运输统计数据便捷、快速的获取需求。

第六，统计信息资源缺乏系统化管理。随着高速公路交通量监测数据、客运站联网售票数据的定期采集，交通运输统计数据的种类越来越多，数量规模越来越大，报表数据、监测数据、交换共享数据、专项调查数据、历史数据等各类数据资源分散，目前人工管理的方式难以适应发展需求，需要继续建设系统化的工具进行标准化、规范化管理。

2.2.4 统计数据质量

目前来看，交通运输统计质量管理取得了一定成效，在一定程度上遏制了外界的干扰，但是距建立完善的质量管理体系还有差距，重点体现在以下三个方面：

第一，源头数据真实性存在人为干扰的问题尚未根本解决。从运输量来看，抽样调查的源头数据仍是人工调查采集上报的形式，除调查对象流动性强、调查难度大影响数据质量外，不能排除各种因素对调查数据真实性的影响；从吞吐量来看，层层组织企业填报统计数据的形式，也难以从根本上消除地方政府对企业施加压力的影响。

第二，质量评估体系需进一步完善。目前的数据质量评估主要是事后评估，也就是针对运输量和吞吐量结果数据进行评估，对源头数据、数据采集过程、数据加工过程缺乏评估。即便是对统计结果的评估，也多是利用行业内不同来源的数据进行验证，评估方法相对单一。尤其是行业内相关体系仍在建设之中，对评估数据获取的影响较大，比如新开通高速公路、现有高速公路的封闭大修，等等，均对数据的稳定性产生一定影响；海事签证作为简政放权的重要事项，其签证业务管理的变化，也会影响数据的获取。

第三，责任追究体制尚未建立。当前，由于对统计数据的干预没有责任追究制度，数据造假成本低，必须通过机制建设，建立统计数据质量责任人追究制度，使人为干预统计数据的可能性降到最低。

2.2.5 统计服务

虽然交通运输统计数据的应用得到了长足的发展，但在新的形势下，统计服务也面临着一些新的问题。主要体现在以下三个方面：

第一，交通运输统计信息对外服务体制机制尚未全面建立，面向市场的统计服务咨询不足。例如在提供数据给社会力量进行个性化的分析方面，尚未形成完善的服务体制机制，未明确哪些数据可对社会提供以及数据的分析应用范围。又如数据分析价值链尚未建立，增值服务没有起来，主要原因可归纳为两个面：一是统计手段落后。目前基础数据的采集、处理和审核的时效性尚不能完全满足对社会公布的要求，多为内部使用。二是科学合理的交通运输信息服务价值链体系没有建立起来。如何有效借助市场，将通过政府行为获取的统计信息，以丰富多彩的形式提供给社会大众，仍无相应的体制机制。此外，目前，交通运输统计指标约3000个，覆盖公路、水路、民航、铁路基础设施规划、建设、运营、管理等多个方面，但是向社会公布和为政府、企事业单位提供的咨询信息服务非常有限。

第二，服务决策支持和引导市场发展的行业分析不足。随着国家对经济运行分析工作的重视程度不断提高，部领导对交通运输经济运行分析工作也提出了更高的要求，并批示要求进一步深化行业经济运行分析工作。虽然在短期预测、指数研究、投资拉动等方面开展了一系列基础研究，但与部领导的要求相比，仍存在差距。同时，目前对行业发展的热点、难点分析不足，缺乏用动态数据支撑、用有质量的分析成果预警发展趋势，引导市场理性、秩序发展的相关成果，缺乏跟踪国家重大发展战略、反映行业重点工作、鲜活体现市场动态的专题性分析。为不断提高经济运行分析水平，仍需继续加强基础研究工作，如特别是在交通运输监测预警指数体系、交通与宏观经济之间的内在关系方面，需要重点加强。

第三，信息资源共享内容不足，细度不够。目前，铁路、邮政与公路水路运输服务信息资源共享尚处于起步和探索阶段：共享内容以总量信息、事后信息为主，缺乏分区域的、以运营线路站点等为要素的结构性数据以及动态信息；铁路信息资源采集属于条状管理，公路水路信息资源采集以块为主，信息共享普遍是纵强横弱，各自系统内部信息交换共享相对比较顺畅，跨部门的共享较为薄弱，现阶段主要依托靠日常工作联络得以维系，缺乏相关规章制度保障；信息资源交换共享手段，仍停留在传统的纸质文件交换、邮件、传真等方式，信息化的交换共享方式尚未建立。

2.2.6 统计保障体系

《中华人民共和国统计法》（以下简称《统计法》）第四条明确规定，国务院和地方各级人民政府、各有关部门应当加强对统计工作的组织领导，为统计工作提供必要的保障。大部门制改革后，交通运输涵盖了铁路、公路、水路、城市客运、民航、邮政等多个行业，推进综合运输体系建设需要统筹兼顾，需要有一整套体制机制健全、统计经费充足、统计队伍稳定的保障措施，以进一步加强对交通运输统计工作的统一领导和综合协调，推动各单位互通信息、相互配合、相互支持、形成合力。与这些新要求相比，目前的交通运输统计工作保障体系仍存在一些不适应，需要进一步完善，以确保交通运输统计工作顺利开展并能够长期实施。主要体现在以下四个方面：

第一，整合利用不同来源信息资源能力不足，数据共享体制机制亟待建立。例如，目前物流采购联合会、海关、国研中心、煤炭供销协会均有大量的与交通密切相关的行业，但这些数据与交通部门如何共享、怎么共享，仍缺乏一种有效机制。又如随着互联网的普及，阿里巴巴、京东等新兴电商服务业以及百度、中移动等信息服务业均取得了跨越式发展，积累了与交通运输密切相关的海量时空数据，这些数据应该也是交通统计监测的重要信息来源之一，但目前这些海量信息仍游离于交通统计监测领域之外，没有得到充分利用。

第二，缺乏稳定的统计经费保障。从部级层面看，目前各项统计工作的开展并没有长期稳定的经费保障，统计工作经费在国家财政预算中没有专门列支，更多的是在部门预算中切块或通过其他课题经费予以支撑统计工作。从省级交通运输主管部门看，一些省份（如江苏、浙江、安徽、河南、湖南、广东、陕西）的日常统计工作经费每年均需要在财政预算中予以申请，如超过经费申报期限要求，将面临来年统计工作无经费支撑的局面。

第三，基层统计能力跟不上信息需求急剧增加的步伐。当前，交通运输统计调查需求急剧增加，而基层部门能够提供的直接服务远跟不上需求扩充的步伐，供需矛盾日渐突出。据调研了解，仅依靠省级单位自身开展年度综合统计工作所能提供的工作量无法满足需求。因此，迫切需要创新公共服务供给模式，有效动员社会力量，构建多层次、多方式的统计服务供给体系，提供更加方便、快捷、优质、高效的公共服务。

第四，统计规章制度建设相对滞后。两轮大部制改革以来，交通运输统计工作的范畴由原来的公路、水路，拓展到目前的铁路、公路、水路、城市客运、民航、邮政，有关职能职责、业务规程也发生了显著变化，同时作为上位法的《统计法》及其实施细则分别在 2009 年、2005 年做了修订，交通运输行业现有规章制度在调整对象、适用范围、拟确立的主要制度等需要进行相应调整完善。此外，还存在着门类不齐全（如统计数据质量管理制度、统计类标准规范缺失），结构不严密、内部不协调（如行业统计工作管理规定的法律效力甚至低于专项工作统计规则）的问题。

3. 国际视野与国内比较

3.1 国外统计工作现状

3.1.1 美国政府统计概况

（1）组织体系

美国属于分散型的政府统计体系，有近100个联邦机构从事各自分管领域的政府统计工作，即几乎所有联邦机构都有统计工作。其中十余个联邦机构的主要职能是从事统计工作，它们分别是商务部普查局、商务部经济分析局、劳动部劳工统计局、农业部农业统计局、农业部经济研究局、卫生部健康统计中心、能源部能源信息局、财政部收入统计处、运输部交通运输统计局、教育部国家教育统计中心、社会保障部研究、评估和统计局、司法部司法统计局、国家科学基金科学资源统计部，统计内容涵盖经济、人口、农业、犯罪、教育、能源、环境、卫生、科学和交通等各个方面。

（2）协调机制

为保证分散型政府统计工作有序、高效地运行，美国建立了一整套统计工作管理和协调机制，在组织结构上，白宫行政管理和预算办公室（OMB）负责监督、管理、协调和指导所有联邦机构的统计活动；在管理机制上，制定一系列详细的统计法规、政策制度、标准和准则，组建联邦机构间统计政策委员会、方法委员会等协调机构，规范整个联邦政府统计工作流程，提高统计数据质量和统计工作效率。白宫行政管理和预算办公室信息和规制事务部下设统计项目和标准处（共8人）负责监督、管理、协调和指导整个联邦政府统计体系活动。具体职责是：审查各个联邦机构的统计活动经费预算；制定改进统计项目的优先发展方向，对联邦机构统计项目进行横向交叉式评估，以最大限度地减少重复调查，提高统计工作效率；制定统计政策和标准、法律和法规，设立由主要联邦统计机构负责人组成的统计调查标准和准则小组委员会，负责统计调查标准、信息保密指南、统计分类标准、数据发布标准等的制定、修订、更新和实施；对各联邦统计机构的统计项目进行评估；审批统计信息共享协议；推动联邦机构统计活动与统计学术机构的密切联系，将先进的统计理论方法应用于政府统计实践；国际统计协调等。

（3）质量管理体系

为了确保联邦统计数据质量，白宫行政管理和预算办公室于 2002 年 1 月颁布了联邦统计信息质量指南，规定联邦统计信息质量包涵客观性、效用性和诚信三个方面。

客观性（Objectivity）是指信息内容和信息发布是否准确、可靠、无偏。为保证信息的客观性，要求提供完整、准确和简明易懂的关于统计调查过程的文件资料，描述各种可能影响数据质量的误差来源。在统计调查标准和准则中，分别列出了调查回答率、确定抽样框、数据收集编辑方法、不回答分析、评估、推算和比较、信息保密等相应标准条款和详细规定。通过使用可靠的信息来源和正确的方法来实现信息客观性的质量要求。

效用性（Utility）是指发布的信息是否有用，是否满足用户需要。通过内部评估、用户满意度调查、对统计需求的预期、开发新统计产品等途径，从具体专业数据用户、研究者、决策者和公众的角度，考虑联邦机构公布的数据信息是否有用，保证联邦统计数据最大限度地满足用户需求。

诚信（Integrity）是指信息安全和信息保护，避免信息被非法泄漏，避免在统计信息上的腐败和做假行为。联邦政府颁布了一系列关于信息保护法规和行政条款，如隐私法、信息自由法、机密信息保护和统计效率法、联邦信息安全管理法等，对外承诺联邦机构收集的个体信息资料只用于统计目的。统计调查标准和准则第 7 条数据发布标准规定，联邦机构必须按预先确定的发布日程、发布政策和发布程序对所有用户同时公布统计信息，严格遵守对填报者的保密承诺和联邦法律法规，实现数据诚信的质量目标。

此外，各个联邦统计机构以联邦统计信息质量指南为基础，制定并公布各自的统计信息质量标准，通过明确统计概念和方法、调查规划和设计、数据收集、数据加工编辑、数据分析和估计、建立审查制度以及数据发布制度等每一环节的具体要求和目标，保证联邦统计数据质量。

3.1.2 美国商务部统计概况

美国商务部普查局是美国政府最大的统计机构，也是美国人口、经济和政府机构方面重要的统计数据来源。

（1）工作的法律依据

美国的《普查法》详细规定了普查局的地位、经费来源、局长资格任命和职责，统计数据收集和公布，各项普查和调查活动，统计人员和调查者违法行为和处罚措施，对外贸易统计数据收集和发布，以及普查局与经济分析局交换统计调查数据、向其他联邦统计机构提供统计数据事宜。

第一，普查法明确确定，普查局是隶属于商务部的联邦政府统计机构，普查局局长由参议院提名、总统任命，根据法律授权或商务部部长的指令履行职责。普查局有权要求其他联邦政府提供相应的统计信息；通过购买或其他形式取得各州、行政区、大都市或其他政府机构的行政记录、报告等，提高效率，节约经费。普查局有权向填报者印发调查问卷，收集资料。普查局可以承接其他联邦政府部门、州和地方政府委托的统计项目，并适当收取委托经费；可以与非政府机构合作开展在法律授权范围内、有相应经费支持的统计调查项目。

第二，普查法规定，每10年进行一次人口普查，逢0年为普查基准年，4月1日为普查日，在普查日之后的9个月内完成普查任务，并向总统报告普查结果。对人口普查基准年的中间年份，进行抽样调查，每两年公布人口数据。每5年进行一次经济普查和政府普查，逢2和7年为普查基准年。

第三，普查法对统计违规行为和惩罚措施做了明确规定。对于故意提供或编制虚假统计数据者将给予2000美元以下罚款或5年以下监禁的处罚。对填报者拒报或故意虚报的行为，将给予1万美元以下罚款。

第四，普查法明确要求普查局必须与其他联邦政府交流和共享直接从填报者获取的统计信息。根据2002年机密信息保护和统计效率法案，普查局要为经济分析局、劳工统计局等其他联邦统计机构提供工商统计数据，必要时，签订相应的书面共享协议书。

（2）主要调查项目

普查局每年开展200多项调查项目，收集和提供人口、经济、政府方面的统计数据。除了10年一次人口普查以外，同时开展大量反映个人、家庭状况以及经济条件等方面的统计调查活动。其中许多调查项目是其他联邦机构委托的，通常收取一定的项目资助经费，根据用户需求开展调查。

第一，普查活动。包括10年一次的人口和住房普查，逢0年为普查年，提供综合的人口和住房状况信息；5年一次经济普查，逢2和7年份为基准调查年，提供详细的全国经济状况信息；5年一次的政府部门普查，提供关于政府机构、公共就业和政府财政状况方面的统计信息。

第二，日常调查项目。包括两部分：①人口特征统计调查。基于住户和机构单位的抽样调查，其中多数是劳工统计局、司法统计局、运输统计局等联邦机构委托的调查项目。主要有社区问卷调查、住房调查、人口状况统计调查等。②经济统计调查。包括反映当前经济状况的月度、季度和年度抽样调查。调查项目有工商业业主调查、建筑业调查、政府状况调查、对外贸易统计调查、制造业调查、服务业调查以及批发业调查等。

（3）组织和经费保障

普查局全日制人员4000多人，非全日制人员4000多人。在普查局的8个司级单位、39个处级单位之外，普查局还设立国家数据处理中心，主要负责邮件处理、数据采集、统计业务等。采用灵活的用人制度，雇员在1200～6000人不等。

每年5月，普查局要向国会提交下一财政年度的概算报告，主要包括三个部分：①全权预算支出，是在拨款法案中提供的预算资源；②法定支出，在除拨款法案之外的法律控制的支出；③项目无偿资助，从其他机构收到的无偿资助，用于委托调查项目。

3.1.3 美国运输部统计局统计概况

交通运输统计是记录与描述交通行业历史发展情况，研究并分析交通系统的现状与影响，统计和总结交通运输的自然规律，从而支持交通运输规划决策的一项重要的基础性工作。1991 年，美国国会通过了 Intermodal Surface Transpiration Efficiency Act 法案。该法案是美国有史以来首次，也是世界交通发展史上的第一次，以法律的形式提出了跨交通模式（道路、公交、空运以及海运等）的大交通系统的概念，并对这个大交通系统的规划与统计做出了明确的法律上的规定与要求。顺应这个立法的要求，美国联邦政府运输部在 1992 成立了交通运输统计局（Bureau of Transportation Statistics）。交通运输统计局的主要职责就是为美国交通系统（包括各个州的交通厅）提供统计的规范规定，并且每年向国会、民众，以及交通行业就业人员整理并汇报整个美国国家交通系统运行情况。

美国交通运输统计除了具有良好的立法基础，交通运输统计局还注重统计业务的定期评估和规划工作，以持续推进统计业务的健康发展。21 世纪以来，美国交通统计局编制了《交通运输统计业务绩效评估报告（2001—2005）》（Bureau of Transportation Statistics Performance Report 2001—2005），在此基础上制定了《交通运输统计战略规划（2003—2008）》（A Strategic Plan for Transportation Statistics 2003—2008）。《交通运输统计战略规划（2003—2008）》将“有效、准确、及时、有价值、易获取、信息化”作为衡量统计工作成效的评价标准，将这些标准应用于每一项统计业务在支撑交通运输部战略目标实现上的作用评价，该规划同时提出了在组织机构和统计程序建设、数据采集途径、增强与数据使用者沟通等方面的工作计划。

美国《交通运输统计》由联邦运输部、交通运输统计局编写出版。涵盖了美国交通系统的统计信息，包括其物理组成、安全记录、经济表现、能源使用以及环境影响等。该统计报告是美国《交通统计年鉴》的配套文件，年鉴对统计报告的数据，以及州属级别的统计数据进行了分析。美国联邦政府运输统计要求各州在指定的时间内上报规定的交通运输系统统计数据以及指标。

美国《交通运输统计》的统计数据分四部分组成。第一部分主要提供了运输网络的规模、条件、使用及物理性能等方面的数据；第二部分详细介绍了安全记录，提供了各种交通方式下，交通意外、事故、死亡、伤亡以及危险材料运输的数据；第三部分集中介绍了交通运输与经济发展的密切关系，包括交通运输与国内生产总值的关系，各交通运输行业的就业状况以及交通相关的消费及政府支出等；第四部分主要介绍了交通能源使用及交通环境影响的相关数据。

其具体数据指标如下：①运输系统。物理规模，车辆、飞机、船只的详细目录，情况条件，运输及货运，物理性能。②交通安全。多模式数据统计，航空，公路，公共交通，铁路，水运，管道。③交通与经济。交通运输与经济总量，交通运输与消费开支，交通运输的税收、就业及生产力，政府财政。④交通运输，能源及环境。美国交通运输部门能源消耗，各交通模式能源消耗，交通运输的能量强度及燃料效率，空气污染、水污染、噪声及固体废料。

美国交通运输统计经过多年的实践和摸索已经形成了一套比较规范的统计体系，除了日常的一些常规统计工作之外，还进行一些必要的周期性的专项调查工作，以便掌握日常统计中所不能反映的更全面、更细致的交通信息，从而为交通规划、交通政策的制订提供更翔实的数据资料，其中包括全国家庭出行调查和货流调查。专项调查的目的在于获取更详细、更全面的交通信息，结果的更广泛的应用是非常重要、有意义的。以全美家庭出行调查为例，美国运输部为了扩大专项调查的成果，提高数据结果的应用价值，开通了专门的网站，通过该网站用户不仅可以查看全美家庭调查理论、方法的详细介绍，还可以下载有关数据进行深入研究分析。除此之外，用户还可以利用网站的分析功能实时绘制所需表格和图表。网站数据对广大用户是完全免费使用的，其运营和维护均由美国交通运输部承担。

3.2 国内统计工作现状

3.2.1 政府统计工作现状

国家统计局的统计工作涉及经济、社会、农业、科技、能源等诸多方面，范围广，内容多，本书主要针对交通运输统计发展具有重要导向作用的基本名录库建设、普查制度确立、“一套表”统计改革、统计质量管理等进行重点调研，了解情况。

（1）统计方法和制度

改革开放以后，随着经济体制改革的逐步开展和社会主义市场经济体制改革目标的确立，政府统计的统计调查方法体系进行了大的改革，由单一的全面统计报表制度向周期性普查和抽样调查转变。建立了以普查工作为基础，抽样调查为主体，辅之以必要的全面报表、重点调查、科学估算的统计调查方法体系。在普查工作方面，目前国家统计局已经形成人口普查、农业普查和经济普查工作制度，其中人口普查每 10 年开展一次，逢 0 开展，期间定期开展 1% 抽样调查；农业普查每 10 年开展一次，逢 6 开展；经济普查每 5 年开展一次，逢 3、逢 8 开展。

为确保普查工作的顺利开展，出台了《人口普查条例》、《农业普查条例》和《全国经济普查条例》，确定了人口普查、农业普查和经济普查的法律地位，也为定期开展普查工作提供法律依据和奠定基础。以《全国经济普查条例》为例，内容主要包括：总则；经济普查对象、范围和方法；经济普查表式、主要内容和标准；经济普查的组织实施；数据处理和质量控制；数据公布、资料管理和开发应用；表彰和处罚；附则。

（2）基本名录库建设

2010 年 6 月国家统计局正式印发《全国统计系统基本单位名录库建设维护与使用管理暂行办法》。国家统计局的基本单位名录库是包括我国境内的全部法人单位、产业活动单位的基本标识和主要属性信息的数据库。单位基本信息包括识别信息、属性信息和数据信息等。识别信息是指单位代码、名称、法定代表人、住址以及联系方式等；属性信息是指单位所属行业、登记注册类型、机构类型等；数据信息是指单位从业人员、资产和收支情况等。

基本单位名录库在为开展各种大型普查活动提供参照、各项专业定期报表确定调查范围和调查对象、为开展抽样调查提供实时有效的抽样框、为统计执行检查提供依据、为科学开展 GDP 核算提供重要依据、为开展统计分析研究方面都发挥了重要作用。

2009 年以前，名录库采用“分级建库、逐级更新、层层上报”的管理模式。基层更新后，将更新数据库层层上报至国家统计局。第二次经济普查后，国家统计局对管理模式进行了重大改革，研发了一套新的名录库管理系统，实现1+31的国家和省级建库模式。也就是由国家库和31个省级库组成，采用统一的名录库管理系统程序，国家库通过与省级库联网定期传输新增、变更和删除单位数据，审核协调后更新传输新增、变更和删除单位数据，并更新；省以下一省一库，即31个省通过B/S模式分别建立省级库，省以下地、市、县人员通过IE浏览器根据各自的管理权限直接更新、维护省级库。

名录库维护更新分为全面更新和部分更新。全面更新是指利用周期性普查形成的普查数据库对名录库全部单位进行更新。部分更新是指通过基本单位统计调查和各专业统计调查取得的单位变动情况、单位基本信息变更资料对名录库部分单位进行经常性的维护更新。

为实现基本单位名录库的经常性更新，2005年年底，国家统计局、中央编办、民政部、税务总局、工商总局等五部门联合下发了《全国基本单位名录更新制度》，决定从2006年起建立全国名录库维护更新机制。具体内容如下：

第一，各级名录库主管机构定期从同级编制、民政、税务、工商和其他有关行政主管部门取得新增、变更、注销单位行政登记资料；并根据单位活动在地原则，逐级分解到下一级名录库主管机构直至县级。

第二，地方各级名录库主管机构，按照单位活动在地原则，对新增单位进行调查，对变更和注销单位的情况进行核实。

第三，上一级名录库主管机构授权的维护人员，按照调查取得或核实后的名录库资料，在《全国基本单位名录库管理系统》平台上，按权限更新名录库数据。

(3)"一套表"统计改革

为进一步提高统计能力、统计数据质量和政府统计公信力，大力推进统计工作的规范统一，国家统计局决定实施企业"一套表"改革，从2011年年报和2012年定报起，率先对全国所有"三上"企业和房地产开发经营企业的相关统计实施"一套表"制度。国家统计局的"一套表"制度改革包括以下内容：

第一，统一设计调查制度和组织软件开发。国家统计局在集中各专业统计需求，比如在经济、工业、能耗、科技等基础上，建立了企业“一套表”统计调查核心指标体系和元数据标准，统一设计“一套表”制度，统一制定数据处理方案、软件技术标准、数据接口规范和历史数据格式，统一组织开发数据采集处理软件。各省统计局要在严格执行国家统计报表制度的基础上，统一确定省级和省以下增加的调查内容，报国家统计局批准后执行。

第二，统一确定和管理调查单位。依照《全国统计系统基本单位名录库建设维护与使用管理暂行办法》及实施细则，国家统计局统一确定纳入企业“一套表”范围的调查单位。调查单位的认定、调整与维护及基本信息的更新，均以基本单位名录库为基础进行。凡没有进入基本单位名录库的企业不作为企业“一套表”的年、定报调查单位。

第三，统一部署软件系统和调查任务。国家统计局统一部署数据采集处理软件系统。为规范统一企业“一套表”应用软件，建立统一的软件应用平台，国家统计局统一确定推荐软件并统一组织软件的功能改进和优化。在国家集中部署软件系统的基础上，设立独立节点的北京、河北、辽宁、上海、江苏、浙江、安徽、福建、山东、河南、湖北、湖南、广东、四川 14 个省市，在省级部署企业“一套表”软件系统。国家、省级数管中心负责分配普查中心和专业部门的业务管理权限。国家统计局各专业司负责定制本专业统计报表、数据审核规则和数据处理要求。省级统计局设管处负责按元数据标准对增加内容进行统一规范，各专业处负责定制本地区本专业增加的相关内容。

第四，统一组织数据采集、审核验收和加工汇总。纳入企业“一套表”范围的调查单位采取联网直报的方式向国家或省级数据中心上报数据。调查单位按统计机构的统一要求，及时报送基础数据，接受数据查询，核实修改数据。

企业“一套表”采取分级分专业的数据审核方式。各级统计机构相关专业按职责权限对接收数据进行审核和验收，对审核未通过的数据逐级退回下级统计机构核查。各级统计机构相关专业借助统一的软件平台及其节点，按照各自的权限分配，分级汇总处理相关专业数据，完成综合表和汇总表。

第五，分级分专业组织业务培训。企业“一套表”业务培训采取分级分专业培训的方式进行。各级统计机构统一组织编写培训手册，并对下级统计机构进行统一培训；各专业统计和名录库管理部门负责对本系统相关业务进行培训。对调查单位的培训，可采取统一组织、分专业讲解方式。

3.2.2 海关总署统计工作现状

（1）统计组织体系

海关总署统计工作主要集中在综合统计司，下设综合处、贸易统计处、数据管理处、统计分析处和执法评估处。海关属垂直管理，共42个直属海关，其中38个直属海关设有统计处。

（2）统计内容

海关的统计产品除对外发布的进出口贸易数据之外，还包括供内部使用的综合统计，包括货物监管、保税等9个方面的内容。

（3）统计方法

海关统计的数据来源主要为行政记录，其90%的统计数据来源于报关单、税单、提货单、价格申报单等行政记录，其中报关单是最主要的行政记录。

海关总署在开展统计工作时，充分利用信息化手段予以实现。海关的信息化水平很高，在海关管理工作过程中形成的各种单据多已实现电子化管理。且充分考虑统计的需要，对电子单据的各字段进行标准化的编码管理，便于在统计过程中进行数据的提取、筛选和分类处理。以报关单统计为例，统计系统每日从报关单管理系统中提取已报关单数据，并转入中间库，再通过审核、更正、报送形成数据资料。

值得一提的是，在审核过程中，海关总署负责最终复核、检查工作，重点是对错误信息、敏感商品、大数量、大金额记录进行检控。各直属、隶属海关是统计数据审核的主要力量。主要采用电子审核、人工专业化审核、现场接单（放行）审核及统计中间数据审核、隶属海关统计部门（统计岗位）审核、统计数据最终审核、综合统计司复核多种方式。为做好数据审核，系统中设定一系列的检控参数，包括错误信息检控、逻辑检控、商品价格检控、数量比检控、抽单检控、同名异号检控、汇总检控、抽样检控、聚类检控、其他专项检控。此外，还提炼一部分检控参数前置在预录入环节，只要不通过，企业就不能报单。

（4）统计应用及拓展

第一，执法评估。统计数据的一个重要应用就是执法评估，开展这项工作主要为两方面服务：一是对直属海关的业务工作进行监督，量化评估其执法水平和业务管理水平，类似于绩效考核；二是发现海关工作中可能存在的问题和风险，比如针对某类货物的申报价格水平进行评估，评估是否存在偏离正常价格的进出口行为，为业务部门执法提供线索。

执法评估的核心工作是利用基础指标生成评价指标，进而生成综合指数，通过对综合指数的分析以及构成综合指数的各评价指标的分析来开展相关评估工作。

综合指数的产生过程为：首先筛选出 123 个基础指标体系，涵盖 5 大方面（税收、价格、加工贸易、监管和通关）。通过加权及一系列算法，生产 23 个评价指标体系，在 23 个评价指标中再选取可比性强的指标进一步加工成综合指数。总体来讲，可以实现税收征管水平、加工贸易管理水平、监管查验质量、价格审核以及综合评价 5 个方面的评估。

利用评价指标，可以从关别、企业、商品、当月、上月五个维度进行评估分析。对于生成的评价指标结果每月返回各直属海关供其进行深入分析使用。

第二，预测预警。为提高统计分析水平，有效适应我国加入 WTO 的新形势、新要求，海关总署建立了进出口预警机制，完善全方位进出口监测预警体系，2005 年开发完成进出口监测预警系统，并在随后几年陆续进行系统优化。

进出口监测预警系统基于海关进出口贸易统计数据和国内外有关宏观经济统计数据建立，以商品为单元，以多种经济分类分析指标和计量经济模型为主要内容，由几个功能既相对独立又相互关联的分析系统构成。能够对外贸进出口进行全方位、多层次、多角度监测、监控和预警的分析。

海关进出口预警监测系统由快速反应子系统、贸易指数子系统、预测子系统和预警子系统四个系统组成。目前该系统能够支撑日度、旬度、月度、季度、年度数据的发布，监测预警的指标包括单个商品、贸易伙伴、国内区域、不同贸易方式、不同企业性质的进出口数量、价值和价格等，并基于系统生成的贸易指数编制《中国对外贸易指数》月刊。

（5）制度保障

海关的统计制度建设非常健全，其编印的《海关统计实物手册》收录了所有的规章制度，指导基层开展统计工作。具体包括海关统计条例、海关统计工作管理规定、海关统计作业规范、海关统计数据使用管理办法，甚至海关统计资料及数据开发收费标准。

3.2.3　商务部统计工作现状

商务部的一项重点工作是负责市场商品运行统计工作和监测体系建设，建立统计指标体系，采集市场运行数据，监测分析市场运行和商品供求状况，调查分析商品价格信息，进行预测预警和信息引导。

商务部的监测体系在2003年非典期间开始建立，主要是提供即时的市场信息。初期主要监测粮、油、肉、蛋、菜等，后来逐步拓展，目前监测范围包括生活必需品、重要生产资料、重点流通企业等。生活必需品监测主要监测城市和农村11大类100多个品种的价格、销售量、销售额，反映市场稳定状况和发展变化趋势；重要生产资料市场监测主要监测13大类100多种生产资料的价格及部分品种的销售和库存，反映主要行业投资发展状况和趋势；重点流通企业监测系统主要监测流通领域不同行业、不同业态、不同企业的销售规模、运行质量、消费结构、网点布局、重要商品、组织化程度、现代化水平等状况，反映流通产业发展和消费变化趋势。

监测的对象是企业，采用抽样调查方法，由各地负责样本企业筛选。样本企业利用商务部开发的联网直报系统上报数据，建立的直报系统设有部、省、市、县四级平台，各地无权对企业上报数据进行修改，部级平台对数据进行筛选、归类、加工，据此反映市场运行变化。在基础数据采集时，为了尽量减少企业录入的工作量，对于信息化水平较高的零售企业，开发了智能信息泵采集分析系统，从企业的刷卡信息存储，通过信息泵接入，定期（按日）传送。目前使用信息泵的企业有2000多家。

商务部定期对各省统计监测工作进行考核，考核主要考虑以下四个方面：一是样本企业数据的代表性；二是样本企业上报指标的全面性；三是样本企业上报数据的及时性；四是数据分析水平。

3.3 国内外相关经验借鉴

（1）拥有全面完善的统计指标体系

先进的管理理念必须建立在对行业正确客观的认识基础之上，这又要求必须以一套能够全面客观反映行业发展程度的统计指标体系为前提。以美国为例，美国运输统计局建立了一套统计指标用以评价整个交通运输系统的运行规模、质量和效率。在美国的统计指标框架体系中，涵盖交通运输系统、交通运输安全、交通运输与经济、交通运输与能源和环境四大方面。其中，交通运输系统类指标侧重描述各种交通运输方式的基础设施、运输装备、运输生产量的规模、速度和结构；交通运输安全类指标侧重描述各种不同交通运输方式的安全生产情况，包括不同运输方式的事故、事故原因、受伤人员、经济损失等；交通运输与经济类指标主要从投入产出角度，描述交通运输行业的经济贡献、消费者的运输成本费用、从业人员及生产率、交通运输相关政府税收等；交通运输与能源和环境类指标主要侧重从能源消耗、环境影响等角度，描述交通运输生产对自然环境资源的利用情况。

从美国的运输统计来看，其不仅拥有完善的反映交通运输系统各种运输方式发展水平，比如设施、装备、生产量等的统计指标，还关注其与外部经济、社会、环境之间的影响作用，设计相应的指标，这对指导行业发展具有重要的作用。正是基于这套完善的统计指标体系及提供的客观统计数据，促使美国国会签署一系列交通运输行业发展的政策和法案，著名的《面向21世纪交通运输公平法案》就是其中的典型代表。

（2）建立成熟的周期性普查（专项调查）与日常统计相结合的工作制度

由于日常统计工作中方法和投入相对有限，统计数据中不可避免地存在数据不全、不够详细的情况。为了获取日常统计工作中难以得到的统计指标，或者是弥补日常统计中指标范围不全、分类不细的缺陷，国内外的成熟做法是建立周期性普查（专项调查）制度。以美国为例，以颁布《普查法》的形式确定了周期性普查工作制度。此外，作为主管运输统计的美国运输统计局负责主导开展周期全美家庭出行调查和货物流量调查。从国内来看，我国政府统计部门的周期性普查工作制度渐趋成熟。自1994年报国务院批准执行，经过近20年的不断完善，国家统计局已经建立起经济普查、人口普查和农业普查工作制度，并针对每项普查，通过颁布专门的普查条例明确普查的工作周期、组织实施、经费保障和表彰办法，指导开展普查工作。

从国内外的经验来看，周期性的普查（专项调查）作为日常统计工作的重要补充，能够通过开展一次性的大型调查，填补日常获取难度较大的指标空白，阶段性满足社会各界对更全面、更细致统计数据的需求，并以法律法规的形式建立起完善的周期性普查（专项调查）工作制度，保障普查（专项调查）工作如期顺利开展。

（3）集中式的数据报送制度

在统计工作中，虽然指标众多，但基础数据来源有限，往往导致针对一个调查对象采集诸多基础数据的情形，如果不是实施一次调查，而是多次开展调查，耗时费力。因此如何协调有限的调查对象高效开展调查以实现所需基础数据的采集，成为当前统计工作中必须解决的一大矛盾。

目前，国家统计局实施的企业“一套表”统计制度改革给我们提供了很好的借鉴。为了解决各专业分散开展统计调查中存在的效率低、衔接性差、数据质量较难保证、基层负担大的问题，国家统计局按照整合资源、统筹规划、协同运作的一体化理念，转变原来由各专业分别设计报表、分散认定上报单位、各自布置、层层上报的方式，改革为统一设计报表、统一从基本单位名录库中认定上报单位，统一布置、直接上报的企业“一套表”制度。目前国家统计局实施的“一套表”统计制度，已经融合了经济核算、工业统计、服务业统计、科技统计、能源统计等需求。根据近两年来的实施效果来看，已经有80多万家企业纳入“一套表”报送体系。“一套表”制度大大提高了统计工作的一体化、集成化程度，确保了基础数据的源头衔接，从而提高了统计工作效率和质量。此外，邮政局在开展的统计中，2.5万家邮政企业和速递物流企业也建立了企业直报制度。

随着当前我国经济体制、社会结构的深刻变革，企业和公民的权利意识进一步增强，以及对统计工作快速化、精准化服务需求的不断提升，有必要采用集中的一体化统计工作模式，实现上报单位的统一认定、基础数据的集中采集。在提高统计工作效率的同时，切实减轻调查对象的工作负担。

（4）与业务管理充分融合

随着现在业务管理的日趋规范、管理技术手段的不断提升，统计工作逐渐打破那种为了统计而统计的思维方式，更多地从业务管理中获取支撑。根据海关的统计业务开展情况来看，海关进出口贸易统计来源于业务管理的特点尤为突出，其 90% 的统计数据来源为报关单、税单、提货单、价格申报单等行政记录，其中报关单是最主要的行政记录。报关单是企业办理进出口业务的法律依据，必须按照海关规定的格式规范对进出口货物的实际情况进行填写，不仅是海关部门监管、征税、开展稽查和调查的重要依据，而且也是企业加工贸易进出口货物核销，以及出口退税的重要凭证。由于报关单对海关部门管理和企业进出口贸易均发挥着重要作用，必须确保填写的准确性，因此基于报关单的进出口贸易统计能够从业务管理角度确保源头数据质量。铁路总公司的运输生产统计与其客票管理和货物运单管理密不可分，通过出售给旅客的票务记录以及与客户签订的货物运单中提供的原始信息，统计客货发送量、周转量、装车量等。

根据海关总署和铁路总公司的统计经验，充分利用管理手段和管理信息获取统计数据不仅节约成本，提高工作效率，更为重要的是源头数据来源于业务管理，能够确保统计数据质量。

（5）高度重视统计数据质量

数据质量是统计工作的生命力。国内外的统计机构都非常重视统计数据质量，并从制度和技术两个层面采取一系列措施提高统计数据质量。

在制度层面，一些国际组织，包括国际货币基金组织、欧盟统计局等，制定了完整严谨的统计数据质量管理制度，指导其开展统计数据质量管理。以欧盟统计局为例，其在 2001 年发布了《数据质量评估框架》，框架按照统计数据从搜集到发布各个流程的先后顺序，由总体到局部共分为三个层级。其中第一层级包括三个大的类别：统计机构环境、统计过程和统计产品。对统计机构环境的评估从统计独立性、统计保密性、数据收集合法性、机构统计能力、质量承诺、公正性和客观性6个方面进行。对统计过程的评估从合理的方法、适当的统计程序、成本效益和受访者负担4个方面进行。对统计产品的评估从相关性、准确性、可靠性、及时性、连贯性、不同国家和区域之间可比较性6个方面进行。

在技术层面，我国海关对统计数据采用错误信息检控、逻辑检控、数量比检控、汇总检控、抽样检控、聚类检控、其他专项检控等确保数据质量。国家统计局常用的做法是主要参考相关性较强指标的波动趋势进行评估，比如在评估GDP数据时，常常采用客货运输周转量、货币供应量、营业税、营业收入、广义货币供应量、用电量等指标进行相互验证、系统评估。

国内外统计数据管理的经验启发我们，数据质量作为维护统计公信力的重要方面，应从体系框架设计的角度予以整体考虑，从基础数据的采集到统计数据的加工处理、统计数据结果、统计数据的公布等各个环节进行全过程管理。

（6）提供多维统计服务

统计的最终目的是提供优质的统计服务。国内外的相关统计机构在不断改进统计数据质量的同时，一直致力于拓展统计服务内容，为管理和决策提供更有效的统计服务。主要体现在几个方面：

第一，监测预警方面。以海关总署为例，基于进出口贸易统计数据和国内外有关宏观经济统计数据建立了预测预警体系，一方面可以根据国际形势、经济走势、生产和消费等多个方面来进行全方位的综合判断，从而为宏观决策提供可靠的支持与服务；另一方面可以从多个角度判断货物进出口是否存在过量、倾销、走私或不足等问题，并发出预警信息。再以商务部为例，通过建立生活必需品、重要生产资料、重点流通企业的监测体系，能够反映市场稳定状况和发展变化趋势，主要行业投资发展状况和趋势以及流通产业发展和消费变化趋势。其监测工作为掌握市场动态、维护市场稳定发挥了重要作用。

第二，行业监管方面。以海关总署为例，其利用统计基础指标生成评价指标，进而生成综合指数。通过对评价指标的分析对各直属海关的税收征管水平、加工贸易管理水平、监管查验质量、通关效能等进行评估。在评价指标的基础上开展综合评价，并在每年一度的关长会议上作为各直属海关的绩效评估结果予以发布。通过开展这项工作不仅对直属海关的业务工作进行监督，量化评估其执法水平和业务管理水平，同时能够发现海关工作中可能存在的问题和风险，为业务部门执法提供线索。

从相关部门开展的增值服务来看，无论是从监测角度提供更实时、灵敏的统计数据，还是从建立相关的指数、模型等对统计数据进行综合利用，统计服务的内容和形式都在不断进行拓展和延伸，力求统计数据得到最大限度的利用和挖掘。

（7）充分利用信息化技术

随着信息化水平的不断发展，各统计机构逐步引入信息化技术手段，开发方便实用的统计信息系统，在各个环节（包括采集、报送、审核、加工等）不断提高统计效率和质量。

数据采集环节。国家统计局在居民消费价格调查和农村集贸市场价格调查中，采用了手持电子终端采集数据并实时上报，并探索开发了基于手持电子终端对地农作物调查数据采集系统，大大提高了数据采集效率。商务部在开展的重点流通企业监测中，对于信息化管理水平较高的超市、大卖场等，开发信息泵采集系统，直接从企业的销售终端数据库中提取信息，省去了企业整理录入调查表格的工作环节。

数据报送环节。国家统计局、邮政局、商务部都开发了企业联网直报系统，企业不必安装客户端软件，只要登录网页就能实现数据的报送。相对传统的客户端报送方式，网络直报能够实现企业数据的“即填即报”，大大简化了原来的上报—审核—反馈—再上报—再审核—再反馈的烦琐流程。

数据审核环节。海关总署的统计系统针对预先设定的数据检控方法，开发一系列的检控参数，并提炼一部分检控参数前置在管理系统的报关单预录入环节，只要不通过，企业就不能报单，而且检控参数根据统计业务的需要不断进行更新和维护。国家统计局、邮政局和商务部开发的企业联网直报系统也都在录入界面设定了审核关系，企业在录入数据的同时，实现数据审核，对于有重大逻辑错误的企业，必须进行修改，否则不能通过审核。

数据处理技术。海关统计是大数据应用的典范，通过从报关单等业务管理系统中提取信息开展统计，其对业务管理系统的字段采用标准化编码设计，便于统计信息的提取、筛选和分类。此外，还基于 spss、sas 等软件的分析技术拓展出了高级应用系统，执法评估系统和预测预警系统，实现统计数据的深度挖掘和综合利用。

数据展示环节。国家统计局将统计信息与地理信息相结合，能够基于地图进行多维展示，包括同一指标的不同区域比较，同一区域的时序数据比较等，采用直方图、饼图、折线图等直观的统计图，使用户对统计数据的变化规律和特征一目了然。国外在数据展示及提供方面也有很多好的做法，以美国运输统计局的家庭出行调查为例，调查结束后开发了专门的数据展示网站，用户可以灵活选择所需指标以及指标的范围和分组，并在网站上选择数据的展示方式，是用表格还是图形，并可以灵活选择饼图、直方图或折线图等，网站提供即时下载，极大地方便用户。

方便实用的采集技术、快速便捷的联网直报体系、随时更新的审核参数、科学高效的处理技术、丰富直观的数据展示，这些信息化手段的应用，均为我们开展统计工作提供了很好的借鉴意义。

（8）紧抓保障机制建设

根据对国内相关行业的调研，了解到各行业在人员、经费以及制度建设方面的一些好的做法。

在经费方面。国家邮政局在财政上列支专门经费支持统计工作。

在人员方面。商务部的统计工作由其 EDI 专门负责市场监测的部门承担。海关总署的统计工作作为其四大职责之一，专门设立统计司，下设综合处、贸易统计处、数据管理处、统计分析处和执法评估处负责统计业务。在 38 个直属海关中设有统计处，专职负责统计工作。

在制度保障方面。综合统计部门的制度建设无疑最为健全，《统计法》及各《普查条例》、相关法规等为统计部门开展工作提供了法制保障。

在行业统计方面。海关总署是走在了前列，其编写的《统计操作实务》集法律法规、操作规范、实施要点为一体，指导基层开展统计工作。具体包括海关统计条例、海关统计工作管理规定、海关统计作业规范、海关统计数据使用管理办法，甚至包括海关统计资料及数据开发收费标准。

从国内有关行业的情况来看，将统计工作纳入中央财政预算争取必要的资金支持，拥有专职的统计工作人员或是委托相应的咨询机构开展统计服务，建立健全的统计工作管理制度是做好统计工作的重要基础。

4. 改革路径

4.1 目标制定思路

"十三五"交通运输统计工作将面临国家宏观经济结构转型、社会文明不断进步、全面深化法制建设、全面深化行业体制机制改革、信息化技术快速革新等的新环境，同时又要面临着行业治理能力建设、"四个交通"建设等诸多重点工作推进对行业统计工作产生的深刻需求，科学制定交通运输统计工作发展的阶段性目标是引领"十三五"行业统计工作科学发展的关键。在研究制定"十三五"交通运输统计工作发展目标时，需要考虑以下内容：

（1）立足交通运输统计工作现状和阶段性特点

客观评价发展现状和存在的问题是制定发展目标的前提和基础。为制定"十三五"交通运输统计工作的发展目标，客观上需要对行业统计工作现阶段的特点和存在的问题进行深刻分析。特别是应充分考虑到行业统计由分散统计向综合统计转变，由静态统计为主向动态、静态并重转变，全面提升和短板问题亟待改进并存等阶段性特点，对"十三五"行业统计工作发展目标制定的影响。同时要客观把握目前行业统计工作存在的衔接紧密的统计指标体系尚未建成、统计系统与业务系统衔接不足、信息化手段利用不足、数据质量和公信力受到质疑等现实问题对目标制定的影响。

（2）考虑行业统计工作面临的发展形势和客观需求

发展目标需要具备一定的前瞻性和战略指导意义。因此，制定"十三五"交通运输统计工作发展目标时，还需要充分考虑"十三五"期间，综合交通等"四个交通"建设、大数据及物联网等信息化技术、行业体制改革和转型发展等内外部环境因素发展趋势及其对行业统计工作的影响和需求。

（3）兼顾目标实现的可行性和迫切性

发展目标的制定还需要充分考虑目标实现的可行性和迫切性。对于“十三五”期的交通运输统计工作的阶段性发展目标，需要综合考虑现有统计基础，科学评价发展目标实现的可行性，同时还需要考虑哪些问题必须在“十三五”期间花大力气进行解决，争取突出重点问题和难点问题。

4.2 指导思想

深入贯彻落实习近平总书记系列重要讲话精神，牢固树立五大发展理念，全面服务“四个交通”发展和大部门制改革的要求，充分利用大数据、云计算等现代信息技术，变革统计生产方式，再造统计业务流程，丰富统计服务产品，不断提升统计生产能力、管理能力和服务能力，开创交通运输统计发展新局面。

4.3 基本原则

坚持改革创新。把改革创新作为“十三五”交通运输统计发展的驱动力，运用新理念、新技术、新方法推进统计工作创新发展。

坚持依法依规。按照依法治国的总体要求，以统计法、部门“三定”规定、部门统计规章和统计报表制度为依据，运用法治思维、法治方式组织开展各项统计工作，全面推进依法统计和规范统计。

坚持统筹协调。统筹综合交通运输统计与行业统计，统筹综合统计与专业统计，强化协调联动，全面提升统计的整体效能。

坚持重点突破。集中力量抓重点改革任务，做到试点先行，有重点、有步骤地组织实施，确保重点工作取得明显成效。

坚持信息化支撑。把现代信息技术作为推动“十三五”交通运输统计科学发展的强大动力，进一步加强统计系统与业务系统的衔接，加强大数据信息技术在统计工作中的应用，逐步推进交通运输统计智能化发展。

4.4 发展目标

紧紧围绕提高统计能力和提升服务水平，着力加强在统计调查内容与方法、数据生产方式、数据质量控制、信息综合利用、统计服务与管理等方面的改革创新，基本建成与五大发展理念相适应、能够反映综合交通运输发展全貌、指标设置科学、数据质量可靠、法规标准齐备、机制运行顺畅、队伍素质优良的综合交通运输统计体系。

初步建立“统一管理、分工负责”的综合交通运输统计管理体系，建成反映综合交通运输发展全貌、科学规范、统一简约的统计指标体系，实现铁路、公路、水路、民航、邮政等各类统计信息资源统筹应用，基本实现统计内容综合化。

建成以公路水路交通运输企业“一套表”为载体，以联网直报为主渠道，数据生产流程透明的统计数据采集与处理体系，力争“十三五”期末规模以上企业实现联网直报达到90%以上，实现企业统计一体化。

建成与业务系统有效衔接、充分利用信息技术开展数据采集、共享和服务，融合地理信息系统完善决策支持的信息化支撑体系，对行业发展的预测预警能力显著提升，基本实现统计工作智能化。

建成统筹各类数据资源、综合应用各种方法，涵盖数据采集、调查处理、统计分析等全过程的数据质量管控体系，货物运输量、港口吞吐量等主要指标的误差率控制在6%以内，运输量抽样调查精度达到95%，基本实现统计数据精准化。

建成数据资源综合应用、服务内容丰富和方式多样的统计产品和服务体系，实现各类信息资源的深度挖掘和综合利用，统计服务和统计产品更加丰富，统计信息发布及时率显著提高，信息发布及时率不低于90%，实现统计服务高效化。

5. 重点任务

5.1 研究建立综合交通运输统计指标体系

综合交通运输统计体系的建设不仅涉及统计指标体系的系统设计，还涉及统计工作流程的优化调整。总体而言，当前的交通运输统计已经对交通活动有较大覆盖，并形成了以各运输方式独立运作为核心的统计指标体系，但与推进综合交通运输体系建设的要求仍有较大差距。

第一，基于全部交通运输活动的“综合交通运输统计”尚未建立。受管理体制影响，公路、水路、铁路、民航等主要运输方式各自为政，形成了分散式的综合交通运输统计，但却没有一套统一的内容架构。如何筛选相应指标，全面反映交通运输的基本能力、交通运输服务总量、交通运输本身的可持续发展程度、交通运输对经济社会发展的贡献，需要认真研究。

第二，综合交通运输统计应该包括什么内容尚不清晰。由综合统计处室进行的统计未必等同于综合交通运输统计。“综合”交通运输统计应该包括哪些内容，如何在综合统计与业务统计之间划出一条界线，如何对以往累加起来的统计内容进行优化评估，如何将综合统计的内容建立在业务统计基础之上，需要进一步明确。

第三，体现综合交通运输发展水平及其与经济社会发展关联的评价分析指标尚有待系统开发。比如，根据“十二五”的经验，如何提炼一套体现“十三五”期间交通运输发展目标的统计指标体系，还没有彻底解决。尤其是有关交通运输与经济社会发展关联的评价分析指标，一些指标因为基础数据缺失而“搁浅”，另一些指标尽管已经在相关研究报告中使用，但却没有形成具有规范性的定义和方法，没有作为官方数据统一发布。

第四，区域性、专题性综合交通运输统计体系尚有待完善。交通运输的特点，是以“线路”将不同“区域”连接起来，容易形成基于线路的统计，却难以提供区域的数据。当前的综合交通运输统计尚没有从根本上解决这个问题。

因此，需要统筹铁路、公路、水路、民航、邮政等各类统计资源，面向交通运输新发展以及外部环境新变化引发的新需求，更加注重综合交通运输系统的内部关联关系，更加注重与经济社会环境的外部关联影响，对综合交通运输统计指标进行系统设计。

（1）系统设计综合交通运输统计内容框架

在“大交通”概念下，综合交通运输统计不仅是公路、水路等单一交通运输方式的统计，而且是要对整个交通运输状况做“综合”统计，面向整个交通运输发展的规划、管理、分析提供“综合”数据信息服务。因此要将各种交通运输方式进行整体设计，通过统一的框架结构，将不同运输方式“框”起来，以保证最终提供的数据可以综合运用于相关分析。因此综合交通运输统计内容框架设计，不仅要深刻把握综合交通运输活动的基本特点，而且要深刻理解综合交通运输在经济社会发展中的功能定位，将综合交通运输作为一个系统统筹考虑，统筹处理好系统内外的关联关系。

从交通运输活动的基本特点及其过程看，要实现人、货空间移动的交通运输，不仅需要线路、站点形成交通网络载体，而且更需要载运工具充当媒介，形成线路、站点、车船三位一体的交通运输核心要素。从交通运输活动的实际运作方式看，交通运输是一个以市场运作为主、基本公共服务与之并存互溶的领域。一方面，整个交通运输的组织运作需要按照市场规则、依赖于现代市场体系而进行；另一方面，政府作为公共服务责任人，有责任提供公共性的交通基础设施和基本运输服务。同时有责任立足社会均衡发展目标，帮助落后地区和弱势群体能够获取基本交通运输服务；还有责任对整个交通运输实施规范和管理，保证其符合国家经济社会整体可持续发展目标。从交通运输与经济社会发展的互动关系看，交通运输不仅需要投资、研发与创新、养护、税费收入保障车船、路、站等核心要素的动态扩张与系统运行，更在发展过程中对经济社会和环境产生外部影响，既有对经济的拉动作用，也有对就业的促进作用，还有尾气排放、土地占用、能源消耗等对环境的负面影响。

依据交通运输的基本功能、交通运输管理需求、经济社会发展需求分析，综合交通运输统计内容总体可由直接反映运输活动状况的核心内容板块、反映运输能力供给能力的要素投入板块、多维显示交通运输对经济社会环境作用影响的影响效应及需求板块等三大板块构成。其中，核心内容板块是综合交通运输统计的主体，要素投入板块是核心内容的前向延伸，体现交通运输发展的可持续性，影响效应及需求板块是核心内容的后向延伸，意在多维度显示交通运输对外部环境的关联影响。此外，还有一些隐含在上述各个板块之中、体现当前新的关注点的专题性统计内容。

（2）综合交通运输统计指标设计

综合交通运输统计指标设计是要将统计内容框架具体化为一个个具体指标。每一个主题下都会有一组统计指标刻画其数量特征，还会有一些指标体现不同主题之间的关联。总体思路是：以总量指标设计为起点，确定反映对应统计内容的总量指标和分组指标；然后基于总量指标，依次设计构成指标、效率及强度指标、关联和影响指标，动态指标，其中：构成指标是构成项与总量的比值，包括内容构成指标和主体构成指标两种类型，集中反映统计对象的结构性特征；效率及强度指标是投入与产出之间的比值，多层次显示手段与目的之间的效率状况；关联和影响指标是交通运输指标与经济社会指标之间的比值，反映交通运输与外部经济社会之间的联系以及产生的影响；动态指标是两个时间上的指标的比值，一类是总量增长率，另一类是上述各种相对指标提高/降低率（或提高/降低百分点）。

核心内容板块统计指标设计。交通运输的主要功能就是为区域经济社会发展提供交通运输服务。从服务内容看，一是交通服务；二是运输服务。交通运输服务统计构成综合交通运输统计的最基本内容。

为提供交通服务和运输服务，第一需要有良好的基础设施，以路、航道、航线、管道为代表；第二需要有运载工具，以车、船、机为代表。这两方面作为“运力”会制约最终提供的交通运输服务。交通运输能力统计也属于综合交通运输统计的基本内容。

交通服务、运输服务在两个具有一定联系的平台上实现：①市场；②公共服务。可以将整个交通运输视为一个大市场，以及由不同交通运输方式下的细分市场，每一个市场都包含成本、价格、交易量等基本要素，显示市场规模和结构，都需要关注供求平衡状况。同时交通服务还具有一定的基本公共服务成分，是政府公共服务的重要组成部分，政府有责任代表全体国民提供必要的交通条件，并通过对市场的补贴和干预实现其公共服务职能。综合起来看，交通运输服务供应方就是划归交通运输行业的各企业、事业单位以及个体户，需求方则覆盖全社会。细分及统一的交通运输市场以及公共服务状况相关统计，都应属于综合交通运输统计的基本组成内容。

基于上述分析，核心内容统计总体包含以下五个部分：

第一，交通运输基础设施统计。交通运输基础设施统计包括线路、节点、交通网覆盖统计。其中线路统计指标包括铁路营业里程、公路里程、内河航道里程、管道长度、铁路延展里程、车道里程等总量指标，以及铁路复线率、铁路电气化率、快速铁路占比、二级以上普通国道占比、普通国道优良路率等结构指标；节点统计直报包括铁路客货场站数量、公路客货场站数量、高速公路服务区数量、港口数量、机场数量、城市公交场站数量、邮政所数量、综合枢纽数量、码头泊位数量、港口岸线长度、客货节点通过能力等；交通网覆盖统计包括高品质干线网覆盖20/50万以上人口城市数量、通硬化路建制村数量、通邮建制村数量、具有快递网点的乡镇数量、百万人口城市交通站点500米覆盖面积、通班轮的500人以上岛屿数量。

第二，运载工具统计。运载工具统计包括民客货车数量、营业性客货运输工具数量、客位数、载重量、排名前100位企业拥有运输工具数。

第三，基础设施运行与运输生产统计。基础设施运行与运输生产统计包括线路交通运行、节点运行、运输班线、客货运输量统计。其中线路交通运行统计包括行驶量、客车交通量占比、货车交通量占比、公益性交通量占比、营运货车里程利用率等指标；节点运行统计包括始发车次、停靠车次、到达车次数量，旅客吞吐量、货物吞吐量等指标；运输班线统计包括客运班线里程、客运班线数量、集装箱国际班线数量等指标；客货运量统计包括客运量、旅客周转量、货运量、货物周转量、换算周转量等指标。

第四，运价统计。运价统计包括平均客运价格、客运比价、平均货运价格、货运比价、运价占物流成本之比等指标。

第五，交通运输经营者统计。交通运输经营者统计包括经营者规模、资产负债、运营收入与利润统计等。其中经营者规模统计包括运输企业数量、运输个体户数量、运输相关业务企业数量、设施运营维护企业数量等指标；资产负债统计包括企业资产总额、企业负债总额、企业所有者权益总额等指标；运营收入与利润统计包括企业营业收入、企业营业成本、企业营业利润、政府财政补贴、企业利润总额等指标。

支撑要素板块统计指标设计。交通运输服务的发展，一方面取决于现有基础设施的高效利用，另一方面取决于能力的不断提高。为达此目的，需要多方面的要素支撑，对这些支持要素做统计，是综合交通运输统计应该包括的内容。这些支持要素包括以下内容。

固定资产投资建设统计。包括固定资产投资完成额、本年到位资金、本年新增固定资产、新增生产能力、国家预算资金占比、部专项资金占比等指标。

设施养护统计。包括公共养护里程、公路养护投入等指标，显示基础设施的可持续发展能力。

交通税费收入统计。交通基础设施建设和养护，主要通过交通税费收入保障，主要包括车购税、燃油税、公路通行费、港口建设费、机场建设费、铁路发展基金等指标。

研究与开发统计。现代交通运输属于高科技应用领域，一方面是基础设施和运载工具中的科技含量，另一方面是运行过程的科技创新，这些都需要研发活动的支持，主要统计指标包括研发机构数量、研发经费支出、研发活动人员数量、有创新活动的企业数量等。

影响效应板块统计指标设计。交通运输的最终目标是服务于经济社会发展，提高国民生活质量，但同时也会给环境带来压力和负面影响。为此需要延伸统计内容，将交通运输放到经济社会发展整体框架之下，显示其对于经济、社会、环境的影响效应。其中对经济发展的影响效应主要体现为：促成货物流通，带动关联产业，直接和间接拉动 GDP 和经济增长；交通运输成本是物流成本的一部分，对终端产品价格的影响；运输量和运价是宏观经济景气状况的晴雨表。对社会发展的影响效应主要体现为：以交通运输发展带动就业；以交通运输普遍服务来促进减少贫困、缩小城乡差别；通过促进人的流动、节约时间、出行费用、事故安全等影响居民生活质量。对环境的影响效应主要体现为：能源消耗、排放污染物、制造噪音等影响环境，并因为土地利用而改变生态环境。

基于上述分析，影响效应板块统计总体包含五部分内容。

第一，行业产出统计。行业产出统计的主要指标包括交通运输服务业总产出、交通运输服务业增加值等。

第二，就业与人力资本统计。就业与人力资本统计的主要指标包括交通运输服务业从业人员数量、具有客货运输职业资格驾驶员数量、持特种驾驶执照数量、部属系统从业人员数量、具有交通运输相关专业院校数量、交通相关专业招生人数等。

第三，需求方统计。需求方统计包括交通运输服务需求、服务费用、服务时间统计。其中交通运输服务需求统计包括居民出行量、调查企业货运量、调查企业运输货值、分流向构成、出行方式构成等指标；交通运输服务费用统计包括个人出行交通费用平均支出、个人城市交通消费平均支出、企业平均货运费用支出等指标；交通运输服务指标统计包括居民平均出行时间、通勤者每日平均出行时间、城市物流配送平均时间等指标。

第四，安全与服务质量统计。在安全与服务质量统计中，安全统计包括营运车辆事故数量、水上交通事故起数、铁路交通事故起数、民航交通事故起数、交通建设生产安全事故起数、交通事故死亡人数、交通事故受伤人数、交通事故经济损失等指标，服务质量统计包括客运班次正点率、沿海主要港口在港停时、高速公路ETC覆盖率等指标。

第五，资源与环境统计。资源与环境统计包括能源消耗、土地占用、污染物排放与环境保护统计。其中能源消耗统计包括交通运输能源消耗总量、分能源品种构成、交通运输业能源消耗量等指标，土地占用统计包括土地占用总面积、当年新增占地面积、单位实体里程占地面积等指标；污染物排放与环境保护统计包括环境保护投入、污水排放量、二氧化碳排放量、二氧化硫排放量等指标。

专题性板块。为了使得综合交通运输统计体系保持一定灵活性，除了上述三个板块之外，还特别设置一个其他专题性统计板块，以便容纳一些值得特别关注的统计内容。之所以能够作为专题进行统计，是因为某些统计内容要跨越上述三个板块而存在，难以简单地包容在某个板块之中，需要专门显示其内容；或者是有些统计内容代表了当前交通运输发展的新现象、新特征，值得专门提出作为重点。当前考虑纳入此部分、可以作为子模块的专题包括以下几点：

国际化统计。包括国际道路客运线路条数、国际道路货运线路条数、国际航线条数、通达国家数、国际承运客运量、国际货运量等指标。

多式联运统计。包括固定多式联运线路条数、综合枢纽站数量、多式联运旅客发送量、多式联运货物发送量、具有多式联运资质的运输企业数量等指标。

公益性服务统计。通达通畅的乡镇、建制村数量，通邮建制村数量、高速公路节假日免费通行量、铁路公益性旅客发送量、城市公交免费人次、具有快递网点的乡镇数量。

信息化统计。包括高速重点路段运行监测覆盖率、实名制电子客票覆盖率、铁路客运网上售票比例、城市公共交通一卡通覆盖率、综合交通出行信息服务省级行政区覆盖率、综合运输网络售票服务省级覆盖率、货运电子运单覆盖率、高速公路ETC车道数、内河航道ETC数、支持网络购票客运节点数等。

通过统计刻画综合交通运输的整体状况，有以下基本特征：①总量特征，以多少来显示交通运输现象和活动的规模；②结构特征，以占比显示交通运输现象与活动的内部构成状况；③内部关联，显示交通运输领域不同现象及活动之间的内在关系；④外部关联，显示交通运输与外部经济社会环境之间的关系；⑤动态特征，显示交通运输相关活动和现象的动态变化。基于此，本套综合统计指标体系针对每一个板块以及子模块，分别设计了总量指标、构成指标、效率或强度指标、外部关联指标、动态指标，以便揭示上述不同特征，立体化反映综合交通运输发展状况。

第一，在每个子模块下，构建若干可加性较强，能够反映各个板块总体水平的总量指标，作为统计指标体系的起点。

第二，基于总量指标，依次设计构成指标、效率及强度指标、关联和影响指标、动态指标。其中，构成指标是总量指标各构成项与总量的比值，包括内容构成指标和主体构成指标两种类型，集中反映统计对象的结构性特征；效率及强度指标是交通运输领域内部不同现象或活动之间的对比，或者是投入与产出之间的比值，多层次显示手段与目的之间的效率状况；关联和影响指标是交通运输系统与外部经济社会环境指标之间的比值，反映交通运输系统与外部经济社会之间的联系以及产生的影响；动态指标是两个时间上指标的比值，一类是总量增长率，另一类是上述各种相对指标提高/降低率（提高/降低百分点）。

第三，考虑综合评判交通运输各方面发展状况的需要，按照整个统计内容架构的逻辑，尝试构建了若干个主题重要、携带较大信息量的统计指数。这些指数如何编写需要专门研发。

（3）加快实施“十三五”期与规划目标相关的指标统计

综合交通运输统计指标是综合交通运输统计内容体系的具体化，包括三大板块和四大专题，由 70 多个总量指标、220 多个相对指标和 16 个综合指数组成。它一方面总结与整合了当前已有统计指标，另一方面包含了未来面对各方需求应着力建设的新指标，其中重点突出了即将纳入“十三五”综合交通运输规划目标的指标，是一个远近结合的指标建设体系。

由于新指标的建设需要一个过程，且交通运输统计能力建设相对滞后等因素短期内难以根本改变，因此预计在“十三五”期间，考虑实施以下指标统计。

第一，与“十三五”综合交通运输规划规划目标考核迫切需要的指标体系内容，除已有指标外，新建指标包括：①基础设施子模块的 4 个指标。高速铁路覆盖城区常住人口 50 万以上城市比例、高速公路覆盖城区常住人口 20 万以上城市比例、民航机场覆盖城区常住人口 20 万以上城市比例、500 人以上岛屿通班轮比例。②运载工具子模块的 2 个指标。公路货运车型标准化率、危险品船舶标准化率。③基础设施运行子模块的 1 个指标。公路营运货车里程利用率。④运输生产子模块的 1 个指标。铁路动车组完成客运量比重。⑤需求方统计子模块的 1 个指标。城区常住人口 300 万以上城市建成区公共交通出行分担率。⑥安全与服务质量子模块的 7 个指标。一般灾害情况下灾害公路路段抢通平均时间、近海离岸 100 海里以内应急达到时间、自然灾害和事故灾害造成的航道破坏（堵塞）修复抢通时间、高速重点路段监测覆盖率，沿海主要港口集装箱海铁联运比例、综合客运枢纽换乘时间、重点快递企业省会级重点城市间快件72小时投递率。⑦资源与环境子模块的4个指标。公路营运车辆单位运输周转量CO_2排放下降率、水路营运船舶单位运输周转量CO_2排放下降率、民航运输年吨公里CO_2排放下降率、城市客运年均单位人次CO_2排放下降率。⑧信息化专题的7个指标。实名制电子客票覆盖率、交通基本要素数字化率、铁路客运网上售票占比、城市公交一卡通覆盖率、综合交通出行信息服务省级行政区覆盖率、综合运输网络售票服务省级行政区覆盖率、货运电子运单覆盖率。

第二，除此之外的部分重要指标包括：①按照完善综合交通基础设施统计的要求，开展基础设施子模块中的公路客货运场站个数、综合枢纽个数、港口岸线长度、码头岸线长度等指标统计。②服务交通运输经济运行分析，开展基础设施运行子模块中的行驶量等指标的统计与测算；开展运价子模块中的客运价格指数、货运价格指数编制。③开展运输生产子模块中的国际客运量、网络购票数量、大宗物资货运量等指标的统计与测算。④反映交通资金来源，开展交通税费子模块中的车购税收入、燃油税收入、公路通行费、港口建设费、机场建设费、铁路发展基金等指标的统计。⑤体现绿色交通发展要求，开展资源与环境子模块中的交通运输能源消耗总量、土地占用总面积、二氧化碳排放量等指标的测算。⑥体现智慧交通发展要求，开展专题统计中的高速公路ETC车道数、客运网络购票人数等指标的统计与测算。

5.2 创新和完善统计调查方法

《统计法》第十六条对统计调查方法进行了规范，确立了以周期性普查为基础，以经常性抽样调查为主体，综合运用全面调查、重点调查等方法，并充分利用行政记录等资料的统计调查方法体系。国家统计局以企业联网直报为基础变革统计调查流程，并积极利用电子化终端采集基础数据和探索利用部门统计大数据开展综合统计，为部门统计创新统计调查方法指明了方向。交通运输统计作为部门统计，目前主要通过统计报表层层上报完成数据采集，业务管理产生的行政记录信息利用不足，自动化采集基础数据手段不够，且未建立周期性普查与日常性调查相结合的制度体系。为充分发挥部门统计优势，减轻统计负担，有效解决当前存在的相关问题，交通运输统计调查方法应该在企业报送、加强与业务系统衔接、加强利用现代技术手段采集原始数据、完善统计调查制度方法体系方面进行创新和完善。

（1）研究建立交通企业“一套表”制度，实现企业信息的直接采集

企业数据是政府综合统计的最主要来源，同样，运输企业信息也是交通运输统计的重要来源。为规范企业统计、减轻企业负担、提高统计数据质量，国家统计局实施了以“基本单位名录库”为基础，以“一套表”为载体，以“统一的业务应用软件”为平台，以“联网直报”为手段的四大工程，建立了真实完整、及时更新的基本单位名录库，有效整合了各专业的报表和指标，建立了统计范围明确、统计口径清晰、统计指标规范的“一套表”制度，统一布置实施，直接采集企业原始信息，获得企业和各级统计机构的认可，显著提升了统计效率，提高了统计独立性和统计公信力。

目前，公路水路交通运输统计面对运输企业仍实行多套报表制度、独立分散统计。每一个交通企业至少承担3套统计报表制度，面临多头统计、学习多套软件问题，负担较重。而汇总到部级层面的数据，由于缺乏报表制度的统筹设计，且各部门分散管理，无法有效建立数据间的关联关系，形成统计合力。为减轻基层统计负担，强化面向企业统计的关联关系，交通运输统计应该充分借鉴国家统计局的成功经验，同时按照国家对部门统计建立联网直报系统的要求，对公路、水路报表制度进行整合，在完善基础库的基础上，建立规范统一、便于填报的企业“一套表”制度，推动行业统计实现“三个转变”和“五个统一”，其中“三个转变”是指：实现行业统计由各专业独立设计转变为一体化设计，由各专业各自部署转变为统筹部署，由层层上报数据转变为企业联网直报。“五个统一”是指：统一管理调查单位、统一设计调查内容、统一规范业务流程、统一开发数据采集处理软件、统一实施联网直报。具体任务包括：

建立基本名录库。按照全国统一管理、专业分工协作、地方分级负

责、信息资源共享的原则，统筹考虑行业日常统计、周期性专项调查、常规性抽样调查对名录库抽样框需求，依托2013年交通运输业经济统计专项调查建立的基本单位名录库和车船库，统筹运政库、船舶管理信息系统等行业管理业务系统库的信息资源以及国家统计局掌握的名录库资源，推动建立起规范统一、动态更新的公路水路企事业单位名录库，为各类统计调查提供科学完备的单位库和抽样框。

整合企业统计报表。在满足现有统计需求基础之上，按照“统一设计、统一标准、统一布置”的原则，对现行分散于不同统计报表制度中针对企业的多张统计报表进行筛选和抽取，并重新整合设计成一套报表制度。再按照“全面打散，重新组合”的思路，重新搭建起针对企业的统计内容框架。初步考虑“一套表”中企业统计的内容框架将设计“基本情况”、“从业人员及工资”、“财务状况”、“生产经营情况”、“能耗情况”、“科技及信息化”、“企业生产经营及景气”七大板块。在此框架下，再统一设计统计指标，统一规范指标口径和内涵，从报表制度顶层设计上确保统计的规范性。

制定统一规范的业务操作流程。根据新的数据生产流程制定规范统一的交通运输统计业务管理流程，包括从制度设计、系统开发、任务部署、数据审核上报等全流程和各个业务环节，建立从企业—市（县）—省—部的全过程管理的统一规范的行业统计业务流程。重点明确部内各业务司局、部与省、省与地市等不同部门的职责定位和工作边界，建立“权责明晰、互联互通”的统一协调机制。

建设统一的联网直报体系。按照统筹规划、规范统一的原则，建立安全畅通、便捷高效的交通企业联网直报体系，确保来自于企业填报的原始数据通过透明化的生产流程，直接上报到交通运输部。各级行业主管部门可以查看审核本级所辖企业上报数据，但无权编辑和修改，所有数据修改处理流程均有迹可查，确保企业填报的原始数据不受外界干扰，能够实现“一级平台报送、多级机构监管”，真正做到“一数到底、多级共享”，有效消除中间环节对统计数据的干扰，提高统计工作效率和数据生产的可控性。

（2）加强统计工作与行业管理工作的业务协同，建立交通运输动态统

计监测体系

为了推进统计体系一体化进程，世界各国普遍十分重视政府在各部门之间推行通用的工商行政登记名录，开发名录库，甚至许多国家法律规定，应尽可能在政府各部门现有的行政记录基础上收集统计资料。欧盟一些国家统计局90%以上的统计资料来源于政府各部门的行政记录，专门统计调查仅仅是统计资料来源的补充，一些国家甚至取消了传统的以发放调查表形式的人口普查。

近年来，交通运输行业围绕行业管理，通过重大信息化工程带动，先后建立了高速公路联网计重收费系统、客运站联网售票系统、海事签证系统、全国重点营运车辆联网联控系统、道路交通流量观测系统等各类管理信息系统，通过公交都市建设促进了城市智能公交信息系统发展，并开展城市出租汽车服务管理信息系统试点工程，产生了大量行政记录信息；同时重点港口、大型运输企业也根据企业管理需要，建立了基于业务流程的生产信息系统，产生大量微观信息，共同推动交通运输统计迈向“大数据”时代。

为适应信息化时代的行业统计要求，交通运输统计应加强与业务管理信息系统衔接，充分利用建立在行政记录基础上的业务数据库系统开展各类基础数据信息的采集，发挥行政记录对统计调查的支撑作用，促进大数据转化为统计生产力。具体任务包括：

依托高速公路联网收费系统和客运站联网售票系统，获得高速公路客货流量数据和客运站班线运输信息，形成全国范围内面向运输干线、重点枢纽的公路运输动态统计监测体系，实现公路干线运输、场站运输基础信息的自动采集。

加强与全国重点营运车辆联网联控系统的对接，获得危险品运输车辆位置、运量及关联信息，建立危险品货物运输动态统计监测体系，实现危险品运输统计基础信息的自动采集。

加强与企业物流信息平台的对接，获得运输车辆的运量信息、运输货物起终点信息等相关数据，结合营运车辆联网联控系统的车辆GPS定位数据，获得典型公路货物运输的动态统计监测数据，实现公路货运信息的自动采集。

运用互联网思维，开发相关工具，及时获取互联网上的与交通运输统计、交通运输经济运行分析相关的各类开放、动态信息资源，实现公众社会信息资源的自动采集。

（3）建立车辆能载荷和能耗监测体系，推动统计报表向调查电子终端转变

电子终端是应对海量统计调查的常用方式。国家统计局在价格调查、农产量调查、住户调查、劳动力调查、人口普查等数据采集过程中，普遍应用手持电子终端设备采集原始数据，并通过网络向全国数据中心实时报送原始数据。全国第三次经济普查，使用自动采集数据的电子终端 PDA 高达 300 万台，显著提升了效率，大大缩短了调查周期，最大限度了降低了人为误差。

交通运输统计点多、面广，特别是运输企业分散，车辆流动性大，运输量统计难以通过企业全面实现，且层层上报的方式也难以保障源头数据质量。应以国家政府综合统计的电子终端为借鉴，面向车辆运输量统计，推动交通运输统计由报表统计向自动化采集转变，建立车辆载荷和能耗动态监测体系，直接获取源头数据。

具体任务包括：依托载质量、能耗一体化信息监测设备，构建营运车辆载荷和能耗一体化在线统计监测体系，直接采集样本车船的位置信息、运输量信息、能耗信息等，实现原始信息的自动采集和传输，提高基础数据的真实性、准确性和时效性，减轻被调查单位的数据上报负担。

（4）完善以周期性普查和日常统计调查相结合的制度方法体系，推进统计调查规范化管理

美国将统计报表、全面调查、抽样调查和专项调查等统计方法综合地应用于交通运输统计工作，联邦运输部根据不同的调查内容，通过论证选择不同的调查方法，以确保数据的准确性与数据收集成本之间的平衡。但用得最多的还是专项调查。如运输统计局与人口普查局开展的“商品流动调查”、“全国家庭出行调查”等都属于此类调查，并且基本形成 5 ~8 年开展专项调查与日常年度调查相结合的统计调查体系。国家统计局基本每 5 年开展一次经济普查，每 10 年开展一次人口普查，并形成逢 3 和 8 年份开展经济普查、逢 0 年份开展人口普查的固定调查制度安排。

我国交通运输行业统计调查涉及范围广，涵盖内容多，统计对象结构复杂，变动频繁，在一些核心指标上尚未建立周期性普查与日常性调查相结合的制度安排。为保持统计调查连续性，合理规范专项统计和日常统计调查管理，交通运输统计需要根据数据采集需求和行业统计对象特点，考虑现状发展条件，结合行业信息化建设，完善以周期性普查为基础，日常性调查和行政记录利用相结合的交通运输统计调查方法体系，健全制度安排。

具体任务包括：根据国家服务业统计调查要求和服务行业精细化管理要求，按照"五年周期性开展专项调查建立基数和掌握结构性数据，月度利用高速公路监测数据掌握波动情况"的原则，建立交通运输业经济统计调查和交通运输量统计调查制度，并实行统一布置、同步实施。以 2013 年为基础，每 5 年开展一次专项调查，每 2 ~ 3 年开展一次小样本抽样调查，月度利用高速公路监测数据测算货运量波动情况，形成专项调查和日常监测相结合的调查方法体系。

5.3　加强统计信息化建设

统计信息化是统计事业发展的必然趋势，是推动统计变革、提高统计能力、提升服务水平的必由之路。国家统计局通过信息化建设变革了统计生产方式，实现了政府宏观统计的规范化管理。海关统计大力加强信息化建设，建立了 CSD 系统，通过对数据进行集中式管理和综合开发利用，实现统计与业务联动，辅助各直属海关有效识别虚假报关信息。交通运输统计信息化建设在重大工程带动下，横向实现了规划、计划、统计业务链条的打通，纵向实现了统计数据采集、传输、加工、存储的计算机化和网络化管理，并尝试开展与业务系统衔接获取监测数据。但在数据采集环节仍然存在着联网直报系统能力不足，亟待升级改造的问题；在业务协同上，技术架构不能适应高速公路、联网监控等海量数据快速传输、存储和计算需要；在资源整合上还没有建立各运输方式数据资源交换共享的平台，难以完全适应综合交通运输统计发展要求；在数据开发应用上基本处于起步阶段，还未能利用信息化手段实现对各类数据资源的综合利用和深度挖掘；成果展现上，未能与地理信息系统有效结合，提高成果展现的直观性、形象化水平。

为有效解决上述问题，打造统计工作升级版，必须统筹数据采集、业务协同、数据共享、综合开发利用、统计信息服务等多方面的需求，大力推动现代信息技术在交通运输统计领域的应用，改造统计工作方式，以信息化手段加强综合交通信息资源的交换共享和综合开发利用，应用新一代信息技术构建规范统一、运转高效、使用便捷、安全可靠的统计信息系统，努力提升综合交通运输统计监测能力和服务水平，推动交通运输统计智能化发展。

（1）以建立综合交通运输统计信息采集平台为核心，提高统计生产能力

一是建立企业联网直报系统，提高统计工作效率。安全畅通、便捷高效的联网直报系统是“一套表”制度实施的技术手段和关键，本质是直接获得原始数据。企业根据布置的统计报表制度，数据报送不再由各级统计机构层层汇总上报，而是通过互联网直接报送到最终统计部门。国家统计局和国家邮政局均建立了安全畅通、便捷高效的企业联网直报系统，其中国家统计局能够实现近百万户规模的企业联网直报，国家邮政局也能够实现 2 万多家企业的联网直报。

通过交通运输统计分析监测和投资计划管理信息系统一期工程项目，交通运输统计基本建立了网络报送系统，但目前受限于系统结构和硬件水平，目前仅基本能够实现 1000 家企业的联网直报，与动辄上万家的道路运输企业和水路运输企业联网直报要求尚有较大差距。特别是在改变统计调查方法即将研究实施企业“一套表”制度的需求下，交通运输统计信息化作为统计工作的手段支撑，更应该加快完善企业联网直报系统。

具体任务包括：按照统筹规划、规范统一的原则，以企业“一套表”业务流程为框架，以元数据库为基础，建立涵盖行业、企业在网络环境支持下的安全畅通、便捷高效的联网直报系统，功能涵盖基本名录库管理、运输量抽样调查、企业联网直报、报表填报考核等，实现统计调查企业直接向部报送原始数据、各级统计机构在线同步共享、同步审核的工作模式，减少中间干扰环节，实现面向企业统计的一体化，减轻企业负担，提高统计工作效率。

二是建设综合交通运输信息共享交换系统，规范数据交换共享管理，提高统计及时性。信息资源共享是实现国家信息化的关键问题。在国家基础数据库建设和跨部门电子政务应用中，如何解决政府信息资源的交换与共享问题一致获得高度重视。国家十五期间电子政务建设的一个重要工程，就是通过信息共享、互通互联技术手段，将分布在相关政府职能部门的信息整合起来，整合形成权威的、内容丰富的信息资源共享管理体系。例如法人基础数据库就是共享、整合工商行政管理、国税、地税、质检、民政、编办等行政管理和执法部门的基础信息形成的。人口基础数据库的建设是通过信息共享、互通互联技术整合分散在公安、民政、卫生、税务等单位的数据。

目前，铁路、公路水路、民航、邮政等统计数据由中国铁路总公司、交通运输部、中国民航局、国家邮政局分别生产，数据资源较为分散。要适应内容全面、提供及时的综合交通运输统计体系建设需求，需要集成各部门统计信息，实现基本数据的公共交换，保证对整合交换信息平台的有效管理、交换信息备份及历史信息记录。

具体任务包括：①研究制定集铁路、民航、公路、水路、邮政一体化的综合交通运输统计编码标准，规范数据交换接口和信息共享联系制度。构建综合交通共享平台，实现铁路、公路、水路、民航、邮政部级统计数据有效共享。②研究制定社会交通数据的编码标准，规范数据交换接口，构建获取社会海量交通相关数据渠道和处理平台，降低信息建设的成本，减少不必要的信息系统重复建设，显著提高交通统计的及时性、丰富性和鲜活性。③综合交通运输信息共享交换系统包括统计信息交换子系统、统计信息指标管理子系统和统计信息交换配置系统，其中统计信息交换子系统实现不同业务数据平台之间的数据交换、共享和业务流程的对接，实现异构数据整合；统计信息指标管理子系统主要实现指标定义、数据结构映射、数据方位表明、数据关系梳理及数据指标变更功能，满足未来数据指标项的变更及扩展；统计信息配置管理子系统为各个阶段的统计信息数据交换管理提供数据标准、数据映射关系和数据规则的描述，保障统计数据交换质量。

三是建立基于互联网和大数据的交通运行动态采集系统，加强行政记

录信息和社会信息资源的综合利用。随着社会生产力的不断发展、特别是科学技术水平和信息化程度的提升，我们正在迎来以大规模生产、分享和应用数据为主要内容和特征的大数据时代。同传统数据相比，大数据不仅包括结构化数据，更包括大量非结构化数据，且具有数据量大、应用价值大、速度快、种类繁多、波动大等特点。交通运输作为连接生产和销售的关键环节，正是多类别大数据资源的聚集地。

具体任务包括：统筹高速公路联网收费系统、客运站联网售票系统、海事签证系统、营运车辆联网联控系统等各类业务系统的行政记录信息，以及互联网上的各类公共信息资源，积极探索引入大数据技术，构建基于互联网和大数据的以分布式存储和并行计算为基础的交通运行动态信息采集系统，内容涵盖营运车辆动态信息采集子系统、水路货运动态监测子系统、互联网信息抓取子系统以及客运站、高速公路动态信息采集子系统等，提高交通统计的快速响应能力、与业务系统的协同能力及社会信息的综合利用能力。

（2）以构建综合交通运输统计信息辅助决策分析平台为关键，提高统计分析能力

数据的挖掘分析和综合利用是交通运输统计的重要目的，如何排沙捡金，从数据堆中发现规律和价值是所有环节中的关键。海关通过监测预警系统建设，实现了对外贸进出口商品的全方位、多层次、多角度的监测和预警。教育部也以统计数据、国内宏观经济数据、国外教育和统计数据为基础，建立了教育决策与支持统计服务系统，促进了各类信息资源的共享，实现了对关键指标、专项问题的监测和教育发展规模的预测。此外，国家统计局还开发了统计地理信息系统，形成了面向全国各级统计部门GIS应用的完整产品体系与标准规范，改变了人们认识统计数据的方式。国家邮政局也在新开发的统计信息系统中增加GIS展示功能，更直观地展现统计成果。美国运输统计局早就注重交通运输统计成果与GIS系统的结合。传统的交通运输信息化建设更侧重数据的采集和查询，综合各类信息资源对数据进行深度挖掘的信息化手段相对欠缺，与地理信息系统相结合的可视化展现还未实现。因此需要利用更专业化的手段，对统计数据进行挖掘和深层次的加工，形成主题化的综合分析数据集，实现专题式的综合

分析。具体任务包括：

建设综合交通运输运行分析系统。统筹铁路、公路、水路、民航、邮政等各类信息资源，加强深入分析和整合应用，建立交通建设投资情况分析子系统、客货运输生产情况分析子系统、港口生产情况分析子系统、交通运输能耗分析子系统、安全运行情况分析子系统等，提高综合交通运输经济运行分析的技术含量和自动化水平。

建设交通运输经济短期预测分析系统和交通运输景气监测预警分析系统。加强与业务管理信息系统、企业生产信息系统的衔接，构建以综合运输服务指数、行业信息指数、交通运输先行、一致、滞后指数、行业运行监测预警模型、交通运输经济短期预测模型为基础的短期预测分析系统和景气监测预警分析系统，提高信息资源的综合利用水平，实现统计数据资源的挖掘深度化、分析技术化，服务行业科学决策和管理。

建设专题分析系统。围绕国家重大战略、行业重点工作和统计重点任务，建设服务国家重大战略的跟踪分析子系统、交通建设扶贫分析子系统、城市客运交通发展综合分析子系统、公路货运在线监测分析子系统、水路货运在线监测分析子系统、企业财务状况分析子系统以及规划、计划、统计综合分析子系统，深入专题分析，提高统计对重大战略的跟踪、对重点规划和计划工作的评估、对市场动态的及时反应能力。

建设基于 GIS 的多源数据融合分析系统。加强交通运输统计资源数据库与地理信息系统的融合，通过强大的、有效的地图系统将复杂的交通运输空间和属性数据，例如通道交通量、区域 OD 量、枢纽发送量等，以地理的形式展现出来，运用地理空间技术和多种分析方法，将潜在的数据价值通过地理信息系统充分显现出来，显著提高数据的可视化水平，增强对数据关联性的感性认识。

（3）以建设综合交通运输统计信息服务平台为手段，提高统计服务能力

为政府部门、行业管理者、社会公众提供便捷的信息服务是统计的重要职责。国家统计局已经通过政府网站数据公开、微信公众号、数据推送、移动端 APP 应用等多种手段便捷了公众获取统计数据的渠道，加强了

信息化手段与统计服务的融合，显著提升了统计的服务水平。但交通运输统计服务仍停留在网站数据公开、报纸公布、纸质资料出版等传统阶段，亟须加强信息化手段的应用，建设行业服务门户和公众服务门户，使各级领导和社会公众能更方便、更及时地了解统计信息发展情况，把数据装进口袋，随时随地查询数据。具体任务包括：

建设行业服务门户。梳理整合网站数据发布内容和业务流程，按照“服务平台化、信息集中化”的原则，升级改造政务内网门户，开发建设移动端APP、提供API服务接口，便捷网站信息发布、网站搜索、站内互动、用户协同，及时提供统计动态信息并进行热点推送，提高对内服务水平。

建设公众服务门户。运用移动互联网思维，将统计信息服务渠道扩展到政务外网、微信公众号等智能终端，在功能开发、载体建设、技术创新等方面实现新的突破和创新，实现数据的主动推送和定制性服务，形成大数据时代统计信息服务的新品牌。

5.4 强化统计数据质量管理

统计的基础是质量。国际货币基金组织（IMF）从统计基础条件、核心统计过程以及统计产品等方面对统计工作进行全方位的评估，并以此来反映统计数据质量。国家统计局借鉴联合国统计委员会《通用国家质量保证框架（NQAF）模板》，以准确性、及时性、可比性、一致性、适用性、可获得性和经济性为统计标准，制定了《国家统计质量保证框架》，从统计数据生产全过程进行考量和评价。在当前政绩观等主观因素的影响下，公路货运量统计在局部地区受到人为干扰，交通运输主要指标质量评估体系尚未完全建立，交通运输统计的公信力面临压力。为扭转这一被动局面，提高统计工作的主动性，必须考虑创新统计调查模式，积极采用动态监测和直报体系，从源头采集、评估校核、机制保障整个链条进行全过程控制，实现统计数据的及时性、准确性和可追溯性，减少主观因素对统计工作的干预和影响。

（1）加强统计质量全过程控制

国内外各类机构实施的统计质量控制，无不强调建立统计生产的过程控制。而源头数据作为统计数据质量的根基，其准确性、及时性直接决定统计数据质量的优劣。为加强统计数据质量控制，国家统计局积极利用PDA 等电子终端现场直接采集第一手信息，并提出 3 年内实现所有现场调查全部由调查员手持电子终端现场采集数据并通过网络直报国家数据中心的发展目标。海关统计、铁路统计借助部门信息化优势，直接利用业务管理系统的源头信息加工生成统计数据，有效地保证了数据质量。交通运输行业特有的点多、面广、流动性强等特点，导致传统的人工调查、层层汇总、逐级上报的统计方法因其固有的弊端难以解决"捍卫数据准确性与主观因素影响"的内在矛盾。为提高交通运输统计质量，必须充分利用行政记录和现代信息化手段，从统计数据采集、审核管理、数据发布等环节加强全过程控制。具体任务包括：

加强基础数据的源头采集。充分利用现代化手段，研究建立样本车船直调制度，直接采集样本车辆、船舶的载质量和能耗的原始数据信息，努力构筑维护统计数据质量的坚实技术屏障。

健全统计原始记录和台账。加强统计系统与业务系统的衔接，积极利用业务管理信息获取统计基础数据和明细数据，并按照要求的口径和范围建立基本名录库（车辆、船舶和企业名录库）的原始记录和台账，定期更新和维护，最大限度地减少外部环境对统计数据的人为干扰。

加强数据质量抽样和审核验收。根据统计调查制度和各专业特点制定数据质量抽查制度，定期选择一定数量、不同层次的地区和调查对象进行数据质量抽查。实施严格的数据审核验收制度，从统计调查范围、报送完整性、数据趋势变化（同比、环比等）、与关联指标的协调性等方面加强数据审核验收。强化数据处理的时间管理。

加强数据发布管理。各级统计机构应依照有关规定负责本级和分地区统计数据发布，综合统计部门和业务部门应明确统计数据发布的职责范围。建立统计数据发布公示制度，严格按照发布日程按时发布统计数据。做好数据发布解读。

（2）健全统计质量评估体系

数据质量评估是统计数据质量管理的重要环节。欧洲统计系统（European Statistical System，ESS）制定了《质量保证框架》，注重关键统计指标数据本身误差率、可靠程度的分析和质量评估工作，定期评估和验证元数据、统计中间成果和最终成果，对抽样误差及非抽样误差进行测量并记录，定期进行修订，保证数据数量。政府综合统计的社会消费品零售总额在质量管控上，也注重数据质量评估管理，一是看经营关系变化，包括销售企业从事零售比例，销售量的同比对比；二是注重调查表内数据与关联数据的关系，设定几十个检验关系；三是不定期核查购销账目、凭证或者财务报表，确定合理的数据区间。民政统计数据评估以民政资金发放记录为依据，分别进行总量核对和明细数据核对。

为提高行业统计数据质量，交通运输统计部门也积极利用高速公路收费数据、交通量调查数据、海事签证数据对公路运输量和港口吞吐量进行核查，取得了一定成效，但依然未形成系统的数据质量评估体系，各地干扰统计数据的现象让时有发生。为进一步提高交通运输统计数据质量管理工作水平，应从评估指标、评估方法、评估制度等方面进一步健全统计数据质量评估体系。具体任务包括：

丰富统计评估指标体系。从自身平衡、行业关联、外部协调三个维度建立评估指标体系，加强对主要指标的评估。综合考虑规模总量、增长速度、比例结构、平均水平、横向对比等因素，建立自身平衡评估指标。积极利用高速公路计重收费数据、公路交通量调查数据、海事签证数据、运政数据、船检数据等行政记录和行业监测数据，建立交通运输关联评估指标。综合利用海关统计数据、煤炭产销量数据、重点油品生产及进出口数据等关联行业数据及 GDP、工业增加值、重点产品产量等宏观经济统计数据，建立行业外协调评估指标。

健全统计评估方法体系。建立健全基于平衡关系、相关关系、统计诊断、计量模型的统计数据评估方法体系。综合运用历史比较、偏差分析、相关分析、多维评估等多种方法，从规模总量、增长速度、比例结构、人均水平、横向对比等方面对主要统计指标数据进行准确评估，确定统计数据合理区间。

建立统计评估制度。研究制定《公路水路交通运输统计数据质量核查评估管理办法》，明确部省两级统计数据质量管理职责分工，建立健全统计工作核查制度和评估机制。交通运输部负责对国家和分省主要交通统计指标数据进行评估与核实，省级及以下统计机构负责对下一级地区数据进行评估和核实。根据不同情况，针对性地实施内部评估、联合评估以及专家评估等多种评估模式。按照国家统计局《地区生产总值统一核算改革方案》对交通运输统计的要求，推动建立公路水路运输量统一核算制度。

(3) 建立数据质量考核机制

机制建设是统计数据质量的重要保证。针对数据质量管理，相关部门建立了数据质量考核机制，如民政部定期对数据质量进行考核，每年以部文形式评比各省统计数据质量情况，按月以司文形式向各省反馈统计数据质量中存在的相关问题，同时实施年报数据互审制度。商务部也以数据质量为核心，对各地统计工作进行考核评估，按月形成考评结果，并与监测补助资金关联，有效地保证了统计数据质量。

目前，交通运输统计的数据质量考核机制尚未建立，如何开展数据考核，面对数据质量不好的地区如何处理，尚未有系统性的安排和规定。为保障数据质量管理的规范化、制度化，进一步提高数据质量管理水平，需要在数据质量考核机制上有所突破。具体任务包括：

明确统计检查重点。检查基层交通运输统计工作基础是否可靠、制度是否健全、方法是否科学，数据来源是否可靠，基层统计工作人员是否如实调查，如实上报，是否严格执行统计法，有无违反统计法情况存在。

健全统计实地监督检查和约谈机制。按照全国各省数据质量检查三年全覆盖的要求，深入基层统计机构实地检查，详细了解统计生产过程，认真检查统计质量中存在的问题。针对统计数据中存在的特定质量问题，及时约谈下级统计机构，质询相关问题，并要求对统计数据质量问题进行及时整改和规范。

建立交通运输企业统计诚信评价制度和统计从业人员诚信档案。按照社会信用体系建设和交通运输行业信用体系建设的要求，建立交通运输企业统计诚信评价制度和统计从业人员诚信档案，严厉查处统计领域的弄虚作假行为，营造诚实报数光荣、失信造假可耻的良好风气。

建立统计核查结果通报制度。以主要统计指标数据评估结果为基础，强化对数据质量的考核，定期通报考核结果，净化源头数据质量，提高统计精准度。

5.5 推进综合交通运输统计数据共享和综合应用

（1）建立综合交通运输统计工作制度

美国运输统计的直接指向为运输的对象——货物和旅客，将铁路、公路、水路、民航等各种运输方式的各种统计信息包含在各个专题的调查之中。在调查统计中首先是按货物和旅客分别统计，其次才在关注运输对象的过程中关注运输方式。在特定的目的指向下，各种运输方式的数据都得到充分的收集，统计覆盖的范围较广。在日常交通运输统计工作中，美国海关、边防局、商务部、财政部、人口普查局、海事局、联邦公路局以及各个行业的协会都为数据的采集与汇总提供了大力的支持。统计协作、数据交换共享已经成为常态。

不同于美国等发达国家的运输统计直接指向货物和旅客，我国交通运输统计首先指向运输方式，其次才在具体的运输方式中再分货物和旅客两个类别进行统计，因而统计资料比较分散、单一。受原来管理体制制约，各运输方式统计资源掌握在不同部门内，各部门之间资源交换共享的实施和管理处于一种无序状态，共享信息少或共享渠道不畅通，目前仍缺乏完整反映运输全过程的综合运输统计数据。此外，一些协会的丰富统计信息，也未得到有效共享和应用。同时，社会也产生了大量与交通相关的海量信息，仍游离于交通运输统计体系之外，未能应用。

过去各运输方式数据分散不能共享，源于体制机制问题。在目前大部制管理体制已正式形成的背景下，综合交通运输统计应加强机制建设，重点促进各类信息资源共享。具体任务包括：

建立综合交通运输统计联席会议制度。主要功能是研究拟订建立综合交通运输统计体系的方案措施，协调解决推进综合交通运输统计中的重大问题，讨论确定阶段工作重点并协调落实，指导、督促、检查各项工作任务。联席会议拟由交通运输部综合规划司司长担任召集人，部管国家局分管司长轮值第二召集人。联席会议办公室设在部综合规划司统计处，负责日常工作。联席会议设联络员，由各单位的处长或副处长担任。联席会议每年召开一次例会，讨论主要工作及重大问题，以会议纪要形式明确会议议定事项，经与会单位同意后印发有关方面；根据工作需要每季度召开专题会议，交换数据及讨论经济运行分析问题。相关工作制度纳入《交通运输部与管理的国家局职责分工和工作程序》。

制定信息资源交换共享目录。围绕综合交通运输月度经济运行分析、月快报和向国务院领导报送的交通运输简明信息速报编制的数据需求，以及年度统计公报、交通统计年鉴编制的数据需求，整合铁路、公路、水路、民航、邮政等相关信息资源，编制综合交通运输信息资源共享目录。其中铁路共享内容包括营业里程、电气化率、机车拥有量、客货运输量、干线运输量、分品类运输量、固定资产投资、主要指标与国外对比等；民航共享内容包括机场吞吐量、航空运输完成情况、固定资产投资、行业基本经营情况和财务状况等；邮政共享内容包括主要统计指标、邮政网点及线路、普遍服务、快递业务、服务水平、发展情况等。按照统计公报、年度汇报、月度快报、经济运行分析划分，相关内容见表9。

表9　统计数据及资料共享内容表

序号	表（资料）名称	需求频度	提供单位	交换时限
统计公报需求	铁路主要统计指标	年度	国家铁路局	4月15日前
	民航主要统计指标	年度	中国民用航空局	
	邮政主要统计指标	年度	国家邮政局	
年度汇编需求	全国铁路营业里程（按地区分）	年度	国家铁路局	6月30日前
	国家铁路机车及客、货车拥有量	年度		
	全国铁路客、货运输量	年度		
	国家铁路分品类货物运输量	年度		
	国家铁路分品类货物周转量	年度		
	铁路固定资产投资完成情况	年度		
	《铁路统计指标手册》	年度		
	《全国铁路统计资料汇编》	年度		
	民航主要统计指标（年度）	年度	中国民用航空局	
	民航机场吞吐量（前50位）	年度		
	航空运输生产完成情况（分航空公司）	年度		
	民航固定资产投资	年度		
	《中国民航统计年鉴》	年度		

续表

序号	表（资料）名称	需求频度	提供单位	交换时限
年度汇编需求	《从统计看民航》	年度	国家邮政局	6 月 30 日前
	邮政业网点及邮递线路	年度		
	快递业务量	年度		
	快递业务收入	年度		
月度快报需求	《全国铁路主要指标完成情况快报》	月度	中国铁路总公司	月后第 1 日
	《铁路运输生产经营主要指标完成情况》	月度		月后第 10 日
	民航主要统计指标	月度	中国民用航空局	月后第 1 日
	《邮政行业统计资料》	月度	国家邮政局	月后第 15 日
经济运行分析需求	铁路经济运行分析报告	季度	国家铁路局 中国铁路总公司	季后第一个月第 2 日
	民航经济运行分析报告	季度	中国民用航空局	
	邮政经济运行分析报告	季度	国家邮政局	

探索政府购买、战略合作等多方式获取社会企业的交通信息资源，推动社会信息资源的交换共享，为全社会提供准确及时、安全可靠、方便适用的综合运输信息服务。建立综合交通运输统计数据资源对外开放目录，进一步丰富交通运输统计数据的网络开放资源，积极探索官方微信、手机 APP 等新媒体等在行业统计数据资源对外开放服务的应用，提升社会公众获取权威行业统计数据的便捷程度。

（2）深化综合交通运输经济运行分析

美国交通运输统计信息的丰富度和深入性很大程度上得益于大量的数据分析。美国运输统计局（BTS）作为全国交通发展方面的统计中心，注重对各类数据的综合应用和深度开发。例如在大量数据的基础上，建立了针对国家交通运输系统的运行监控体系，实现了通过分析交通运输的发展来解读和预测国家的经济发展趋势。美国运输统计局每月都会发布全美交通运输服务指数（Transportation Services Index，TSI），来测度 1979 年 1 月以来美国每月货物运输与旅客运输的服务水平及其变化，并据此来考察与交通运输密切相关的经济活动变化现状和趋势。同时在航空 OD 调查的基础上，开发了航空旅行价格指数，来表征每个季度机票价格变化，并开展对该指数影响因素的深入分析。

我国交通运输统计数据综合利用尚处于起步阶段，各种运输方式的信息资源整合利用不够，横向对比不足，同种运输方式的数据信息挖掘深度不够，尚未形成横向集成、纵向贯通的信息资源综合利用体系，对各类规划的综合性支撑不够，对行业运行与发展情况的敏感性反映不足。在行业深化改革、转型升级的大背景下，交通运输统计发展要加强数据资源的深度挖掘和综合利用。具体任务包括：

加强工作机制建设。建立规范的交通运输经济运行分析日常工作规则和工作机制。进一步提高交通运输经济运行分析报告质量，加强交通运输对经济社会发展的贡献分析、行业重大决策事中事后跟踪分析。

构建交通运输预警监测体系。统筹企业直报数据、报表统计数据、动态监测数据、共享数据，加快研究开发交通运输行业主要指标短期及中长期预测模型集群，提升对行业发展的预判能力和水平。推动综合交通运输服务指数、运价服务指数、行业景气指数、企业信心指数、海运业供需平衡指数为代表的行业发展监测预警指数体系的开发应用，深入刻画行业与国民经济的互动关系，及时对行业发展情况进行预测预警，提升交通运输经济运行分析的预见性。推动行业投入产出分析暨行业卫星账户的构建，利用投入产出分析技术，加强交通运输行业与重点关联产业的互动影响分析。

深入开展专题性分析。围绕“一带一路”、长江经济带、京津冀协同发展战略，开展服务国家重大战略跟踪的专题性分析；围绕交通扶贫和绿色交通建设等行业重点工作，分别从投资和建设、能源消耗等方面开展交通建设扶贫专题分析和交通运输能源消耗专题分析，依托公路货运在线以及互联网抓取数据，开展公路货运在线监测分析；统筹水路运输生产、海事业务管理数据，开展水路干线通道货物运输监测与分析；结合交通运输业经济统计专线调查，开展企业财务状况分析；结合煤炭、铁矿石等大宗物资运输，开展大宗物资运输跟踪分析，总体上形成重大战略跟踪、行业重点工作评估、统计重点任务响应的专题分析体系，进一步提升交通运输经济运行分析的深度和针对性。

基于 GIS 的多源数据融合分析。将报表数据、监测数据、交换共享数据等多源数据的统计分析与地理信息系统相结合，运用回归分析、聚类分析、成因分析、趋势分析等多种方法，结合 GIS 地理空间技术，进行数据来源分析、比较分析、周期分析、空间相关度分析、时间相关度分析、态势预测分析等多元分析，加强高速公路交通量、重点水运干线运输量、客运站发送量、专项调查的货物流量流向等数据的图形化展示，以丰富的可视化手段表达统计信息，利用历史数据中的庞大数据资源挖掘更深层次的信息辅助决策，进一步提升交通运输经济运行分析的可视化水平。

6. 保障措施

6.1 加强组织领导和综合协调

（1）建立健全统一领导、分级负责的统计管理机制

国家统计局《部门统计调查项目管理暂行办法》第五条规定：“部门的综合统计机构统一组织、管理和协调本部门各职能机构的统计调查活动。”因此在全国层面，交通运输部综合统计机构依法组织领导全国的综合交通运输统计工作，协调铁路、民航、邮政统计工作；在地方层面，县级以上交通运输主管部门的综合统计机构，依法组织、管理本部门职责范围内的综合交通运输统计工作，实施统计调查，在统计业务上接受同级政府统计机构和上级交通运输主管部门综合统计机构的指导。对于涉及面广、协调难度大的交通运输企业一套表和联网直报改革，在部级层面建立综合协调机制。

（2）针对突出问题，加强综合协调

针对当前综合运输统计工作中存在的问题，应重点加强以下方面的综合协调。

部与部管理的国家局。在部级统一的综合交通运输管理协调机制框架下，建立完善综合交通运输统计的协调机制，在制度层面提出各级管理部门对铁路、民航、邮政以及公路、水路的统计信息需求，实现内容更丰富、颗粒度更细的综合运输统计数据及统计资料的及时汇总，并推动公路水路统计信息系统与铁路、民航、邮政统计系统的有效衔接等。

部与地方交通运输主管部门。由于铁路、民航是以条为主的管理体制，地方交通部门在综合统计数据的获取上难度很大，因此应通过部与地方的有效沟通，及时了解在综合交通运输发展规划特别是区域性综合交通

一体化发展规划编制及政策制定过程中的统计信息需求；同时，及时研究解决交通运输统计改革发展中的重点和难点问题，确保各项统计重点任务落实到位。

部综合统计机构与部内专业司局。进一步加强公路水路行业统计工作的归口管理，重点是统计调查项目和统计标准的监督实施，以及统计数据的共享服务等；在有关管理业务规范制订和业务系统设计过程中，要充分考虑统计信息需求并征求统计部门意见；在企业“一套表”统计方法改革推进实施过程中，特别需要部内各单位统一认识、统一步调、协同推进。

交通运输主管部门与政府统计机构。建立完善共享机制，重点加强在基本单位名录库、经济普查资料以及交通运输服务业统计调查资料等方面的信息资源共享；进一步加强在企业“一套表”设计、统计数据质量评估与核查、统计信息化建设等方面的交流与合作。

6.2 健全完善经费保障机制

（1）按照政府事权划分原则，分级解决所需经费

事权属于财政学范畴，是政府间支出责任划分、财权配置和财力分配的基本依据。政府事权是一级政府为履行职能、管理社会公共事务的责任和权力。统计是了解国情国力、服务经济社会发展的重要基础性政府职能，属于政府事权。政府事权划分，应把握受益性原则、效率原则、能力原则和国情适用原则。统计对经济社会发展情况进行统计调查、统计分析，提供统计资料和统计咨询意见，实行统计监督，直接服务于中央与地方各级政府部门；任何一项统计调查的推进实施，都需要部省联动、跨业务协同、跨区域协调，才能使统计职能的履行达到效能与质量最优化；从我国统计管理体制机制的沿革看，一直以来坚持的是“统一领导、分级负责”的运行模式。因此，统计属于中央和地方政府共同事权范畴。根据事权与财权相匹配的原则，提出交通运输部负责解决部级统计工作经费，县级以上地方交通运输主管部门负责解决本级统计工作经费。

（2）根据统计任务内容，分类解决所需经费

各级交通运输主管部门应将日常统计及经济运行分析工作所需经费，纳入本级部门一般性财政预算，有条件的应开立专门科目。

常规调查之外的普查、专项调查所需经费，各级交通运输主管部门应联合同级政府统计机构向财政部门申请财政预算资金。为便于地方交通部门向财政部门申报，交通运输部在地方预算申报时限以前，应向省级交通运输主管部门提供申报所需的技术文件。

（3）研究建立健全统计信息增值服务模式

根据国家《统计信息咨询服务管理暂行规定》，统计信息行政主管部门及其他行政部门所属的事业单位经工商行政管理机关核准登记，可以从事营利性统计信息咨询服务活动。《海关总署关于执行〈海关统计资料及统计数据开发费收费标准〉的通知》（署财［1996］602 号），具体规定了统计资料费、统计数据开发费（开机费、软件费、数据费）、资料复印费等收费标准。为充分开发利用交通运输统计信息资源，更好地为社会、为企业服务，应研究建立统计信息服务增值模式，各级交通运输主管部门可授权委托有关事业单位，经工商行政管理机关登记后，从事统计信息增值服务活动。

6.3 加强统计能力建设

（1）加强统计队伍建设

研究解决部级层面综合交通运输统计缺乏专门、稳定、可靠支撑力量的问题，充分发挥交通运输科研院所的服务和技术支撑作用。科学划分统计业务领域，培养领域学科带头人，打造业务素质高、综合能力强的创新团队。

（2）加强基层基础建设

加强统计队伍和统计基础工作建设，是县级以上各级人民政府有关部门统计机构的重要职责内容之一。针对交通运输基层统计能力相对薄弱的实际，应着力加强基层基础建设。省级交通运输主管部门及下设二级局，有条件的应根据工作任务配备相应的专职统计人员；市、县级交通运输主管部门应保障专职或兼职统计人员的相对稳定。

（3）创新统计服务供给模式

当前，交通运输统计调查需求急剧增加，而基层部门能够提供的直接服务远跟不上需求扩充的步伐，供需矛盾日渐突出。迫切需要创新公共服务供给模式，有效动员社会力量，构建多层次、多方式的统计服务供给体系，提供更加方便、快捷、优质、高效的公共服务。根据（《国务院办公厅关于政府向社会力量购买服务的指导意见》，国办发［2013］96号），研究建立健全交通运输部门购买统计公共服务的机制。通过政府购买公共服务，积极引导符合条件的事业单位、科研院校、行业协会、咨询机构等承接交通运输统计公共服务。承担经常性交通运输统计调查任务的人员，应取得统计从业资格，各单位要创造条件，加强对统计人员的定期业务培训。

（4）加强交通运输统计科研工作

抓紧启动一批支撑统计工作创新发展的基础性研究课题。加强交通运输统计标准研究，做好与国家统计标准、交通运输行业标准的系统衔接。完善科研工作机制，推动建立部省联动、多方式参与、合作共享的统计科研模式。

6.4 完善统计规章制度

建立健全由统计部门规章、专门规范性文件、统计调查制度和统计标准等构成的，门类齐全、结构严密、内部协调的交通运输统计法律体系，重点加快交通运输全行业统计管理规定、统计数据质量核查评估管理办法、综合交通运输统计标准体系等规章制度的制修订工作，不断推进交通运输统计工作的制度化、规范化和标准化。

建立交通运输全行业统计管理规定。明确交通运输全行业统计的范畴、统计管理体制、统计调查对象及行业主管部门的权利义务关系、统计调查项目及统计数据管理、法律责任等。

建立统计数据质量核查评估管理办法。明确数据质量核查评估的适用范围、评估的主体与客体、管理模式、核查评估方法、业务规程、评估结果的使用等。

建立综合交通运输统计标准体系。规范综合交通运输统计指标定义及计算方法、指标分类目录及统计代码规则、源头基础数据采集的技术规范等。

专题报告
综合统计框架顶层设计

1. 对象解构与统计需求

交通运输统计的目的，是运用适当的统计手段，系统反映我国交通运输发展整体状况，显示交通运输对于经济社会发展的重要作用，满足国家交通运输管理以及宏观经济社会管理提出的数据需求。

但这样笼统而言还不够，还必须回答综合交通运输统计要"统什么"这一基本问题。为达此目标，需要明确交通运输这个统计对象所具备的基本功能及其运作方式，在此基础上考虑各方对综合交通运输统计数据的需求。

1.1 视角一：交通运输活动的基本特点及其过程

交通运输泛指运用载运工具在交通网络上流动，从而实现人、货之空间移动的过程。

载运工具承载着被运输的人或货物，无论是依靠人力、畜力、风力等传统动力源，还是由蒸汽机、内燃机、电力机等现代动力装备所驱动，各种载运工具最终都是发挥人和货物的空间位移功能，这些载运工具随即成为交通运输活动的基本活动单位。

载运工具的运行需要相应路线的支持。历史上，秦修驰道、汉通西域、隋开运河，无一不显示着线路在交通运输中的基础性地位。就现代交通运输而言，铁路、公路的运行线路基本全部需要人工修建；水运虽可利用现成的河道或航线，但由于水深、暗礁等各种制约因素，船舶不可直接航行，仍然需要人工疏浚河道，甚至需专门开凿水路，以开辟航线；对航空运输而言，随着各种飞行器的日益增多，空域资源的稀缺性日益显现，为了高效利用空域资源，避免相撞等事故，必须进行航空线路的系统安排。

载运工具与线路仅是交通运输的基本载体，为避免随意性点对点交通运输带来的重复和低效，克服信息不对称带来的弊端，实现交通运输的高效运作，还需要有专门的运输集散中心、固定的运载工具停泊区域，为此，车站、码头、机场等执行此项功能的各类站点设施应运而生。通过这些站点的系统衔接，交通运输活动成为一幅网络，与整个经济社会运行过程密切联系起来，同时也为多种交通运输方式的联通提供了前提。

载运工具、线路、站点，三位一体，共同构成交通运输活动的基本要素。其中，线路和站点作为基础设施，为载运工具提供交通服务；载运工具依托于线路、站点等基础设施，为外部提供各种运输服务。

进一步看，拥有基础设施以及载运工具只是前提，而实现交通、运输才是活动的目的。其中，交通强调载运工具在交通网络上的流动，运输则更强调通过运输工具所实现的人员、货物的空间位置移动。如果将交通运输视为一个投入产出的生产过程，交通量、运输量就是其为经济社会体系提供的服务产出。

从动态观察，经济社会发展对交通运输的需求在不断提高。一方面要求交通运输网络要扩展对国土和人类居住区的覆盖面，深化覆盖密度；另一方面要求交通运输要以更快的速度、更安全的方式、更低廉的成本实现人与货的空间移动。为达此目的，实现交通运输的可持续发展，必须不断进行交通运输设施以及载运工具的开发建设。开发建设涉及若干方面的要素支撑：一是投资，要筹集资金用于基础设施的建设施工、载运工具的购置；二是研究与开发，通过科学研究活动不断提升交通运输设施和载运工具技术水平，以此提高交通运输的能力和利用效率。此外，对基础设施建设而言，还会涉及土地等资源投入的支持，以及相应的人力资本培养。

显然，要反映一国交通运输状况，需要在以下三方面进行统计：①交通运输设施和载运工具拥有量统计，通过数据显示一国交通运输的基本能力。②分不同交通运输方式统计，记录特定时间段内交通运输活动的结果，提供带有距离、方向特征的交通量和运输量数据。③针对交通运输能力建设进行统计，分不同要素投入提供数据，显示一段时期内为交通运输未来可持续发展而做出的努力。

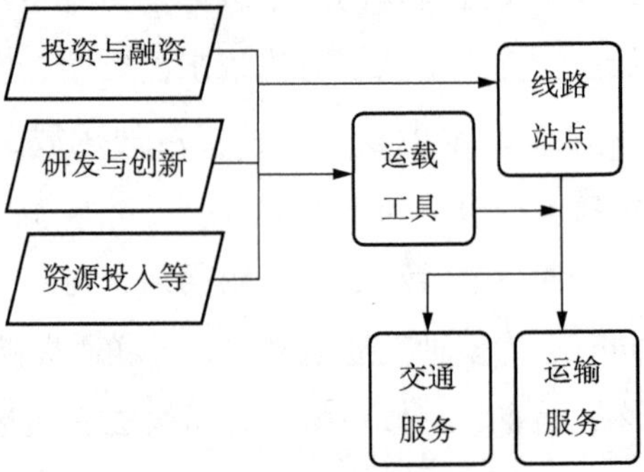

图1　交通运输活动过程

2.2　视角二：交通运输活动的实际运作方式

总体来看，交通运输是一个以市场运作为主、基本公共服务与之并存互溶的领域。

一方面，整个交通运输的组织运作需要按照市场规则、依赖于现代市场体系而进行。具体可以分割为不同的市场，首先是交通市场和运输市场，进一步可划分为基于不同交通运输设施的市场和不同运输方式的市场（公路、铁路、水路、航空、管道），不同区域的市场（比如京津冀、长三角及其细分），不同运输对象的市场（客运和货运及其细分）等等。每一个市场，都有其对应的供应者与需求者，通过与市场价格之间的互动，决定供应者和需求者之间的利益关系，以此引导其各自的经济决策，最终达到供求平衡。

另一方面，政府作为公共服务责任人，有责任提供公共性的基础交通设施和基本交通服务；同时立足社会均衡发展目标，帮助落后地区和弱势群体能够获取基本交通运输服务；并对整个交通运输实施规范和管理，保证其符合国家经济社会整体可持续发展目标。

公共服务与市场之间不是完全隔离的。将交通和运输分割开来观察，交通更具有公共服务性质，运输则更具市场特征。即基础设施的运作更具公共性质，载运工具的运作更具市场特征。政府的运作与市场运作也不是完全隔离的。一般而言，政府会借助于市场架构，通过公共投资、免费或差别定价、补贴等方式，实现公共交通基础设施建设，提供基本公共服务；通过经济手段、行政手段实现对市场的管理和规范。

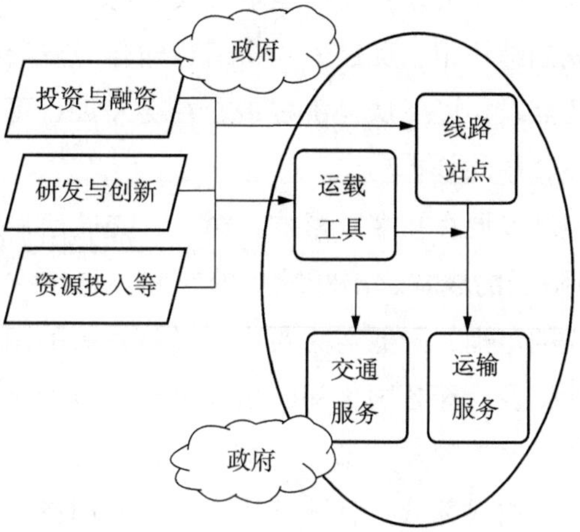

图 2　交通运输活动过程及运作方式

基于以上运作方式，统计需要承担两方面的任务。第一是围绕市场及其参与主体进行统计。要区分不同市场，显示其交通运输的价格及其变化，交通运输量及其变化，为分析不同市场之间的竞争合作关系提供数据依据；同时要显示交通运输企业的经营状况，因为，作为专门提供交通运输服务的生产者，交通运输企业是交通运输市场上的供应方，其经营状况可从一个侧面深度表现交通运输市场状况。第二是针对政府职能进行统计。一方面要显示为提供交通运输公共服务以及支持交通运输建设的政府行为，比如介入交通运输建设的投资、研究与开发活动，享受基本公共服务的交通量与运输量以及为此付出的支出等；另一方面要结合交通运输活动全过程，显示为规范和管理交通运输市场所实施的政府行为，尤其在安全、环保、信息化管理等方面完成的工作及其效果。

2.3　视角三：交通运输与经济社会发展的互动关系

交通运输活动的前提是经济社会发展提出人、货流动需求。一方面要以现有交通运输能力和组织，满足当下经济社会发展的交通运输服务需求；另一方面要着眼于未来，以必要的交通运输建设应对经济社会发展对交通运输的长远需求。在此过程中，交通运输体系有自身的组织运作方式，同时又是整个经济社会体系的组成部分，由此形成了交通运输发展与经济社会发展之间的互动关系：交通运输发展状况会对整个经济社会发展产生重要的促进或制约作用；反过来，交通运输自身发展要依托于经济社会未来发展提出的需求。以下从经济发展、社会发展、可持续发展三个层面解构交通运输在其中的基本功能。

交通运输对经济发展存在多重影响。第一，交通运输所实现的“货畅其流”，以及不断降低的成本、不断缩短的时间，将供应与需求关联在一起，扩展市场覆盖的范围，降低空间距离对经济发展的阻碍，使专业化分工提升到区域之间以及全球各国之间，由此为改善资源配置效率、提高整体生产力水平提供了基本前提。第二，交通运输作为一个产业，本身直接构成一国经济活动的组成部分，其服务产出和价值创造会直接包含在GDP之中，直接对经济增长产生影响；反之，其服务产出会作为其他行业的物流成本，从而对产品终端价格和相关行业的盈利水平产生影响，进而还会影响到居民消费水平。第三，交通运输基础设施建设和载运工具购置都属于固定资产投资，短期看，可以通过从建筑、设备制造向前延伸的产业链条，对当期经济增长产生非常显著的投资拉动效应；长期看，可以进一步扩展交通运输能力，与未来经济发展需求相衔接。

交通运输对于社会发展具有多层次的外部效应。第一，交通运输业具有较大的就业吸附效应，再加上与交通运输活动相关联的其他产业，对拉动就业、提高居民生活水平具有显著作用。第二，交通运输极大地促进了区域间的联系，通过公共性交通服务设施和交通运输服务，有助于通过人的流动而提高人的发展水平，有助于将边缘地区与发达地区的市场关联起来，为减少贫困、降低区域间发展不平衡提供强大助力。第三，交通运输是一个科技含量比较高的领域，无论是基础设施还是载运工具的升级换代，都需要研究与开发及相关科技创新活动的支持，并会将相关研发成果传递到其他领域。第四，交通运输是一类具有安全风险的活动方式，各种类型的交通安全事故会通过财产损失、人的伤亡对社会发展产生负面影响。

可持续发展集中关注资源环境与经济发展之间的关系，交通运输活动对资源环境具有不可忽略的影响。交通运输设施建设需要占用土地资源，扰动生态环境；交通运输活动中要消耗大量能源，反过来在燃烧过程中会产生二氧化碳排放；水路交通需要就地利用水资源（尤其是内陆水），并对水环境产生一定影响；此外，交通运输活动还会带来噪音等有害于居住区环境的负面效果。可以认为，就可持续发展而言，交通运输活动会因为资源消耗和废弃物排放以及生态系统扰动而形成明显的外部负效应。为降低外部负效应，交通运输领域要开展各种以节约资源、减少排放、保护或恢复生态的环境保护活动。

为系统地把握上述各方面情况，为当期交通运输宏观管理和未来交通运输发展需求预测提供基础资料，交通运输统计需要分别从供应方和需求方拓展其内容。

供应方统计内容拓展。基于“交通运输活动及运作方式示意图”显示的统计内容，拓展交通运输统计调查领域，进行统计指标深度开发。要细化运输量统计，不仅要进行总量统计，同时还要显示其流向和运输方式选择，及时把握交通运输需求动向。要开发相关指标，比如交通运输业增加值、交通运输固定资产投资拉动指数，显示交通运输领域通过服务生产、固定资产投资对经济增长的影响。要开发相关指标，比如运输量指数、运价指数，作为先行指标，为进行宏观经济形势判断发挥“晴雨表”作用。要进行交通运输安全统计，通过调查提供描述性指标数据，显示交通运输对社会发展的直接影响。要建立相应的资源环境统计，显示交通运输活动的资源消耗水平和废弃物排放水平，同时显示为交通运输领域减少消耗和排放以及其他负外部效应而做出的努力。

需求方统计内容拓展。要从经济社会发展各领域作为交通运输服务需求者角度，映射交通运输对于经济社会发展的影响效应，显示其对交通运输发展的需求。为达此目标，一方面应将上述交通运输供应方统计内容与经济社会发展各领域统计内容相衔接；另一方面则要从交通运输需求方角度拓展统计调查内容。应分人员出行、货物运输，建立交通运输需求意愿与流向调查，以及交通运输成本调查、交通运输安全和服务质量调查，及时反映大宗物质、经济热点区域、人口积聚区域的人流、货流状况，反映需求者对不同交通运输方式的选择及其所感受到的安全、舒适程度，显示交通运输费用对于出行者、货运者的成本负担状况。并开发相关指标和模型，将交通运输因素放在经济社会发展之中，分析其在区域协调发展、脱贫、城镇化、人员流动、资源环境变化等方面的效果。

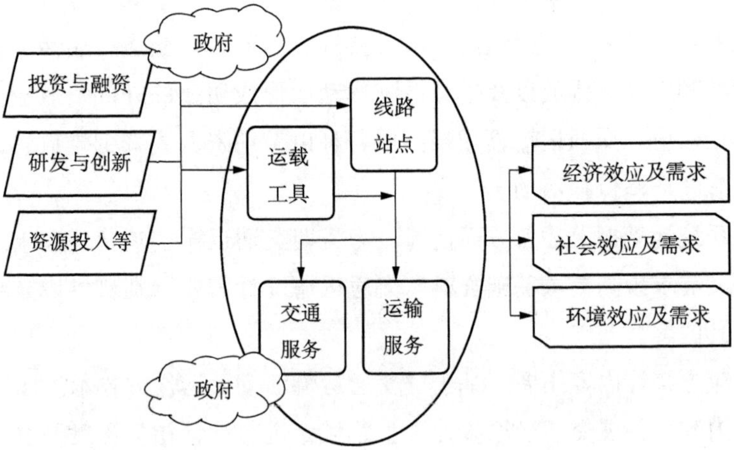

图3　综合交通运输统计内容板块

2. 统计内容框架设计

基本内容框架设计要具体回答综合交通运输统计应该“统什么”这一基本问题。这是一种带有某些“理想”性质的设计，目的是勾勒出综合交通运输统计“应该”是什么样的一套体系。

以上有关交通运输活动过程的解构及其数据需求，是进行综合交通运输统计框架设计的基本依据。其已经大体显示出综合交通运输统计的基本架构。总括起来，基本内容框架设计的要义就是：要依据交通运输活动的基本特点，及其在经济社会发展过程中的功能定位，运用政府统计的专业工具，设计出一套满足各方需求的综合交通运输统计的内容框架。

总体思路是以逐步递进方式对综合交通运输统计的内容进行论证：先从内容板块设计入手，然后将板块具体化为不同子模块；进而，以主要统计指标设计为主线，兼及统计对象范围、统计分类，分别对各个子模块的具体内容做比较详细的说明。

2.1 内容板块与子模块设计

总括交通运输活动的解构分析，综合交通运输统计的内容主要由以下三大板块组成。其中，核心内容板块是综合交通运输统计的主体，直接反映交通运输活动自身的状况；要素投入板块是核心内容的前向延伸，反映交通运输能力建设状况，体现交通运输发展的可持续性；影响效应及需求板块是核心内容的后向延伸，意在多维度显示交通运输对于经济社会发展的作用影响。此外，还有一些隐含在上述各个板块之中、体现当前新的关注点的专题性统计内容。

在每一个板块之下，会包括若干体现细分的子模块。通过这样两层的内容架构，大体可以呈现一套理想的综合交通运输统计的“模样”。

3.1.1 核心内容板块

交通运输业的主要功能就是为区域经济社会发展提供交通运输服务。从服务内容看：一是交通服务；二是运输服务。交通运输服务统计构成综合交通运输统计的最基本内容。

为提供交通服务和运输服务，第一需要有良好的基础设施，以路、航道、航线、管道为代表；第二需要有载运工具，以车、船、机为代表。这两方面作为“运力”会制约最终提供的交通运输服务。交通运输能力统计也属于综合交通运输统计的基本内容。

交通服务、运输服务在两个具有一定联系的平台上实现：一是市场；二是公共服务。可以将整个交通运输视为一个大市场，以及由不同交通运输方式构成的细分市场，每一个市场都包含成本、价格、交易量等基本要素，显示市场规模和结构，都需要关注供求平衡状况。同时交通服务还具有一定的基本公共服务属性，是政府公共服务的重要组成部分，政府有责任代表全体国民提供必要的交通条件，并通过对市场的补贴和干预实现公共服务职能。综合观察，交通运输服务供应方就是划归交通运输行业的各企业、事业单位以及个体户，需求方则覆盖全社会。细分及统一的交通运输市场以及公共服务状况相关统计，都应属于综合交通运输统计的基本组成内容。

基于上述分析，核心内容板块总体由六个子模块构成：①交通运输基础设施统计；②载运工具统计；③交通量统计；④运输量统计；⑤运价和运输成本统计；⑥交通运输经营者统计。

前两个模块综合反映运输能力，针对一时期期末拥有量以及期内变化量进行统计，并要显示其综合利用程度；交通量、运输量统计反映交通运输服务生产业务量，针对一时期发生量进行统计，不仅是交通运输服务总量统计，更重要的是带有流向特征的交通运输结构统计；最后两个模块是交通运输市场统计，前者要立足市场做调查，后者要针对基础设施运营企业、运输企业、交通运输辅助服务企业以及个体经营户进行统计，显示其经营状况和基本特征。

3.1.2 要素投入板块

交通运输服务的发展，一方面取决于现有交通运输能力的高效利用，另一方面取决于交通运输能力的不断提高。为此目，需要多方面的要素投入支撑，对这些支持要素做统计，是综合交通运输统计应该包括的内容。这些支持要素包括以下几点：

固定资产投资建设及资本运营统计。一方面是交通运输路网、机场港口等基础设施投资建设；另一方面是车船飞行器等载运工具投资建设。要通过筹集资金、建设施工或购置来维护和新增运力，同时要通过资产存量管理保证现有运力的有效利用。

研发与创新统计。现代交通运输属于高科技应用领域，一方面是基础设施和载运工具中的科技含量，另一方面是运行过程的科技创新，这些都需要研发活动的支持，相关活动构成研发与创新统计的内容。

除了以上两个支撑要素之外，还应该包括资源投入、人力资本培育等方面的投入要素，这些原本也属于要素投入统计的内容。但是，鉴于人力资本培育与就业具有直接关联，资源投入广义而言属于环境影响之列，因此将前后两者合并置于影响效应板块。因此，要素支撑板块主要包括两个子模块：①固定资产投资统计；②研发与创新统计。

其中，固定资产投资统计的对象主要是交通运输基础设施，有条件情况下可以延及载运工具，具体包括当期固定资产投资统计和固定资产存量统计两部分，前者着眼于当期完成的固定资产投资和建设进度，后者则着眼于各期累计起来的总投资。研发与创新统计包括研发统计和创新统计两部分，前者着眼于经费和人员投入，后者着重创新活动的发生和成果。

3.1.3 影响效应与需求板块

交通运输的最终目标是服务于经济社会发展，提高国民生活质量，但同时也会给环境带来压力和负面影响。为此需要延伸统计内容，将交通运输放到经济社会发展整体框架之下，显示其对于经济、社会、环境的影响效应，以及这些领域对交通运输的需求动向。

一方面是交通运输自身活动的质量，这些质量会关乎对经济社会发展的影响。其中最突出的是两个部分：①交通运输安全；②交通运输的资源消耗和污染物排放。另一方面是交通运输活动对经济社会和环境的互动影响效应，即交通运输活动对经济社会可持续发展带来的外部效应，包括经济增长效应、就业效应、区域协调发展效应等。可以从三个层面定义，由此构成综合交通运输统计的组成内容。

第一是对经济发展的互动影响效应。交通运输会促成货物流通，带动关联产业，直接和间接拉动 GDP 和经济增长；交通运输成本是物流成本的一部分，对终端产品价格产生影响；运输量和运价是宏观经济景气状况的晴雨表。反过来，经济发展状况会通过需求变化决定交通运输规模和结构的需求，并通过整个市场的供求状况影响交通运输活动的成本和价格。

第二是对社会发展的互动影响效应。交通运输发展可以带动就业；交通运输普遍服务可以促进减少贫困、缩小城乡差别；交通运输可以促进人的流动，并可以通过出行时间、出行费用、事故安全等方面影响居民生活质量。反过来，城镇化、区域发展以及区域间关联会通过人员流动性、移动距离影响对交通运输服务的需求。

第三是对环境的互动影响效应。交通运输会因为能源消耗、排放污染物、制造噪音等影响环境，还会因为土地利用而改变生态环境。反过来，资源环境硬约束会传导影响到交通运输自身的发展。

从描述统计角度看，互动影响效应板块区可具体分为七个子模块：①交通运输业生产统计；②就业和人力资本统计；③出行和货运意愿及流向调查；④出行和货运成本调查；⑤安全及服务质量统计；⑥资源投入统计；⑦环境统计。

其中，交通运输业生产统计将交通运输业作为一个独立的国民经济产业，核算其总产出和增加值，显示对于 GDP 的直接贡献；就业和人力资本统计也是着眼于交通运输业，以就业人数统计显示交通运输业吸纳就业的总规模，通过相关分类显示其人力资本积累状况；出行和货运需求及运输成本调查是从交通运输服务需求者角度进行的调查，一方面显示经济社会发展对交通运输的需求动向，同时分析出行成本对居民消费、运输成本对生产者成本的影响；安全及服务质量统计包含两个视角，一方面是供应者视角下针对交通运输事故及其损失进行统计，另一方面是需求者视角下针对交通运输安全性、服务质量进行统计；资源投入统计集中于土地占用统计和能源消耗统计两方面；环境统计包括污染物排放统计和环境保护支出统计。

除了描述性统计之外，影响效应还需要结合前面两个板块的统计内容进行继续开发，形成相关分析评价性指标，比如运输指数、运价指数、固定资产投资拉动指数、交通运输业对GDP贡献率等，这些要在综合统计指标设计中予以反映。

3.1.4 其他专题性统计

为了使得综合交通运输统计体系保持一定灵活性，除了上述三个板块之外，还特别设置一个其他专题性统计板块，以便容纳一些值得特别关注的统计内容。之所以能够作为专题进行统计，是因为某些统计内容要跨越上述三个板块而存在，难以简单地包容在某个板块之中，需要专门显示其内容；或者是有些统计内容代表了当前交通运输发展的新现象、新特征，值得专门提出作为重点。当前考虑纳入此部分、可以作为子模块的专题包括：①政府参与统计；②信息化统计；③国际化统计；④多式联运统计；⑤公益性服务统计。

其中，政府参与统计着眼政府对于交通运输市场的参与和管理而设计；信息化专题统计关注交通运输发展过程中的信息化建设和实现程度；国际化专题统计专门显示跨国交通运输活动；多式联运专题统计的对象是各种交通运输方式联合下实现的交通运输活动；公益性服务专题统计显示作为基本公共产品提供的交通运输服务以及为特定群体（比如学生人群、贫困人口）提供的交通服务状况。

3.1.5 按运输方式、区域展开

以上通过板块和子模块设计勾画了综合交通运输统计的基本轮廓，仍需将这些统计内容置于不同对象范围付诸实施。划分统计范围主要有两个角度：一是区分不同运输方式，分公路、水路、铁路、航空等给出具体统计内容；二是区分不同区域，分行政区给出具体统计内容。最终目标是在区域和运输方式交叉对应框架下显示综合交通运输统计的基本内容。

（1）不同运输方式展开

不同运输方式在技术上和管理上均表现出不同的特征，服务于不同的对象，相互之间代表既具竞争性又具合作性的关系。因此分不同运输方式

展开综合交通运输统计的内容实属必要。

具体展开结果见表10，包含公路运输、水路运输、铁路运输、航空运输、管道运输、城市公交若干种交通运输方式，其中前面四种在基本统计内容上共性较多。管道运输也可以纳入其中，但其自身具有的唯一性和垄断性，导致相关统计内容会与其他方式存在差别。最突出的是城市交通，有自己的特点，难以简单纳入整个框架之中。

（2）不同区域展开

不同区域其交通运输发展的结构和水平会有很大差别，其中原因可能与自然条件有关，同时其本身就是经济社会发展水平差异的表现。因此分区域进行综合交通运输统计，具有特别重要的意义。

区域内容展开的基本思路是：基于前述内容板块和子模块，分区域展示相关内容，使统计内容具体化。和表10相比，表11基本架构表面没有根本性变化，只是将运输方式换成了行政区域。但事实上，分区域统计与分运输方式统计具有很大不同，实现难度更大。因为，运输方式统计适应了交通运输的“条”状结构，而区域统计则是要打断既有的“条”状结构，按照“块”状结构重新组织。其结果，即使是同一类统计内容，区域统计的具体内容和统计重点也会不同于分运输方式下的统计。尤其是有关交通量、运输量以及交通运输市场和运营状况方面，区域统计会极大地受制于跨区域交通运输的影响。

（3）区域和运输方式的交叉展开

在上述两种展开基础上，深化的理想设计是同时按照区域和运输方式展现综合交通运输统计的内容。一种表达方式是基于区域统计进一步区分不同运输方式；另一种思路正好相反，是在运输方式统计基础上再做区域划分。前者体现各个区域的交通运输结构，后者则显示各种交通运输方式在各个区域的配置分布。

现实运行的交通运输统计已经在不同程度上体现了这样的交叉，尤其在基础设施、载运工具等表现运力的统计内容方面，以及体现要素支撑的统计内容方面。但是，在有关交通量、运输量、以及交通运输市场和运营状况方面，则会因为其跨区域存在的特性，既会制约运输方式下的区域分组统计，也会制约区域下的运输方式分组统计。

表 10　综合交通运输统计内容：按运输方式展开

		公路	内河	海运	铁路	航空	管道	城市交通
核心内容	基础设施统计	线路统计 站点统计	线路统计 港口统计	线路统计 港口统计	线路统计 站点统计	线路统计 机场统计	线路统计	线路统计 站点统计
	载运工具统计	车辆统计	船只统计	船只统计	机车统计	航空器统计		车辆统计
	交通量统计	通行量统计	通行量统计	通行量统计	通行量统计	通行量统计		通行量统计
	运输量统计	客货运量统计	客货运量统计	客货运量统计	客货运量统计	客货运量统计	货运量统计	通行量统计
	交通运输市场统计	客货运价统计，客货运输成本统计	客货运价统计，客货运输成本统计	客货运价统计，客货运输成本统计	客货运价统计，客货运输成本统计	客货运价统计，客货运输成本统计		
	交通运输业经营统计	企业经营统计 个体户经营统计	企业经营统计 个体户经营统计	企业经营统计	企业经营统计	企业经营统计		
要素投入	固定资产投资统计	当期固定资产投资统计，期末固定资产存量统计	当期固定资产投资统计，期末固定资产存量统计	当期固定资产投资统计，期末固定资产存量统计	当期固定资产投资统计，期末固定资产存量统计	当期固定资产投资统计，期末固定资产存量统计	当期固定资产投资统计，期末固定资产存量统计	当期固定资产投资统计，期末固定资产存量统计
	研发与创新统计	研发投入统计 创新活动统计	研发投入统计 创新活动统计	研发投入统计 创新活动统计	研发投入统计 创新活动统计	研发投入统计 创新活动统计		

续表

		公路	内河	海运	铁路	航空	管道	城市交通
影响效应	行业生产统计	产出和增加值核算	产出和增加值核算	产出和增加值核算	产出和增加值核算	产出和增加值核算		
	就业与人力资本统计	就业人数统计 人力资本统计	就业人数统计 人力资本统计	就业人数统计 人力资本统计	就业人数统计 人力资本统计	就业人数统计 人力资本统计		就业人数统计 人力资本统计
	出行和货运意愿及流向调查	出行意愿、流向、运输方式调查 货物运输需求、流向、运输方式调查						出行意愿、流向、运输方式调查
	出行和货运成本调查	出行费用调查，物流成本调查	出行费用调查，物流成本调查	出行费用调查，物流成本调查	出行费用调查，物流成本调查	出行费用调查，物流成本调查		出行费用调查
	安全及服务质量统计	安全统计 服务质量调查	安全统计 服务质量调查	安全统计 服务质量调查	安全统计 服务质量调查	安全统计 服务质量调查		安全统计 服务质量调查
	资源投入统计	土地占用统计 能源消耗统计	土地占用统计 能源消耗统计	土地占用统计 能源消耗统计	土地占用统计 能源消耗统计	土地占用统计 能源消耗统计	土地占用统计	能源消耗统计
	环境统计	污染排放统计，环保支出统计	污染排放统计，环保支出统计	污染排放统计，环保支出统计	污染排放统计，环保支出统计	污染排放统计，环保支出统计		污染排放统计，环保支出统计

表 12 是交叉展开的示意表。这是一个三维架构，需要分别不同板块以及板块中的具体内容，体现交叉展开的基本逻辑。

表 11　综合交通运输统计内容：按区域展开

		北京市	天津市	河北省	……
核心内容	基础设施统计	线路统计 站点统计			
	载运工具统计	车辆统计			
	交通量统计	通行量统计			
	运输量统计	客货运量统计			
	交通运输市场统计	客货运价统计，客货运输成本统计			
	交通运输业经营统计	企业经营统计 个体户经营统计			
要素支撑	固定资产投资统计	当期固定资产投资统计，期末累计固定资产存量统计			
	研发与创新统计	研发投入统计 创新活动统计			
影响效应	行业生产统计	产出和增加值核算			
	就业与人力资本统计	就业人数统计 人力资本状况统计			
影响效应	出行和货运意愿及流向调查	出行意愿及流向调查 货运需求及流向调查			
	出行和货运成本调查	出行费用调查，物流成本调查			
	安全及服务质量统计	安全统计，服务质量调查			
	资源投入统计	土地占用统计 能源消耗统计			
	环境统计	污染排放统计，环保支出统计			

表 12　综合交通运输统计内容：区域与运输方式交叉

	公路	内河	海运	铁路	航空	管道	城市交通
北京市							
天津市							
河北省							
……							

2.2 综合统计指标设计

统计的基本语言就是统计指标，通过统计指标以及配套的统计分类，描述事物现象的基本特征和结构性特征。在确定了综合交通运输统计的基本内容组成之后，最重要的工作在于针对每一个子模块，以综合统计指标设计为线索，确定统计对象与范围，形成相应分类，汇合起来，即可将综合交通运输统计的内容具体化了。

2.2.1 设计思路

本书主要集中于综合统计指标的设计。“综合”二字包含多层次含义。

（1）多种交通运输方式的综合

“大交通”概念下，综合交通运输统计不再仅仅是水路统计、公路统计等单一交通运输方式的统计，而是要对整个交通运输统计状况做“综合”统计，面向整个交通运输发展的规划、管理、分析提供“综合”数据信息服务。为此对统计指标体系设计工作提出两方面的要求。一是要将各种交通运输方式合起来作为一个整体进行设计，通过一个统一的框架结构，将不同运输方式“框”起来，以保证最终提供的数据可以综合运用于相关分析。二是要就交通运输整体设计一些综合指标，反映交通运输整体状况。一些是加总指标，用以显示综合交通运输的整体规模；一些是计算指标，反映综合交通运输的内部构成和效率，以及不同运输方式之间的竞争、互补关系。

基于此，针对“综合”形成一套表，系统展示统计指标体系的相关设计内容。然后分不同交通运输方式分别设计各自的统计指标体系，包括公路、水路、铁路、航空、城市交通、邮政。综合起来，形成“一拖六”的指标架构。总体来看，与“综合表”比较一致的主要是前面四种交通运输方式，邮政和城市交通两者要相对疏离一些。

（2）统计内容的综合

交通运输统计的基本对象是交通运输服务提供过程。这个过程包含不同环节，牵涉到不同方面；为提供服务，需要在不同要素支持下进行自身能力的建设培育；在服务提供过程中要对各种外部要求——比如有效利用资源、保护环境、吸纳就业、提供普遍服务等——做出反应，显示交通运输对于经济、社会的影响和贡献，同时还要体现交通运输发展与时俱进的特征变化，比如信息交通、智慧交通等。由此决定了综合交通运输统计面对的是一个复杂的对象，所包括的内容是多元的、多层次的、多方向的。如何将相关内容有序地纳入一套综合统计指标体系之中，需要做系统设计。

为此，我们将基本统计内容与专题统计内容区分开来。先依据交通运输活动的基本过程搭建综合统计指标体系框架，形成体现“面”的基本统计内容；将那些从不同角度而特别关注的“点”作为一个个专题，研究如何设计一组指标予以表现；最后再将经过确认的专题指标嵌入基本统计内容之中，形成最终的综合交通运输统计指标体系。这样做的目的，是在不扰乱综合统计整体框架的前提之下，能够适时融入一些“新”的统计内容。

根据此前讨论形成的认识，初步提出了五个专题统计：信息化、国际化、政府参与、公益性运输服务、多式联运。

（3）统计表达手段（统计指标类型）的“综合”

以上综合交通运输统计的内容要具体化为一个个具体指标。每一个主题下都会有一组统计指标刻画其数量特征，还会有一些指标体现不同主题之间的关联。在此过程中需要运用多种统计指标作为表达手段，还要使相关统计指标形成体系。

总体做法是：以总量指标设计为起点，确定反映对应统计内容的总量指标和分组指标；然后基于总量指标，依次设计构成指标、效率及强度指标、关联和影响指标，动态指标，其中：构成指标是构成项与总量的比值，包括内容构成指标和主体构成指标两种类型，集中反映统计对象的结构性特征；效率及强度指标是投入与产出之间的比值，多层次显示手段与目的之间的效率状况；关联和影响指标是交通运输指标与经济社会指标之间的比值，反映交通运输与外部经济社会之间的联系以及产生的影响；动态指标是两个时间上指标的比值，一类是总量增长率，另一类是上述各种相对指标提高/降低率（提高/降低百分点）。

这样的处理方法，在某种程度上打破了原来“核心内容—要素投入—

效应影响”三个板块的内容组合。因为，在核心内容、要素投入板块里，不仅要依据子模块设计描述性的总量指标、构成指标，还会延伸到体现与社会经济联系的外部关联和影响指标。也就是说，会将原来预设的效应影响的部分指标提前到前面两个板块之中。因此，在具体展示的指标体系中，效应影响板块较实际弱化。以下分子模块对相关综合统计指标做具体说明。

2.2.2 基础设施与载运工具统计

基础设施统计分为线路统计和站点统计两个部分，点线结合，综合描绘交通运输网的发展状况。其中线路统计从总量指标出发，综合评价线路里程、桥梁、隧道等基础设施的总量、结构、关联情况。较为重要的指标包括：

（1）线路长度指标。在各种运输方式下线路长度指标有不同表述，包括营业里程、延展里程、航道里程等，是反映交通基础设施规模的基本指标。

（2）营运里程利用率。营运里程利用率是营运里程与实体里程的比重，反映运输业对线路的使用效率。

（3）营运里程弹性系数。营运里程弹性系数是 GDP 每增长 1% 对应的营运里程增长率，反映运输业营运对经济增长的敏感程度。

（4）单位人口（面积，增加值）线路长度，反映交通基础设与社会的关联程度和地理覆盖密度。

（5）线路利用饱和度，以载运工具在线路上的通行密度，反映线路实际利用程度。

运输站点是运输活动的枢纽，肩负着连接线路、装载货物和行人的重要任务，既是运输活动的集散地，更是交通运输信息的汇聚点。从站点出发开展统计工作，可以清楚把握交通运输活动的脉络，了解运输活动的详情。其中较为重要的指标包括：

（1）站点数量。站点数量是显示站点设置的基本指标，对应不同运输方式有不同表述。

（2）站点设计发送能力。站点设计发送能力是指在最佳状况下，站点能够发送的旅客及货物数量，衡量对经济社会、人员及货物运送的支持能力。

（3）站点密度（按里程、人口、面积计算），单位（线路长度、人口、地理面积）拥有的站点数量，从不同角度衡量站点的覆盖程度，显示交通运输的枢纽作用。

支持网络购票客运站比重是指网络购票客运站数量与客运站总量之比，从站点的角度反映交通运输信息化发展程度。

运输工具如车辆、飞机、船舶是交通运输活动的主要承载者，也是运力的主要提供者。统计范围可以考虑两个层面：一是在交通管理部门登记注册的所有交通运输工具；二是仅限于营运运输工具。针对运输工具进行统计，可以直观了解现有交通运输能力，还可以从车辆统计出发，理清交通运输整体状况。其中较为重要的指标包括：

（1）车辆、飞机、船舶数量（货运与客运），反映全社会当前可用载运工具数量，基于总数量下的各种分组指标，可以显示载运工具的构成状况。

（2）车辆、飞机、船舶营运数量（货运与客运），反映参与交通运输市场的载运工具数量。

（3）车辆、飞机、船舶载客（货）量：反映一定时期内全社会可以运送人或货物的最大能力。

2.2.3 服务生产统计

交通运输服务生产量统计包括交通量统计、吞吐量统计和客货运量统计三个部分。

交通量统计重点关注在线路上通行的载运工具的流量，进一步可以从线路使用角度评价线路的繁忙程度。其中较为重要的指标包括：

（1）交通通行总量。交通通行总量在不同交通运输方式下有不同表述，比如机车总行走公里、高速公路通行量、飞机起降架次等，需要分线路段、起始点观察，显示各种交通运输线路上的运输工具通行数量。

（2）公益性交通量。公益性交通量是交通通行量的组成部分，显示交通运输部门所提供的公益性服务量。

(3) 日均交通通行量。日均交通通行量是对一段时期内的交通量做平均，显示交通量的一般水平。

吞吐量统计从站点角度描述运输活动，进一步可从站点出发客观评价交通运输实际使用的运力。其中较为重要的指标包括：

(1) 发送（到达）旅客人数和发送（到达）货物量，在不同站点观察，在起点/终点上观察运输量规模和结构分布，其中包括运输内容结构、流动方向结构，同时可为将运输量与相关区域的经济社会活动联系起来提供基础数据。

(2) 国际旅客/货物发送量。国际旅客/货物发送量是上述发送量指标的构成项，专门反映交通运输国际化程度。

(3) 区域乘客生成密度。区域乘客生成密度是指一个区域旅客发送量与其人口数量的比值，反映地区人口对交通运输的依赖程度，或者反过来看交通运输对当地人口的服务密度。

客货运量统计是从线路运输角度对运输量进行评价，与站点吞吐量统计合起来，一个是“点”，一个是“线”，点线结合，形成完整全面的运输量统计。其中较为重要的指标包括：

(1) 货运量和货物周转量。货运量和货物周转量反映货物运输总规模和工作量，体现重量和距离两个要素。一方面是总量指标；另一方面还应提供分运输内容、运输方向的结构指标。基于货运量编制货运指数，可以作为宏观经济的景气指标。

(2) 客运量和旅客周转量。客运量和旅客周转量反映旅客运输总规模和工作量，体现人数和距离两个要素。应在提供总量的同时，提供体现人员流向的结构性分量。

(3) 旅客周转量弹性系数和货物周转量弹性系数。旅客同转量弹性系数和货物周转量弹性系数是指 GDP 每增长 1% 对应的旅客或货物周转量的增长率，反映旅客或货物运输对社会经济发展的敏感度。

(4) 运输密度。运输密度是指平均每公里线路所承担的货物（旅客）周转量，是周转量与线路里程的比值，反映交通基础设施建设与运输活动的关联关系。

（5）产运系数。产运系数是指区域中重点货物运输量与生产量的比值，反映货物生产对交通运输的依赖程度。

2.2.4 市场和经营者经营状况统计

交通运输市场有运输量和运输价格两个要点，运输量统计指标已见上述，故而这里仅着眼于运价统计，有条件情况下还应延及与运价对应的运输成本统计。应分客运和货运，建立分运输方式的运价监测系统，在此基础上，编制以下指标：

（1）运价指数。运价指数分不同运输市场、分货运和客运编制，显示运输市场价格综合变动状况，进而可作为宏观经济的景气指标。

（2）政府财政对运价补贴额。政府财政对运价补贴额专门反映政府财政出于各种目的干预交通运输市场价格而支出的数额，可能是对消费者实施补贴，更常见的情形是对服务生产者实施补贴。进一步可以计算单位补贴占运价的比率，显示补贴强度。

（3）运价比价指数。运价比价指数针对具有竞争关系的相关运输方式，比如在公路与铁路之间、铁路与民航之间，就相应运价以及运价指数进行比较，显示各自的竞争优势。

（4）运价占物流费用之比，将运输活动与物流联系起来，反映运输费用在整个物流总费用中所占份额，进一步可以观测运输费用对商品终端价格的影响。

交通运输经营者是交通运输市场上的供应方，合起来构成交通运输业，其经营规模和经营状况从一个侧面反映了交通运输市场的规模和市场培育状况，相关统计指标来自经营者登记注册记录和企业财务数据，主要关注点是经营者规模、资产负债情况、运营收入与利润状况。

（1）企业家数和个体经营者户数，区分运输企业（及个体户）、基础设施运营企业、其他相关辅助业企业统计，反映交通运输市场的容量规模和交通运输行业的规模。

（2）资产总额及其构成指标，来自企业资产负债表，指交通运输企业所运营的全部资产总额及其结构状况，合起来可以反映交通运输业的行业总体规模。

（3）负债总额和所有者权益总额，来自企业资产负债表，反映交通运输企业的负债和自有资本。其中国有股本占比是一个重点，专门表现国有股本在交通运输企业资本中所占份额，尤其是对于交通运输设施运营企业而言，更加重要。

（4）资产负债率，是企业负债与其资产的比值，显示交通运输企业财务安全程度。

（5）运营收入，来自企业利润表，是从企业运营角度显示运输企业当期经营情况，通过业务收入反映交通运输行业规模。

（6）营业利润与利润总额，来自企业利润表，反映交通运输企业盈利状况。

（7）利润率，包括资产利润率和营收利润率，反映交通运输企业当期盈利水平。

2.2.5 固定资产投资统计

固定资产投资是交通运输活动的重要投入要素，尤其对于交通运输基础设施建设而言。统计范围主要限于各类交通运输基础设施建设过程中的固定资产投资，在有条件、有必要情况下，还可以将统计范围扩展到营运性载运工具购置。相关统计指标设置包括两个节点：一是当期固定资产投资建设；二是期末累计固定资产存量。主要指标包括以下内容：

（1）固定资产投资额。固定资产投资额是反映当期固定资产投资的主要指标，该指标是按照固定资产建造过程所完成的工作量定义的，因此可用以反映一时期交通运输基础设施建设进度。

（2）新增固定资产和新增生产能力。新增固定资产和新增生产能力是反映交通运输基础设施建成成果的指标。前者指完工交付使用的固定资产价值；后者是实物指标，反映完工交付使用而新形成的生产能力。

（3）固定资产累计存量。固定资产累计存量反映一时期期末交通运输基础设施总拥有量价值。可以通过基础设施运营企业资产负债表取得相关数据，也可以通过历年固定资产投资额运用永续盘存法估算。

（4）财政资金/国有资本占比。财政资金/国有资本占比专门反映政府财政资金参与交通运输基础设施建设和资本运营的程度。可以基于当期固定资产投资额计算，显示财政资金在其中所占比重；也可以基于固定资产累计存量计算，显示国有资本在其中所占比重。

2.2.6 研发与创新统计

传统的科技统计正在被研发统计与创新统计所替代。研发是研究与开发的简称，主要集中于能够增加知识存量的那些科技活动，创新活动主要就企业而定义，包括产品创新、工艺创新、营销创新和组织创新，相关统计内容已经纳入我国政府统计。交通运输领域属于技术和知识比较密集、创新活动比较突出的领域，进行研发和创新统计尤为必要。统计范围可以有不同定义，首先是交通运输部系统所属单位，然后还应该扩展到部属之外的单位，包括交通运输企业以及交通运输相关制造业企业。以下有关研发和创新的统计指标主要限于投入指标，在此基础上，可以通过一定方法测算研发和创新活动对交通运输发展带来的影响。

（1）研发活动人员数。研发活动人员数是指从事研究与开发活动的人员数以及折合全时当量人数。如果该指标数据难以取得，可以用科技人员数替代。

（2）研发经费支出额。研发经费支出额是指当期用于研究与开发活动的内部经费支出，包括资本性支出和经常性支出。如果该指标数据难以取得，可以使用科技活动经费支出额替代。

（3）政府财政资金占比。政府财政资金占比专门反映政府财政对交通运输领域研究与开发活动中的投入力度。

（4）有创新活动企业数及其占比。有创新活动企业数及其占比是通过“有/无”识别有创新活动的企业，是显示企业参与创新活动的定性指标，显示交通运输企业对创新活动的参与程度。

2.2.7 行业生产与就业统计

交通运输业是组成国民经济的一个重要行业（门类），行业生产统计主要是核算其所生产的服务总产出、创造的增加值，以此衡量交通运输业对于 GDP 及经济增长的贡献。统计范围覆盖所有属于交通运输行业的所有生产者，主要指标包括：

（1）交通运输业总产出。交通运输业总产出是交通运输业各生产单位一时期所提供各类服务的总价值，反映行业生产总规模。

(2) 交通运输业增加值。交通运输业增加值是总产出减去相应中间投入之后的余额，用以衡量交通运输业各生产单位当期生产过程中新创造的价值。

(3) 交通运输业增加值在 GDP 中的占比。交通运输业增加值在 GDP 中的占比显示交通运输业对经济总量及其增长的贡献。

就业统计的范围也是整个交通运输业。通过就业统计，一方面可以反映交通运输及相关行业吸纳劳动力就业状况；另一方面可以为进行劳动生产率等分析提供前提，以此衡量交通运输企业的生产效率。主要指标包括：

(1) 就业人数。就业人数是指在交通运输行业就业的劳动者人数，包括在行政企事业单位就业者以及个体经营者，是反映就业的最基本指标。

(2) 就业贡献率。就业贡献率是指交通运输业就业人员占全部就业人员（或第三产业就业人员）的比重，反映交通运输业与社会就业间的关联关系。

(3) 劳动生产率。劳动生产率是基于就业人数延伸计算的指标，可以从实物、价值两个角度衡量，前者是交通运输业务周转量与就业人数之比，后者则可以用企业营运收入、增加值等指标与就业人数相比，从不同侧面反映运输业的生产效率。

2.2.8 出行和货运意愿及流向调查

与上述立足交通运输企业或交通运输行业进行统计不同，出行和货运意愿及流向调查是站在交通运输需求者角度进行的调查统计。此类调查需要专门组织，而且难以区分交通运输方式，目的是显示经济社会各领域对人员出行、货物运输的需求，其中包含需求量、流向结构、不同运输方式的选择。主要指标有：

(1) 当前及未来一段时间（比如一年）预计出行次数及占当地总人口数的比例，出行人员结构、出行目的地结构、出行方式结构。

(2) 当前及未来一段时间（比如一年）货物运输量及与生产量的比例，货运分类结构、货运目的地结构、运输方式结构。

2.2.9 出行成本与货运费用调查

出行成本和货运费用也是站在交通运输服务消费者角度进行的调查统计。此类调查需要专门组织，目的是显示交通费用对于居民个人消费和企业生产经营的影响。主要指标有：

（1）个人城市交通消费平均支出及其占居民消费支出的比例，反映居民个人在日常活动过程中交通费用支出对其消费支出的影响。

（2）个人旅行交通费用平均支出及其占旅行总费用的比例，反映居民个人外出旅行过程中交通费用对其整个旅行费用的影响。

（3）企业平均货运费用支出及其占其经营成本的比例，反映生产经营者支付的交通运输费用水平，以及对其生产经营的影响程度。

2.2.10 安全和服务质量统计

安全统计用于显示交通运输过程中的事故发生频率及其后果，对“平安交通”建设具有重要的意义。主要指标有：

（1）交通事故数。

（2）事故死亡人数和事故受伤人数。

（3）事故导致的经济损失额。

进一步可以结合其他指标计算事故发生频率及损失强度。

从需求者角度进行安全感及服务质量调查，是安全统计的重要补充和扩展。一方面是车辆通行者针对交通线路和站点的安全感和服务质量；另一方面是出行者、货主对运输业的安全感和服务质量。主要指标涉及安全感综合等级、服务质量综合等级等。

2.2.11 资源环境统计

资源环境统计包括能耗统计、土地占用统计、污染物排放与环境保护统计三部分内容。

交通运输基础设施建设需占用土地，包括线路占地和站点占地。通过土地占用统计，可以反映各类交通运输设施占用土地状况，进一步与其他指标比较，可以反映土地利用效率。其中较为重要的指标包括：

（1）基础设施土地占用总面积和当年新增占地面积，分不同运输方式统计，是显示土地占用的基本指标。

(2) 基础设施占地面积在社会建设用地面积中的占比，显示交通运输基础设施占地的显著性。

(3) 平均每公里线路占地面积，是基础设施占用面积与线路里程的比值，反映线路建设的占地强度。

(4) 运输业土地利用率，是交通运输业增加值与占地总面积的比值，将土地占用情况与交通运输经济产出情况联系起来，反映土地利用效率。

交通运输活动是能源消耗的主要去向之一，对交通运输领域的能源消耗进行统计，并对其能源消耗状况进行分析，是国家实施可持续发展战略的要求，同时也可以体现交通运输领域的可持续状况。主要指标包括：

(1) 能源消耗总量以及各类能源消耗量。能源消耗总量以及各类能源消耗量是指统计范围覆盖所有交通运输活动以及所有载运工具的能源消耗，是反映交通运输能源消耗的基本指标。

(2) 单位运输周转量能耗量。单位运输周转量能耗量是指是能源消耗总量与运输周转量的比值，反映交通运输活动的能源消耗水平。

(3) 单位增加值能耗量。单位增加值能耗量是指是能源消耗总量与交通运输业增加值的比值，反映经济产出与能源消耗的关系，以及交通运输活动的能源使用效率。

污染物排放直接体现交通运输活动与环境问题的关联，与排放对应的另一方面就是处置，进而可以推广到环境保护，相关统计指标主要包括：

(1) 各类废物/污染物排放量。各类废物/污染物排放量包括废气排放量、硫化物排放量、氮氧化物排放量等。

(2) 各类废物/污染物处置量。各类废物/污染物处置量包括废气处置量、硫化物处置量、氮氧化物处置量等。

(3) 当年环保投入。当年环保投入主要是指经费支出，显示为环境保护做出的努力。

在此基础上可以结合交通运输活动指标进行对比，以此显示交通运输领域的污染物排放强度。

2.2.12 专题统计

信息化专题统计。信息化专题统计的主要目的是显示交通运输系统的信息化程度。从信息总量、信息库容量、信息流速度、带宽、终端个数等几个方面设置指标，显示交通运输信息化平台建设和发展趋势。

国际化专题统计。国际化专题统计的主要目的是从交通运输这个角度反映中国经济社会发展的国际化程度。主要立足出入境口岸进行统计，相关指标包括客运量、货运量、通勤量等。

政府参与专题统计。政府参与专题统计的主要目的是显示政府在交通运输基础设施建设以及交通运输活动发生过程中给予的资金支持。主要立足投资和为公共服务实施补贴两个层面作为统计节点，包括固定资产投资中的补贴和出资、对城市交通以及其他方式下的政府补贴。

公益性服务专题统计。公益性服务专题统计是将交通运输作为政府提供的普遍性公共服务，通过相关统计指标显示其在社会公益服务中的作用，主要从乡镇通达情况、公益性通行量、节假日免费通行量几个方面设置指标，此外还可以从扶贫角度设计指标。

多式联运统计。多式联运是未来交通运输的重要组织方式，引领着交通运输业的发展趋势。多式联运统计主要以枢纽站为起点，针对各种运输方式连接设置相关指标。

表 13　专题统计指标体系

专　题	基本指标	构成和强度指标
信息化	年末信息总量	
	年末数据库总容量	数据库容量利用率
	年内信息产生量	
	单位周转量信息量	
	年内新增数据库容量	
	年均信息流速度	年均信息流速度提高率
	年末总数据线带宽	
	年内新增总数据线带宽	
	年末信息采集终端个数	采集终端密度
	年内信息采集终端个数	
	年末系统数据处理终端总量	
	年内新增系统数据处理终端量	

续表

专　题	基本指标	构成和强度指标
国际化	出入境口岸站点数量	
	口岸站点车辆通行量	其中：入境量/出境量
	通达国家数量	
	出入境班线数量	
	出入境班次数	
	国际客运量	其中：入境量/出境量
	国际货运量	其中：入境量/出境量
	具有国际运输资质企业数	
政府参与	公路里程	其中：社会参与出资公路里程
	基础设施运营企业所有者权益	其中：国有股本
	年内基础设施建设的政府融资额	
	年末基础设施建设的政府融资债务余额	
	财政补贴	
	税收优惠	
	固定资产投资完成额	其中：政府来源投资额
	科技经费支出	其中：政府来源资金
公益性服务	乡镇通达率（全国/区域）	
	建制村通达率（全国/区域）	
	县道里程（全国/区域）	
公益性服务	村道里程（全国/区域）	
	高速公路县级节点覆盖率	
	高速公路公益性货运通行量	
	高速公路节假日免费通行量	
	铁路公益性旅客发送量	
多式联运 水铁联运 公铁联运 水水联运 公空联运 铁空联运	固定多式联运线路条数	
	综合枢纽站的数量	
	具有多式联运资质的运输企业数	
	综合枢纽站多式联运货物转运量	
	综合枢纽站多式联运旅客中转量	
	多式联运旅客周转量	
	多式联运货物周转量	

3. 统计内容现状评价

以上是综合交通运输统计的“理想”模式。为适应发展实际，需要将以上内容设计作为依据，对当前我国交通运输统计的现实状况进行总结评价。通过总结，显示哪些方面已经比较成熟完备，哪些方面已经具备一定基础但还有待加强，哪些方面尚处于空白状态，从而为进一步制定改进完善计划提供依据。

当前我国交通运输统计是按照铁路、公路、水路、民航、城市交通等不同运输方式分别组织的，建立综合交通运输统计的一项重要目标就是实现不同运输方式统计之间的整合。有鉴于此，以下先结合不同运输方式概述当前我国综合交通运输统计的基本状况；然后分别从核心内容、要素投入、效应影响三大板块，对当前统计内容做详细讨论，其中需要具体到不同运输方式统计；最后对当前统计内容做总结，提出存在的问题。

3.1 基本状况概述

3.1.1 铁路交通运输统计

我国的铁路调查制度得益于过去政企合一的优势，调查项目较全，统计人员众多，因此统计基础比较深厚。铁道部时期，统计工作由铁道部统计中心负责，共有10项统计调查项目。成立铁路总公司后，铁路行业的统计调查职能由国家铁路局委托铁路总公司计划统计部负责，开展全行业统计，调查项目也增加到12项，包括《铁路旅客运输统计报表制度》、《铁路货物运输统计报表制度》、《铁路行李包裹运输统计报表制度》、《铁路机车统计报表制度》、《铁路客车统计报表制度》、《铁路货车统计报表制度》、《铁路运输设备统计报表制度》、《铁路固定资产投资统计报表制度》、《铁路物资统计报表制度》、《铁路劳动统计报表制度》、《铁路运输企业环境保护统计报表制度》、《铁路运输企业能源消耗与节约统计报表制度》。

除此之外，还有铁路安全事故统计制度，作为国家安全生产监督管理总局的《生产安全事故统计报表制度》的一部分存在，包括铁路交通事故汇总情况、铁路交通死亡事故情况、铁路交通重伤事故情况、铁路交通直接经济损失事故情况共四张表。

总体来说，中国铁路统计的内容比较丰富，尤其是对核心内容部分的统计，比较详细。表 14 是依据上述板块设计对相关内容的归纳。

表 14　铁路统计主要内容概括

分　类	主要统计内容及指标
基础设施统计	与线路有关的统计指标包括：铁路线路长度、桥梁数量、隧道数量；与站点有关的统计包括站段数量
载运工具统计	相关统计指标：机车数量、客车数量、动车组数量、货车数量等
运输量统计	统计内容包括三大块：旅客运输、货物运输、行包运输。主要指标包括：旅客运输量、旅客周转量、平均行程、旅客运输密度、车站间旅客交流量、省级旅客交流量。公益性旅客运输量、货物运输、货物周转量、货物运输密度、车站间货物交流量、省级货物交流量、集装箱装车数、行包发送量、行包周转量、行包运输密度、车站间行包交流量、省级行包交流量等
交通量统计	主要指标包括：机车走行公里、牵引总重吨公里、运输密度、空车走行率、机车台日产量、机车日车公里、旅客列车利用率、正晚点率、货车列车公里、货车空车行走率、货车运用率等
固定资产投资统计	主要指标包括：固定资产投资金额、土地购置面积、新增线路长度、车辆购置、更新改造等指标，涉及投资单位分类、投资构成分类、投资来源分类等
劳动工资统计	主要内容包括：就业与工资两大部分。主要指标涉及从业人员工资构成分类、工种分类
资源与环境统计	主要指标包括：燃料消耗量、综合能耗量及分类折算系数；水消耗量，征用土地面积；废水排放量，化学需氧量、二氧化硫排放量，铁路沿线绿化面积，声屏障长度等
安全统计	主要指标包括：事故总数、伤亡人数、直接经济损失、10 亿吨公里死亡率等

3.1.2 公路、水路交通运输统计

公路、水路交通运输统计工作由交通运输部负责，目前主要依托《交通运输综合统计报表制度》、《交通固定资产投资统计报表制度》等经国家统计局审批和备案的31套统计报表制度开展，统计调查对象包括交通运输行业主管部门及所属单位、交通运输企业及所属运输车辆和船舶等。统计频度主要有月报、季报、半年报、年报等。表15列示了上述统计报表制度及其实施单位。

表15 公路、水路交通现行统计报表制度一览表

制度组织实施单位	统计报表制度名称
部综合规划司	交通运输综合统计报表制度
	港口综合统计报表制度
	交通固定资产投资统计报表制度
	水上交通情况调查统计报表制度
	城市（县城）客运统计报表制度
	交通运输能耗统计监测报表制度
	交通运输行业公路、水路环境统计报表制度
	交通运输扶贫统计报表制度
	公路交通情况调查统计报表制度
部人事教育司	交通运输劳动工资统计报表制度
	交通运输行业教育培训信息统计报表制度
部公路局	收费公路统计报表制度
	公路养护统计报表制度
部水运局	两岸海上直航运量统计表制度
	水运生产快速统计报表制度
	国内航运统计报表制度
	海上国际运输业统计报表制度
	水运及交通运输支持系统建设项目统计报表制度
	航道管理与养护统计报表制度
部运输司	道路运输统计报表制度
	道路运输行业行车事故统计报表制度

续表

制度组织实施单位	统计报表制度名称
部安全与质量监督管理司	港口生产事故统计报表制度
	交通运输行业建设工程生产安全事故统计报表制度
	公路水运工程质量状况及质量监督信息统计报表制度
部科技司	交通科技统计报表制度
部长航局	长江航务管理局固定资产投资统计报表制度
部办公厅	交通档案工作基本情况统计报表制度
部财务司	交通审计统计报表制度
部海事局	海事系统统计报表制度
部救捞局	交通救捞统计报表制度
中国交通通信中心	交通专用通信网统计报表制度

可以看到，公路水路统计调查项目内容覆盖甚广。以综合统计报表制度为中心，将统计内容至于前述板块框架之中，大体可如表 16 所列。

表 16　公路、水路统计主要内容概括

分　类	主要统计内容及指标
基础设施统计	统计内容主要覆盖公路线路、公路构造物、收费公路、公路运输场站、航道、航道永久性构造物、助航设施、港口码头泊位、仓库堆场、港口构造物等
载运工具及利用统计	主要内容覆盖各种运输车辆、装卸搬运车辆与机械、筑养路机械、维修检测装备、船舶、港口装卸机械、港务船舶、港口拥有的机车运输车辆运用情况、装卸机械运用情况、筑养路机械运用情况、船舶运用情况、码头泊位运用情况、装卸机械运用情况、仓库堆场运用情况、港务船舶运用情况
交通运输量和吞吐统计	主要内容覆盖公路客货运输生产、出入境客货运输、站场生产、公路养护、车辆维修检测、水路客货运输生产、航道及辅助设施维护、船闸生产、打捞、港口客货吞吐量、港口装卸与集疏运、港口堆存、港口辅助作业生产、运输船舶在港停时、火车在港停时、进出港船舶、港口作业
法人单位财务统计	分公路、水路、公路运营、港口企业，统计相关财务状况指标
固定资产统计	主要内容覆盖固定资产投资项目、固定资产投资计划、固定资产投资资金来源和到位情况、固定资产投资完成额、新增生产能力、项目形象进度
劳动工资统计	主要包括人员、工资统计，教育培训状况统计
科技统计	内容主要覆盖交通科技机构情况、交通科技机构科研建设、交通科技机构科研条件、交通科技项目类型和研究目标、交通科技项目人员及工作量投入情况、交通科技项目资金使用情况、交通科技项目执行情况、交通科技项目成果、效益及影响情况

续表

分　类	主要统计内容及指标
资源与环境统计	主要内容包括运输车辆能源消耗、运输船舶能源消耗、港口能源消耗；公路、水路及港口环境保护状况
安全及其他方面统计	主要覆盖道路行车事故、水上交通事故、船舶机损事故、水上搜寻救助、交通运输行业建设工程生产安全、港口生产安全等 此外还包括扶贫等方面的指标

3.1.3　民航交通运输统计

民航统计工作主要依托《民航综合统计报表制度》开展，由国家民航局组织实施，统计调查对象包括民航运输企业、通航企业、机场、空管局，按统计内容主要分为14大类，分别为固定资产投资、航空基础设施、航空装备、装备运用情况、航空运输生产、服务质量、航空安全、通用航空、人力资源、财务状况、企业信息、航空器信息、空管信息、能源消耗与排放。统计报表频度有月报、年报，月度主要统计航空运输相关业务量、能耗等数据，年度统计侧重财务状况与服务情况。

表17　民航交通统计主要内容概括

分　类	主要统计内容及指标
基础设施统计	主要包括通用机场基本情况、运输机场基本情况、机场供油系统
航空装备及利用统计	主要包括国内注册航空器数量统计，通讯导航监视设备、气象设施、航空器利用率统计，起飞架次、飞行时间统计，日生产飞行时间统计
交通运输量统计	主要内容覆盖运力、客货运输量、正班率、航线条数、运营里程、机场飞机起降架次、机场运输业务量、机场客货流量流向统计 此外还包括通用航空飞行中农林牧渔业航空作业飞行完成情况统计，除工业、农林业航空作业飞行以外的其他经营性通用航空飞行活动统计，通用航空器代管飞行统计
企业财务统计	民航企业的资产负债及营业情况
固定资产统计	主要内容覆盖民航运输、通航企业（包括航空公司、民用航空机场）固定资产投资（包括利用外资）完成情况，包括建设规模、投资情况和新增生产能力统计、飞机购置和租赁投资统计
劳动工资统计	主要统计内容包括从业人员、专业技术人员、技能人才、空勤人员及机组配套数等

续表

分　类	主要统计内容及指标
科技统计	主要内容覆盖交通科技机构情况、交通科技机构科研建设、交通科技机构科研条件、交通科技项目类型和研究目标、交通科技项目人员及工作量投入情况、交通科技项目资金使用情况、交通科技项目执行情况、交通科技项目成果、效益及影响情况
资源消耗统计	主要包括航空公司和机场的能源消耗量与二氧化碳排放量，航空燃油消耗量等
服务质量及安全统计	主要包括航班正常统计、航班延误统计、机场放行正常统计、机场滑行时间统计、投诉统计 民用航空器飞行事故统计、航空器事故征候统计、民用航空地面事故统计

3.1.4　邮政统计

邮政行业的统计工作主要依托《邮政行业统计报表制度》开展，由国家邮政局组织实施，统计调查对象包括两大类：邮政企业和速递物流企业。具体为中国邮政集团公司、中国邮政速递物流股份有限公司，以及在邮政管理部门注册取得相应资质的快递企业。

邮政行业的所有统计指标数据来源于各邮政企业和速递物流企业，主要统计内容包括邮政和快递物流两大方面，内容涉及固定资产投资、邮政服务基础设施、邮政机要网点与设备、邮政业务与业绩、邮政局所及邮路、邮政服务能力与水平、邮政服务质量、财务状况、邮政机构及从业人员等。统计报表频度有月报、半年报、年报，月度主要统计业务量及业绩统计，年度统计侧重普遍服务情况。

表 18　邮政统计主要内容概括

分　类	主要统计内容及指标
基础设施统计	主要指标包括邮政服务的营业场所数量、邮政报刊亭数量数，邮政局所数量，邮路条数、长度，机要投递道段条数、长度等
邮政机要网点与设备	主要指标包括机要服务网点数量、机要接发转运站数量、机要汽车数量、机要监控摄像头数量、机要通信独立监控系统数量
邮政业务及服务统计	主要指标包括业务量、业务收入、收支差额总额、补贴收入、收支差额净额统计 邮件直投户（点）数、平均投递频次、邮筒（箱）数量、设局所的（乡）镇数量、邮件处理中心数量、已通邮的行政村数量、当天见党报的地（县、市）数量、人均函件量、每百人报刊量

续表

分　类	主要统计内容及指标
财务状况统计	主要包括资产负债、规模及效益统计
固定资产统计	主要包括计划投资、完成投资等指标
劳动工资统计	内容覆盖邮政机构基本情况、邮政行业从业人员等
服务质量及安全统计	内容主要覆盖投递查询单、赔偿、邮件逾限和损失、用户投诉及答复、投递逾期情况、秘密载体失密丢损情况

3.1.5　城市公交统计

我国的城市公共交通统计主要通过收集相关运营企业及主管部门所掌握的数据，并填报汇总表格，通过交通运输部城市客运统计信息管理系统上报至省交通运输厅和交通运输部。

城市客运的统计对象为设市城市和县城的公共汽电车、出租汽车、轨道交通、客运轮渡的客运业。统计调查单位为主营城市客运、具有法人资格的企业，包括城市公共汽电车客运交通经营业户、城市轨道交通经营业户、出租汽车经营业户、城市客运轮渡经营业户、公交场站建设和公交车辆购置投资单位。

在统计内容上，统计范围为城市和县城的公共汽电车、出租汽车、轨道交通、客运轮渡的基本信息、客流、运营、安全、服务、技术与能耗、人力资源与财务等。

表 19　城市公交统计主要内容概括

分　类	主要统计内容及指标
基础设施统计	主要指标包括公交车、公共汽电车运营轨道交通运营的线路条数和线路长度，客运轮渡运营航线条数和航线总长度等；公共汽电车运营站点个数和覆盖面积、综合服务区总个数、公交调度指挥中心个数，出租汽车站点个数、出租汽车综合服务区总占地面积，轨道交通车站数、轨道交通车站换乘站数，客运轮渡站点个数，综合客运枢纽个数等
载运工具统计及利用状况统计	主要指标包括公共汽电车运营车辆数、万人公交车辆标台数、本年新增运营公共汽电车数，出租汽车运营车数、本年新增出租汽车运营车数，轨道交通运营车数、标准运营车数，本年新增运营船数、本年报废更新运营船数、公共汽电车总运营里程、出租汽车运营里程、轨道交通运营里程
交通量统计	主要指标包括公共汽电车客运量、出租汽车载客车次总数、出租汽车客运量、轨道交通客运量、客运轮渡客运量

续表

分　类	主要统计内容及指标
财务状况统计	主要指标包括交通客运企业资产负债、损益及分配、企业人工成本及增值税，以及运营车辆向企业缴纳费用、公交IC卡累计售卡量、出租汽车运营收入、轨道交通经营业户数以及收入、城市客运轮渡经营业户数以及运营收入等
固定资产统计	主要指标包括城市公共交通固定资产投资统计以及建设进度等方面的指标
劳动工资统计	主要指标包括公共汽电车从业人员数、出租汽车从业人员数、轨道交通从业人员数、客运轮渡从业人员数等
能源消耗统计	主要指标包括公共汽电车汽油、柴油、液化石油、天然气以及电能消耗量，出租汽车汽油、乙醇汽油、柴油以及天然气消耗量，轨道交通电能消耗量，客运轮渡汽油、柴油消耗量等

3.2　统计内容分析

依据前面所做内容设计框架，根据不同运输方式划分，以基本统计指标为线索，对当前统计内容加以总结，形成了附表。即将当前已有内容放在一个理想框架之中，以此显示当前统计内容的“有”与“无”。

但这样显示的结果是很粗略的，无法判断在“有”的背后所存在的问题，包括统计范围问题、统计指标设计及定义问题。为此需按照前面提出的子模块，分别对各种运输方式统计状况做更详细的讨论。讨论仍然以基本统计指标为线索，延及统计对象范围和相关分类。附带说明：从统计而言，鉴于邮政与交通运输之间不是简单的并列关系，为突出重点，以下讨论不包括邮政统计内容。

3.2.1　基础设施与载运工具统计

有关基础设施和载运工具统计状况见表20。可以看到，这部分统计内容是比较完善的。无论哪一种运输方式统计，都有比较完备的线路统计、站点统计、载运工具统计。

受各自特点影响，不同运输方式统计对同一对象的关注有所不同，指标表述也有差别。比如线路统计，公路关注的是实体里程，水路、航空、邮政、城市公交关注的是营业里程，铁路既有实体里程（称为延展里程），也有营业里程，但侧重后者。另外，在营业里程的概念上，不同运输方式也略有不同。水路、航空、铁路关注的是单一线路的营业长度，而城市公交的营业线路则是重叠的，不同班次的公交车可能重复计算同一段路程的营业里程。比如站点统计，公路、水运、航空、城市公交对站点概念的定义较为一致，铁路则更注重站段的概念，其统计内容比一般“站点统计”更丰富。

应注意在统计范围方面存在的问题。当前公路关于载运工具只统计依法登记运营的营运车辆拥有量，没有提供全部客货车辆保有量数据，实际上在道路上通行的不仅是营运车辆，还包括大量自备家用轿车和单位自备客货车，它们同样承担着人、货空间移动的功能，同样会给道路造成压力。类似的情况也存在于城市公共交通，当前已经出现的专业包车（以及无照运营的黑车）等似乎还没有包括在统计范围之内。

表 20　基础设施与载运工具统计内容

分类	铁路	公路	水运	航空	城市公共交通
线路统计	营业里程 延展里程	公路里程	内河航道通航里程 沿海航道通航里程	航线条数 营运里程	车道长度、线路条数、线路总长度
站点统计	站段数量	客运站数 货运站数	港口个数 泊位个数	机场个数	站点/码头数 出租汽车综合服务区个数 综合客运枢纽个数
载运工具统计	机车数量 客车数量 货车数量	旅客营运车辆拥有量 货物营运车辆拥有量	水路运输船舶艘数	飞机数 航空器架数	公共汽电车、出租汽车、轨道交通运营车数，运营船数

3.2.2　服务生产统计

交通运输服务生产包含交通量、吞吐量、运输量三个节点。各种运输方式下的统计状况见表 21。

交通量统计的重点是线路上通行的载运工具流量。铁路、公路、水运、航空四种交通方式都包含有关交通量统计的内容，但受各自运输方式特点影响，各自设施的指标不尽相同；城市交通有其自身的特殊性，没有这方面的统计内容。进一步看，公路统计的交通量仅限于高速公路，其他各等级道路的交通量还有待进一步充实。

吞吐量统计是从站点出发看交通流量。总体来看，当前铁路、水路、民航均有相对齐备的吞吐量统计，但在公路统计中却相对比较薄弱。吞吐量是区分交通运输流向和运输内容的重要节点，当前有关流向分类统计还比较薄弱，尤其是公路运输，在流向统计、货类结构统计方面均有较大缺失。

运输量统计的重点是完成的人员、货物输送量。其中包含人数/重量和距离两个元素。可以看到，无论哪一种运输方式，统计都能够区分客运和货运，分别提供运量和运输周转量数据。但仔细考察，其中存在以下两方面的问题：第一是当前统计主要限于营运性输送量，不包括自备客货车实现的人员、货物输送量，因此无法覆盖全部社会输送量；第二是受诸多因素影响，各种运输方式下输送量（即使是营运性输送量）数据之间尚不具备可加性，因此难以编制覆盖全部统计范围的客运/货运量指数（一个鲜明的例子是在所谓"克强指数"中，只有铁路货运量指标）。这两个问题合起来，极大地影响了交通运输指标作为宏观经济先行指标的功能。

表 21　服务生产统计内容

分　类	铁　路	公　路	水　运	航　空	城市公共交通
交通量统计	机车总走行公里 通过总重吨公里	高速公路车流量 平均日交通量	日均船舶流量进出港口船舶量停泊艘次	飞机起飞架次 飞行小时 机场飞机起降架次 机场运输起降架次	
吞吐量统计	始发旅客人数 货物发送量 行包发送量		港口货物吞吐量 港口旅客吞吐量	旅客吞吐量 货邮吞吐量	
运输量统计	旅客运输量 货物运输量 行包运输量 旅客周转量 货物周转量 行包周转量	客运量 旅客周转量 货运量 货物周转量	客运量 旅客周转量 货运量 货物周转量	旅客运输量 货邮运输量 货物运输量 邮件运输量 运输总周转量 旅客周转量 货物周转量 邮件周转量	出租汽车客运量 轨道交通客运量 轨道交通旅客周转量 客运轮渡客运量 公共汽电车客运量

3.2.3 市场与经营者经营统计

有关交通运输市场统计和经营者经营统计的内容归纳见表22。市场统计的核心是运价以及运输活动成本，应分别不同运输方式、分运输对象提供平均价格、价格指数，在此基础上编制比价及指数。可当前只有水运发布了特定对象下的局部运价指数，其余公路、铁路、航空均没有系统地开展相关统计工作，由此成为一个比较大的空白。

经营者经营统计主要包含两个部分：一是参与交通运输市场的从业者数量；二是交通运输企业的经营状况。前者是一个计数指标，后者主要来自企业财务报表。可以看到，除铁路之外，各种运输方式统计均有相关指标。一个例外是铁路统计，当前统计报表中不包括这些指标，但可以想象，铁路是高度垄断经营的行业，其经营者家数不难统计，反映企业经营状况的财务数据也是可以得到的。因此这些都不构成主要问题。

问题主要在于当前统计范围主要限于有资质的交通运输企业，针对个体经营户的统计非常薄弱。对于公路和水路而言，均有大量个体运输户，对整个交通运输有较大影响，且对市场变化的敏感度非常高；而且，个体经营常常因为抗风险能力差而成为行业中最脆弱的一环，社会影响面很大。为此特别有必要掌握相关数据。由于经营分散且经营不规范，这部分数据的取得有很大难度，但即使如此，也应该设法予以尝试，建立起相关的数据调查机制和渠道。

进一步看，公路、水路统计制度中尽管已经包含了企业财务状况统计的内容，但这些都是最近一两年间刚刚建立起来的，其统计基础还相当薄弱，数据开发利用经验还非常欠缺，仍然有待于花大力气加强后续工作。

表22 交通运输市场和经营者经营统计内容

分类	铁路	公路	水运	航空	城市公共交通
运价及成本统计			沿海散货运价指数 出口集装箱运价指数 长江航运指数		

续表

分　类	铁　路	公　路	水　运	航　空	城市公共交通
经营者规模统计		公路运输企业家数 公路运营企业家数	港口法人企业家数 水路货运企业家数 水路客运企业个数	企业家数	公共汽电车经营业户数 出租汽车经营业户数 轨道交通经营业户数 城市客运轮渡经营业户数
资产负债统计		资产合计 负债合计 所有者权益	资产总额 负债 所有者权益	资产 负债 所有者权益	资产总计 负债总计
运营收入与利润统计	旅客票价收入 货运收入 行包运费	营业收入 营业利润 利润总额	营业收入 营业利润 利润总额	营业总收入 主营业务收入 营业利润 利润总额	营业收入 营业成本 营业利润 利润总额

3.2.4　固定资产投资统计

交通运输基础设施特别依赖于固定资产投资建设。因此固定资产投资统计一直受到重视，无论在哪一种运输方式下，均可以提供以固定资产投资完成额为核心的一套统计指标和分组数据。尽管在不同运输方式统计中，其指标名称有所区别，但其基本内涵都来自国家统计局一直以来对固定资产投资统计的规范定义。但是，围绕固定资产投资统计，当前仍然面临较大问题。

第一是存量统计缺失。一个简单的逻辑就是，如果不考虑折损，各年固定资产投资加起来，大体就相当于固定资产存量。但当前有关交通运输基础设施固定资产统计，只有每年的投资额，却没有累计的固定资产投资额。或许可以从相关基础设施运营企业资产负债表中获取有关固定资产原值等数据，但这仍然不是全部的基础设施固定资产存量，因为相当大一部分基础设施不是由企业主导运营的，尤其是公路、水路，情况可能更加突出。如果没有存量统计，就无法全面研究交通运输投资的效率以及对经济社会发展带来的影响，也无法全面评价政府在交通运输基础设施建设过程中的作用，如果上纲上线，某种意义上还可以与国有资产流失挂起钩来。

第二是当前固定资产投资的统计范围还有待进一步研究。基础设施建设购置无疑应该包括在内，但载运工具购置是否包括在内，当前各种运输方式统计的处理方式却具有差别。查统计制度可知，当前公路、水路固定资产投资统计的范围仅限于公路、港口、内河航道，以及独立桥梁和隧道；铁路则明确说明统计范围中包含“机车购置”；民航统计不详，但视其具体内容应该不包括航空器购置。这就会带来以下问题：各种运输方式有关固定资产投资统计的结果不具备完全可加性，由此就难以给出确切结果，影响对交通运输固定资产投资规模的判断，进而会影响交通运输固定资产投资拉动国民经济需求的判断分析。

第三是固定资产投资统计的定义和数据渠道面临变革。国家统计局这两年一直在进行固定资产投资统计制度改革，未来将不再以建设项目为主体做统计，变为面对投资主体做统计，原来一套适应投资计划、建设进度的一套指标都面临变化。交通运输统计如何适应这种变革，需要做进一步研究。

第四是没有开发出相应指标显示交通运输固定资产投资对国民经济的拉动作用。交通运输是投资（尤其是政府公共投资）拉动宏观经济的重要领域，没有相关指标，就无法确切显示其拉动作用，由此限制了交通运输与国民经济关联关系的分析。

表 23　固定资产投资统计内容

分　类	铁　路	公　路	水　运	航　空	城市公共交通
当期固定资产投资统计	本年完成投资金额	固定资产投资额	固定资产投资额 新增生产能力	计划投资额 实际投资额	本年完成投资
期末累计固定资产存量统计					

3.2.5　研发与创新统计

在交通运输这样一个科技含量比较高的领域，科技对其发展的重要性不言而喻；而且在国家层面，由国家统计局牵头科技部、教育部、国防科工局，已经建立了覆盖科研机构、大专院校、企业等各单位的科技统计报表制度，并正在进行企业创新统计调查。基于此，无论哪一种运输方式，都会进行相关科技活动调查，提供有关人员、经费投入和各类产出成果的统计数据，至少是有条件进行此类统计。当前只有《交通运输科技统计报表制度》，覆盖了公路、水路交通运输科技活动，铁路和航空统计报表制度中没有找到相关内容——当然，这还不能证明这两类运输方式下没有科技方面的统计数据。

从研发与创新统计出发，有以下问题特别值得关注。

第一，当前统计内容主要是科技活动，似乎还没有转换思路，从中提炼基于研究与开发活动（简称 R&D）的统计指标。根据国家层面的动态，科技统计工作越来越重视 R&D 投入统计，国家发布的科技统计数据也是以 R&D 数据为核心的。此外，国家层面已经开展企业创新调查，而交通运输统计中似乎还完全没有这方面的迹象。如何适应上述变化，充分显示交通运输领域研发和创新活动水平，并进一步分析其对于交通运输发展的影响，需要做进一步研究。

第二，就当前科技统计内容而言，其统计范围主要限于系统内科研机构以及被列入名册的外部教育机构和企事业单位（根据《交通运输科技统计报表制度》，有关公路水路科技活动，共列出 60 家科研机构、11 所大学、7 家企事业单位），尚不能完全覆盖以交通运输领域为对象的科技活动。如何与国家科技统计体系对接、更全面地反映科技活动规模，仍然有待进一步研究。

表 24　研究与开发统计内容

分　类	铁　路	公　路	水　运	航　空	城市公共交通
研究与开发统计		科技项目人员数及折当量 科技项目经费支出 研究报告数 科技论文数 出版著作数 专利授权数	科技项目人员数及折当量 科技项目经费支出 研究报告数 科技论文数 出版著作数 专利授权数		
创新统计					

3.2.6　行业生产与就业统计

将交通运输视为一个行业，核算其总产出和增加值，是行业管理的需要，也是国家层面服务业核算乃至GDP核算所必需。当前各类运输方式统计均没有建立起这些指标的核算制度，也没有建立起与国家统计局相关部门针对此类指标的数据交换机制。但是，根据当前已经建立起来的法人企业财务状况统计资料，可以大体完成法人企业总产出与增加值核算。尽管这还不是整个行业的总产出和增加值，却已经覆盖了其中的“大头”。如何实施，具体核算方法还有待进一步落实。

各种运输方式下均有从业人员统计，但各运输方式统计的状况很不平衡。铁路统计可以提供行业范围内非常详细的人员数及其分组数据；航空统计也能明确提供行业范围的从业人员数据；城市公交统计可以提供基于各类公交企业的从业人员数据；公路和水路统计则受制于行业特征，其劳资统计只能提供系统内从业人员数，通过法人企业财务报表提供法人企业从业人员数（只有平均数），还难以提供行业范围的从业人员数据。

表25　交通运输行业生产与就业统计内容

分　类	铁　路	公　路	水　运	航　空	城市公共交通
行业生产统计					
就业统计	行业从业人员数	交通运输系统从业人员数 行业内法人单位从业人员平均人数	部交通运输系统从业人员数 行业内法人单位从业人员平均人数	行业从业人员数	各类城市公共交通从业人员数

3.2.7　出行与货运意愿及流向调查

当前交通运输统计尚没有从需求者角度开展定期调查统计工作，有关居民出行意愿、出行方式选择和出行流向的调查数据、企业货运意愿、运输方式选择和运输流向的调查数据，都处于空缺状态。

3.2.8　出行成本与货运费用调查

当前交通运输统计尚没有从需求者角度开展调查统计工作，有关居民出行方式以及成本的调查数据、企业货运费用及对其经营成本影响的调查数据，都处于空缺状态。

延伸考虑，此类数据或许可以借助于从其他部门统计体系获取（可以部分获取)。比如有关居民出行成本调查，可以借助于城乡住户调查，从中获取交通运输支出数据，并观察其对住户消费支出的影响；旅游调查，可以从中获取旅行交通运输支出以及占旅游支出份额的数据。有关企业货运费用调查，可以借助于工业成本费用统计、投入产出调查数据等，获取不同类别企业成本中的交通运输成本及其所占份额数据。但似乎还没有系统地开展这些方面数据利用挖掘工作。

3.2.9 安全和服务质量统计

交通运输安全关系到"平安交通"建设，对社会发展具有重要影响，为此各类运输方式统计中都有与交通安全有关的指标，但统计内容、统计指标也有一些区别。铁路统计报表制度中没有交通安全统计，有关事故数、伤亡人数等指标来自国家生产安全总局的统计；公路统计可以提供交通事故数和伤亡人数指标，但统计范围主要限于一次死亡 3 人及以上的行车事故、涉及外籍人员死亡的行车事故、造成重大污染的危险化学品运输事故；水路统计可以提供来自海事系统的水上交通事故数、伤亡人数以及直接经济损失数，此外还有港口生产安全数据；航空统计分别地面和航空提供事故发生次数和伤亡人数，而且还延及事故症候统计。所以，尚无法形成针对全部交通运输活动的安全统计数据。

以上统计主要限于供应方（即交通运输承担者）统计，从需求方出发的安全感调查、服务质量评价则基本缺失，无论哪一种运输方式，由此影响到"平安交通"建设及其效果评价的全面性。

表 26 交通安全统计内容

分类	铁路	公路	水运	航空	城市公共交通
安全统计	事故起数；伤亡人数	交通事故数；事故死亡人数；事故受伤人数	水上交通事故总数；水上交通事故伤亡人数；水上交通事故直接经济损失	地面事故发生次数；地面事故死亡人数；事故发生次数；事故征候次数	责任事故次数；责任事故死亡人数；责任事故直接经济损失
安全和服务质量调查					

3.2.10 资源环境统计

鉴于能源对于交通运输活动的重要性，各类运输方式统计均包含能源消耗以及节能等方面的统计内容。但在统计范围上仍然存在问题。铁路、航空、城市交通基本可以提供完备的行业能源消耗统计数据，但公路和水路主要是针对重点货运企业进行的监测统计，尚不能提供全面的能耗数据。

各种运输方式下的线路和站点建设都需要占用土地，尤其是铁路、公路线路建设，但当前只有铁路统计中包含永久性征用以及购置的土地面积指标，其他运输方式统计则均未涉及。

交通运输活动的废弃物排放以废气为主，水运比较特殊，还会涉及废水排放。当前各类运输方式统计都有相关内容，同时还包括降低排放、环境保护投入方面的内容。城市交通统计方面似乎还是空白。

表 27 资源环境统计内容

分类	铁路	公路	水运	航空	城市公共交通
能源消耗统计	燃料消耗量	公路货运燃料消耗 营业性汽车运输燃料消耗	海洋货运船舶能源消耗 内河货运船舶能源消耗 营业性船舶运输燃料消耗 港口企业能源消耗量	能源消费量及折标准煤消耗量（分别机场和航空公司）	各类燃料消耗量（汽油、乙醇汽油、柴油、液化石油气消耗量、天然气、电能）
土地占用统计	征用和购置土地面积				
污染和环境保护统计	废水排放 废弃排放 固体废物排放	废气产生总量 当年环境保护投入	污水产生总量 废气产生总量 固体废物产生量 当年环境保护投入	二氧化碳排放量	

3.2.11 专题统计

提炼出来的专题当前都有比较显著的统计需求。每一个专题都具有各自的新事物特征，背负着迫切的统计需求。一方面需要统计开发相关指标集中显示各领域的现实状况，另一方面需要通过专题开发从而为下一步纳入常规统计奠定基础。

从当前已有统计基础看，专题统计中的内容有些可能已经包含在常规统计中，但没有专门提炼出来，比如国际化运输专题、公益性服务专题，需要做的工作就是在原有统计基础上做一些专门设计，使其能够单独显示相关内容，满足专题统计的要求。另一些专题则需要专门研究，填补以往统计的空白点，比如政府参与统计，甚至还需要各种运输方式统计的协同运作，比如多式联运统计。

3.3 总结及问题

通过以上系统分析，发现目前交通运输统计存在一些问题，既包括具体统计内容问题，也包括一些总体性问题。

需要说明的是，这里的总结评价，仅限于统计内容而不是整个交通运输统计工作。即只涉及统计内容"有没有"、统计指标完备不完备、定义和范围完整不完整，一般不涉及统计数据"准不准"、方法是否得当、工作效率"高不高"。后者不属于统计内容框架研究的范畴，尽管有的时候可能无法严格区分开来。

3.3.1 总体评价

（1）总体而言，经过多年建设，我国交通运输统计已经具备了比较好的基础，统计内容已经大体覆盖了交通运输的方方面面。但如果做分层观察，可以发现各部分组成开发尚不平衡，有些部分还比较滞后。

一是就核心内容、要素投入和影响效应三大板块比较而言，核心内容板块的统计建设要好于要素投入和影响效应两个板块。

二是就交通运输过程本身、交通运输运作方式、由交通运输看经济社会发展这三个层面而言，反映交通运输过程本身的统计内容的完备程度要明显高于后面两个方面。

三是就描述性统计与分析评价性统计比较而言，统计内容仍主要停留在描述统计层面，在描述统计基础上的分析评价性统计开发还很不够，许多分析评价性指标尚处于分析报告、研究报告应用层面，没有形成规范的定义和方法，没有作为官方数据结果发布。

四是就交通运输供应方和需求方两个角度观察，当前统计主要属于供应方统计，包括交通运输基础设施及其投资建设、经营者、研发、就业拉动、资源环境等等，需求方统计则比较薄弱，很多方面甚至处于空白状态。

（2）各种运输方式统计内容建设都已经达到一定水平，基本能够覆盖上面所提出的内容体系。但不同交通运输方式下的统计内容具有一定差别。出现差异的原因，主要体现为以下三个方面：

一是不同交通运输方式各自的运行特点所致。航空不同于地面交通，水路交通不同于陆地交通，铁路和公路虽然都是陆地交通，也存在根本性差别。由此导致统计的内容不尽相同，即使是类似的统计内容，其具体对象也存在差异。比如，同是基础设施，铁路是轨道，航空是线路；同是交通节点，航空是机场，水路是港口。面对这些差异，统计工作必须有不同的组织方式。比如，对航空和铁路交通统计而言，其统计对象比较集中，主要利用运营或行政记录进行统计；而对于水路和公路交通统计而言，其统计对象非常分散，必须依赖于专门的统计调查搜集数据，其统计内容、数据质量会受到调查可行性及组织状况的直接制约。

二是受管理体制影响。我国交通运输统计长期处于分割状态，分布在交通运输部、铁道部、民航管理局、国家邮政局等若干个部门分头管理，与国家统计局的业务联系也是各自为政。即使在撤销铁道部、组建了交通运输部之后，这种状况也没有发生根本性改变。由此不可避免地在不同交通运输方式统计中留下痕迹：不同部门可能有不同的行政分工，统计工作组织模式也会有很大区别，产生的统计数据可能有不同的服务对象。比如，同样的统计内容，比如科技统计，有的属于综合统计，在统计处室，有的在属于专业统计，放在专业处室（比如科技处室），由此就会在统计对象、统计指标名称、统计口径、统计调查方法等方面造成差异。

三是各自统计开发水平有别。尽管总体而言各种交通运输统计都已经具备较完备的基础，形成了一套体系，但就局部统计而言，在不同体系中则有不同的开发水平。可能体现在指标缺失，可能表现为分类粗细，也可能表现为数据质量好坏。

3.3.2 主要问题分析

（1）立足各个子模块的具体分析

总体而言，当前统计已经对交通运输活动有较大覆盖，大部分单元中都有相应的统计内容。在核心内容部分，有关基础设施、载运工具、交通量、运输量等方面的统计尤其全面，各种交通运输方式下的统计都已具备；在要素投入支撑部分，固定资产投资是各种方式统计的共有内容，其统计口径也大体统一；在影响效应部分，安全统计、就业统计、能源消耗统计都是比较普遍包含的内容，污染物排放和环境保护也有不同程度的涉及。但是，仍然可以看到一些单元是空缺的。

最突出的是市场统计。除了水运方面编制了一些价格指数之外，各种运输方式下的成本、价格统计都付之阙如。这就无法为部门管理观察交通运输市场动向提供依据，无法为宏观管理通过交通运输价格监测和判断整个经济的景气状况和未来趋势提供依据，无法为交通运输企业和作为客货运输客户的企业与个人的微观决策提供依据。

突出行业生产统计。包括总产出和增加值，各种运输方式下的统计都是缺失的，给评价交通运输对 GDP 的直接影响以及通过产业链条形成的间接影响带来障碍。

需求者角度的统计调查有待开拓。当前统计主要是从供应端进行的调查统计，包括基础设施、载运工具、交通运输服务，以及交通运输业状况等方面的统计，却没有从需求端开展统计，比如围绕居民出行意愿、出行方式与费用、出行安全感及舒适度的调查，围绕企业生产对交通运输的依赖程度、运输方式选择、交通运输费用成本状况、感受到的交通运输服务质量方面的调查等，极大制约了交通运输对经济社会发展影响的分析。

当前特别需要的一些专题性内容非常薄弱甚至缺失。其中，多式联运一直是统计的空白点，政府深度参与了各种交通运输基础设施投资建设和交通运输公共服务提供，但却没有专门的指标表现这些作用；信息化指标也基本处于空缺状态。由此可能影响到对当前一些重要问题的现状及其未来发展趋势做出判断。

还有一些单元，尽管填充了内容，但统计基础还是比较薄弱的，统计范围还比较有限，统计指标的设置也不够丰富。

经营者经营状况统计的基础还很薄弱。尤其是公路水路方面，企业财务状况统计刚刚建立不久，还没有形成稳定的数据源；面对大量“小、散、活”的个体运输工商户，还没有搭建起统计调查基本框架。这样，就无法深入了解交通运输服务供应者以及交通运输行业主体的生存状况，从而影响主管部门对交通运输进行宏观管理的判断和决策。

研发统计仍然停留在笼统的科技统计层面，而且统计范围仅限于系统内，创新调查缺失。面对交通运输及相关产业的高技术特征，研发和创新在未来发展中具有越来越重要的作用，因此特别需要有关研发与创新统计数据的支持，显然这是一个亟待加强的部分。但当前的科技投入统计仅限于系统内科技经费支出，尚没有针对整个交通运输领域的科技投入统计，由此就无法分析评价科技投入对于交通运输发展的贡献。

当前公路水路（尤其是公路）交通量统计和运输量统计，主要限于营运性交通运输活动统计，尚没有将自备车船交通量和运输量纳入其中。在私人车辆快速增长前提下，如果不能扩展统计口径，必然造成对通行量和运输量的低估，使统计数据的效能打折扣。

当前交通量和运输量统计还主要停留在弄准总量的层面，分组统计还比较薄弱。尤其是针对运输内容、运输流向的分类统计。这在公路运输中表现最为突出。

固定资产投资统计仅限于当年投资，没有资本存量统计。由此特别会阻碍对资本运营状况及其效应的分析，也不利于对国有资产做相应的保全和利用效率做分析。

有关资源环境统计的内容还需要做进一步规范。能源消耗与二氧化碳排放是一件事情的两个面，交通运输是能源消耗大户（与工业大体相当），一方面连着资源，一方面连着环境，在当前可持续发展背景下，加强这些方面的统计，对交通运输自身发展可持续性分析至关重要。

（2）立足综合交通运输统计内容建设做思考

以上是针对具体统计内容做的分析。我们的目标是基于大交通进行综合交通运输统计建设，为此，只对具体统计内容进行分析可能还不够，还需要将这些具体问题放到综合交通运输统计的大背景下，加以分析认识。总体而言，以下一些问题特别值得关注和思考。

第一，综合交通运输统计应该包括什么内容尚不清晰。由综合统计处室进行的统计未必等同于综合交通运输统计。“综合”交通运输统计应该包括哪些内容，如何在综合统计与业务统计之间划出一条界线，如何对以往累加起来的统计内容进行优化评估，如何将综合统计的内容建立在业务统计基础之上，这些问题都需要进一步明确。

第二，基于全部交通运输活动的“综合交通运输统计”尚没有建立。受管理体制影响，公路、水路、铁路、航空等主要运输方式各自为政，形成了各自的综合交通运输统计，但却没有一套统一的内容架构。如何筛选相应指标，全面反映交通运输的基本能力、交通运输服务总量、交通运输本身的可持续发展程度、交通运输对经济社会发展的贡献，都是需要认真研究的问题。

第三，对应各类统计内容的统计范围、统计分类有待进一步规范。综合交通运输统计覆盖多种统计对象，各自对应不同的统计范围和不同的内部组成。由于各种交通运输方式的特点和管理分割，造成许多指标的统计对象范围以及分类方法缺少统一规范。比如，交通运输行业如何确定其范围，是否包括相关行业，如何与交通运输系统建立对应关系；对应的问题就是，增加值应该在什么范围内核算，固定资产投资、研发投入、就业人员应该在什么范围内统计，等等。这些规范定义将直接关系到对交通运输相关活动及其与经济社会发展之间关系的判断。

第四，体现综合交通运输发展水平及其与经济社会发展关联的评价分析指标尚有待系统开发。比如，根据“十二五”的经验，如何提炼一套体现“十三五”期间交通运输发展目标的统计指标体系，可能还是一个没有解决的问题。尤其是有关交通运输与经济社会发展关联的评价分析指标，一些指标因为基础数据缺失而“搁浅”，另一些指标尽管已经在相关研究报告中使用，但却没有形成具有规范性的定义和方法，没有作为官方数据统一发布。

第五，综合运用多种数据来源渠道不畅。仅依赖部门自身的调查建立综合交通运输统计，没有建立起利用外部数据达到获取得数据资源的机制，其结果是既限制了综合统计的“生产能力”，又不利于与相关部门统计之间形成对接关系，开拓综合交通运输统计的分析视角。

第六，区域性综合交通运输统计体系尚有待完善。交通运输的特点，是以“线路”将不同“区域”连接起来，容易形成基于线路的统计，却难以提供区域的数据。当前的综合交通运输统计尚没有从根本上解决这个问题。

3. 改进思路与实施重点

4.1 基本改进思路

综上所述，综合交通运输统计的长远目标，是基于“大综合”概念实现综合统计。“大综合”的要点包括：①在业务统计基础上全面规划综合统计的内容；②实现公路、水路、铁路、民航各种交通运输方式统计的综合；③从核心内容板块统计到要素支撑板块统计再到影响效应板块统计的综合；④从描述性统计到评价分析统计的综合。

应该说，这是一个雄心勃勃的“综合”计划，带有一定的“理想”目标性质。从当前统计组织结构和能力基础而言，未来需要做出很大努力，而且需要分步骤实施。

首先是从理论上或者从需求角度出发，论证综合交通运输统计的内容。然后分别两个方向分步骤延伸。

第一，着眼于当前不同运输方式统计之间的部门分割，需要以交通运输部当前直管的公路、水路作为综合统计建设的起点，逐步将铁路统计和民航统计整合进来。

第二，着眼于当前现有综合统计状况和存在问题，需要以循序渐进方式，从描述性统计建设到评价分析性统计建设（开发综合统计指标）逐步推进。在描述性统计建设中，首先要强化交通运输核心内容板块的统计建设，整合其统计指标体系，夯实数据调查搜集工作基础；然后扩展到支撑要素板块统计建设。在评价分析性统计建设中，核心是开发一套满足交通运输综合管理需要、显示交通运输在经济社会发展过程中作用的综合指标体系，提供进一步开发综合性分析方法提供思路。

然后将这两个方向交叉起来，作为确定具体实施步骤的依据。以上分步骤实施思路可以用图 4 表示。

	基于公路、水路的综合统计	包含公路、水路、铁路的综合统计	包含公路、水路、铁路、民航的综合统计
基于核心内容的描述性统计			
从核心内容向要素投入、影响效应扩展的描述性统计			
基于描述性统计进行影响效应评价分析的统计开发			

图 4　综合交通运输统计建设路线

4.2　“十三五”期实施重点

沿着以上提出的目标，着眼于“十三五”期间的综合交通运输统计建设，应在需要和可能之间予以协调，确定应着力推进的工作。所谓需要，就是要从“缓急”入手，首先集中于那些当前需求紧迫的统计内容，同时兼顾未来长远建设目标；所谓可能，就是要从“轻重”入手，首先选择那些具备一定基础、属于完善性的方面，兼顾具有开拓性、为未来发展奠定基础的内容。基于此，这里尝试针对“十三五”期间建设重点内容提出如下初步建议。

（1）加强综合交通运输统计系统设计研究

前面对综合交通运输统计内容框架有一定论述和设计，但仍然属于粗线条地轮廓勾勒，尚需要进一步做更加实质性的系统研究设计。其间包含的设计工作如下：

如何将基础设施、载运工具、服务生产、运输市场和企业经营等核心内容整合为一体，在指标、数据分析层面建立起之间相互联系的逻辑和具体方式；进一步如何使核心统计内容与投资建设、研发创新等要素支撑内容，以及与安全、资源与环境等外部影响内容衔接起来；

如何开拓需求方统计调查，并将需求方调查数据与供应方统计数据相互衔接起来，应用于当期统计分析和未来统计预测；

如何统筹铁路、公路、水路、民航、邮政等不同运输方式统计资源做统一设计，给出不同运输方式加和、并列、衔接、比较等等综合起来的节点；

如何将综合交通运输统计的内容设计与调查工作流程结合起来，形成互动关系，整体提升综合交通运输统计体系的水平。

（2）结合“一套表”实施，整合当前已有内容，将综合交通运输统计内容设计落到实处

借鉴国家统计局企业统计调查改革经验，以“一套表”作为下一步综合交通运输统计工作推进的“抓手”。“一套表”的第一项工作就是内容整合，即把原来针对同一调查对象却分散在不同调查中的统计内容，通过系统设计，整合为一套具有内在关联、不重不漏的统计调查内容。可以说，“一套表”的内容设计是最终实现综合交通运输统计内容优化的基础；反过来看，我们面临的工作是将汇总层面综合交通运输统计的内容通过分解、还原，转化为调查单位填报的内容。通过“一套表”的设计，既可以清理当前调查中存在的过时、冗余的内容，可以强化已经存在但基础还比较薄弱的内容，还可以适时地将一些经过改进的，以及为满足需要而新增的内容包容在内。通过“一套表”的内容设计，综合交通运输统计的内容，从指标体系到对应的统计范围、统计分类，都可以进一步明确起来。

从统计内容看，可以在以下方面尝试“一套表”的推进：

第一是运输企业“一套表”，可以将与其相关的载运工具调查、运输量调查、运输市场调查、经营者经营状况调查、投资建设与研发创新调查、吸纳就业调查、安全和资源环境调查等内容贯穿起来。

第二是基础设施运营企业“一套表”，可以将与其相关的基础设施（含站点与线路）调查、交通量和吞吐量调查、经营者经营状况调查、投资建设与研发创新调查、吸纳就业调查、资源环境调查等内容贯穿起来。

第三是系统内事业单位“一套表”，可以将与其相关的投资建设调查、研发创新调查、人力资源调查等内容贯穿起来。

(3) 筹备新建一些急需的调查项目，填补当前综合交通运输统计内容的空白点

针对当前急需但尚不具备的调查项目，应该下决心开始筹备，推进其统计工作建设，使整个交通运输统计臻于完善。大体列举此类项目可以包括，应根据具体情况做出选择在“十三五”期间实施。运价调查系统。涉及各种运输方式下的市场价格调查体系，但由于铁路和航空运价相对比较单一、水路已经具备一些运价统计基础，所以建设重点应该是公路运价监测体系。

出行和货运意愿调查系统。面向需求者的调查体系，一方面是人的出行意愿、流向及运输方式选择；另一方面是货物运输意愿、流向及运输方式选择。这是一项从无到有的工作，可以先考虑在一些人员出行和货物进出比较集中的区域开展试点，为大规模铺开积累经验。

多式联运统计及物流节点统计。综合交通运输的发展方向是多式联运，多式联运的关键节点是综合交通枢纽。当前尚不具备这些方面的统计。需要多方调研，寻找进行相关调查的路径和方法，搭建基本统计框架。

交通运输信息化状况统计。信息化是经济社会发展的重要特征，交通运输信息化建设发展迅速，在很大程度上改变了交通运输运作方式以及与外部的关联方式。当前尚不具备系统的交通运输信息化统计。应该将信息化建设看作是一类基础设施，探索设计一套统计指标，并将其嵌入相关统计调查项目之中。

政府参与统计。PPP 模式会影响交通运输设施建设，交通运输服务提供既要按市场方式运作也要体现基本公共服务。所以体现政府参与的统计内容很重要。需要研究政府参与的领域和方式，设计政府参与指标体系，纳入相应调查项目之中。

(4) 借助外部数据来源，充实综合交通运输统计内容

理顺部与部管局、部与地方、综合与专业的关系，整合铁路、公路、水路、民航、邮政等相关信息资源，编制综合交通运输信息资源共享目录，形成综合交通运输统计数据信息库。探索政府购买、战略合作、交换共享等多方式，获取社会企业、其他政府部门与交通运输有关的信息资

源，进一步丰富综合交通运输统计信息。至少可以在以下方面进行探索。

出行成本调查和货运费用统计。与国家统计局和相关部门建立联系，可以考虑借助于城乡住户调查数据资料，以及旅游调查统计，进行居民出行方式和成本统计；借助于工业统计中的成本费用调查结果和投入产出表调查结果，进行企业货运费用统计。

交通运输服务业增加值核算。与国家统计局建立联系，共同进行交通运输服务业总产出和增加值的核算工作。

研发与创新统计。与科技部和国家统计局建立联系，借助于对方的调查系统，建立交通运输系统以及交通运输业的研发统计和创新调查统计。

（5）开发一套反映交通运输发展及其服务于宏观经济社会管理的综合性指标

从一般性描述统计指标中，提炼加工出综合统计指标体系，显示交通运输发展状况，为宏观经济社会管理服务，是当前面临的比较重要的任务。

反映交通运输发展的一套指标体系。寻找相关节点，实现各种运输方式统计指标之间的综合加总，完整地反映交通运输发展状况，为未来交通运输发展提供目标指标。

开发和完善对宏观经济具有“晴雨表”监测作用的统计指标。其中包括：完善以运输量为中心的经济先行指标，建立以运价指数为中心的市场监测指标。

凸显交通运输对于经济社会发展的多重作用，开发相关应用指标。其中包括：交通运输基础设施投资需求的经济拉动指标，交通运输业对经济增长、就业的贡献率指标，交通运输成本对物流、货物供求价格的影响指标，交通运输对城镇化、区域协同发展、国际化以及公共服务均等化等方面的作用和影响指标。

专题报告
精准统计质量控制体系

1. 国内外统计数据质量控制经验

统计随国家现代化的进程而发展。统计数据质量的好坏，不仅影响以此为依据的决策的正确性与科学性，而且还直接关系着统计机构的形象和声誉。数据质量是制作官方统计资料时最引起关注的核心问题之一，随着时代和科技的发展，对数据质量管理的要求越来越迫切和严格。各国家和国际组织都在不断地制定自己的数据质量框架，建立数据质量管理体系以保证数据质量的可靠。在此，针对欧盟、美国以及我国政府部门的统计质量管理控制情况进行系统学习和总结，为我国交通运输行业统计数据质量控制体系的建立提供较成熟的经验和借鉴。

1.1 欧盟统计局质量管理框架

1.1.1 统计数据质量管理组织体系

欧盟统计局（Eurostat）是为了适应欧洲一体化进程的需要而设立的，随欧洲共同体相伴而生，创立于1953年，隶属欧盟委员会管辖，主要任务为提供欧盟各个发展阶段、欧洲经济共同体、欧洲共同市场等重要的统计信息，作为制定各项政策的依据。

欧盟统计局负责收集所有欧盟和欧元区国家的官方的口径一致的统计数据，提供可按欧盟的地区、国家分组的全面的可比的、客观的统计信息。现阶段欧洲各项统计资料的搜集，并非欧盟统计局的工作，而是由成员国的统计机构完成，再送至欧盟统计局进行整合分析，并做出各项统计报告及指标作为欧盟各单位及各成员国的参考依据。这种联系网络使欧盟统计局能与各国国家统计机构在协调口径及研究欧盟政策上进行密切合作。

ESS（European Statistical System）是由欧盟统计局促成的统计组织，负责在各成员国国家统计机构（National Statistical Iinstitutes，NSIs）和其他国家统计机构在研发、生产和传播欧洲统计数据之间的协调工作，其合作伙伴还包括欧洲经济区和欧洲自由贸易联盟国家。ESS 的主要任务是为欧盟及其成员国提供高质量的统计信息服务。作为欧洲统计资料搜集的共同网络，其主要成员包括欧盟统计局和各国统计机构、国家负责收集官方统计数据的有关部门和中央银行。ESS 可看作一个各成员国以国家和欧盟为目的收集的数据和统计资料汇编的网络，其中欧盟统计局在统一的统计与国家统计机构之间的密切合作中发挥指引的功能，起带路的作用。

1.1.2　统计数据质量管理体系发展

欧盟统计局一直在制定一个统计数据质量评估计划，目的是总结整个欧洲统计系统的业绩。具体地说，它的目标是：评估数据质量在各个领域之间和在不同时间的变化情况；确定良好的做法和结构上的弱点；通过一个共同的监测框架，提供更好的管理资料。欧盟统计局根据由自己起草的《通用导则——ESS 质量保证框架》（ESS Quality Assurance Framework），制定了自己的“质量保证框架”（最新版本发表于 2008 年 12 月）。这个框架把质量保证视为包含五个基本要素：文件、程序和统计方法的标准化、质量估量、战略规划与控制、改进质量的行动。它定义了四个类别的评估，按复杂性从简到繁，分别是自我评估、有支持下的自我评估、同行审议和滚动审议。

领导专家组起草了《欧洲统计系统质量宣言》（以下简称《质量宣言》）（Quality Declaration of the European Statistical System），于 2001 年获得统计方案委员会通过，作为 ESS 正式迈向全面质量管理（Total Quality Management，简称 TQM）的第一步，其中包含对欧洲统计的战略目标和任务的说明，以及以《联合国基本原则》为基础但根据欧盟具体情况做了修改的 10 项统计基本原则。在《质量宣言》中，对 ESS 的任务说明：欧洲统计系统向欧盟乃至全世界提供高质量的欧盟及各成员国以及地区层次的经济与社会信息，并且使得这些信息可供所有人用于决策参考、研究和讨论。

在该任务说明的基础上，ESS在《质量宣言》中将其未来发展愿景概括为：ESS以成为统计信息服务领域的世界领导者和欧盟及各成员国信息最重要的提供者为愿景。基于科学的原理和方法，ESS对构成民主进程和社会进步重要基础的欧洲统计数据的程序进行协调并不断予以改进。除此之外，《质量宣言》还要求ESS成员依照一系列原则协同努力，这些原则包括：用户中心原则、持续改进原则、产品质量承诺原则、信息的可获得性原则、ESS内部和外部的合作伙伴关系原则、尊重数据提供者的需要原则、领导负责原则、系统化的质量管理原则、有效和高效的流程原则、员工满意度和员工发展原则。这10项原则为ESS质量管理框架的建立打下了基础，具有理论指导意义。在《质量宣言》发表后，2003年10月，欧洲理事会召开第六次会议上讨论通过了《ESS统计质量定义》（ESS Definition of Quality in Statistics），明确并且统一了欧盟统计局及各成员国国家统计机构的统计数据质量概念。

1.1.3 主要统计数据质量管理工具

欧盟统计数据质量管理体系非常全面，涵盖各阶段的报告和文本手册，由于篇幅有限，仅对《欧洲统计业务守则》和《数据质量评估手册：方法和工具》进行详细介绍。

（一）欧洲统计业务守则

为了提高在欧洲联盟的统计数据的公信力，欧洲委员会在2005年颁布了《欧洲统计实务守则》（以下简称《守则》）。该《守则》基于ESS《质量宣言》，并作为全面质量管理（TQM）的第一步。它包括15条原则和77项指标。直到2008年，该守则在整个ESS内处于推行阶段。在每个成员国家完成了一次自我评估后，这一守则即将进入同行审议阶段。欧洲统计系统委员会于2011年9月对《守则》进行了最新修订。

《欧洲统计实务守则》基于15条原则，评估内容包括三大方面：统计机构环境、统计生产过程和统计产品。每项评估内容的具体指标如下。

（1）统计机构环境

机构和组织的作用对欧洲统计的有效性和公信力有着显著的影响。

“统计机构环境”评估对象是参与统计工作的众多机构，如国家统计局、中央银行或财政部门等。评估内容主要包括：

统计独立性。统计机构是否可依据相关法律独立开展统计工作（包括统计生产和发布等），而不受外部压力影响。

数据收集合法性。统计机构收集统计资料用于改进生产和发布活动时，须经过许可并在相关法律中有明确规定。

机构统计能力。统计机构是否具备与统计相适应的人力、物力、财力和技术资源，是否满足统计需求。

质量承诺。统计机构必须向公众提供有关统计信息的标准、解释定义以及欧洲统计质量标准。

统计保密性。统计机构开展统计工作时须做好保密措施，并向社会公布保密政策，相关工作人员须签订保密承诺，对于故意违反统计保密规定的人员或行为应进行相应处罚。

公正性和客观性。统计机构获取的统计结果应客观公正。

（2）统计过程

统计过程包括统计信息的收集、处理、使用和发布。ESS - QAF 框架对统计过程中统计部门须遵守的欧洲和其他国际标准、准则和良好做法进行了总结和概括，统计过程的评估主要包括以下内容：

合理的方法。统计过程所采用的方法是否合理，是否遵循欧洲统计方法的整体框架。

适当的统计程序。统计程序是否合理，使用的编辑和估算方法是否适当。

受访者负担。在统计调查时应通过提高受访者答卷质量提高统计质量，避免给受访者增加负担。

成本效益。利用内部和外部监测机构对统计机构使用的资源进行评估，分析统计过程所花销的成本与获取的效益，促进统计当局推进和实施标准化的解决方案。

（3）统计产品

统计的最终成果就是统计产品。ESS - QAF 框架指出欧洲的统计需要符合欧洲质量标准，需要听取公众对统计产品的反馈意见，统计产品要满足用户对相关性、准确性、可靠性、及时性、连贯性、不同国家和区域之间可比较性的原则，可服务于欧洲各机构、各国政府、研究机构和企业，要求如下：

相关性。统计数据包含所研究领域的相关信息。

准确性和可靠性。定期评估和验证元数据、统计中间成果和最终成果，根据欧洲标准对抽样误差及非抽样误差进行测量并记录，定期进行修订讨论，以改进统计流程。

及时性和准时性。数据提供的时限应符合国际数据公布标准。

一致性和可比性。统计数据的算法应始终一致，各时期的统计数据具有可比性。

可获取性和清晰性。统计数据和相应的元数据以正确的方式提供，并可进行有意义的比较。

（二）数据质量评估手册：方法和工具

《数据质量评估手册：方法和工具》（Handbook on Data Quality – Assessment Methods and Tools，DatQAM）详细阐述了评估统计程序和输出质量的全部方法，以及相应的辅助工具。该手册也为这些方法和工具的使用提供了指导，介绍了很多成功的例子，其面向对象是 ESS 质量管理者，使他们能够引进、系统化、改善并完成数据质量管理方面的工作，方便 ESS 系统地进行数据质量评估，通过提供合理使用高效率和成本效益方法的建议，促进 ESS 的数据质量评估体系和《实务守则》在欧盟成员国之间协调一致地执行。

DatQAM 具体内容分成四个部分：概述其范围和主要问题；介绍质量评估方法和工具；标注和认证；数据质量评估实施战略。手册后给出了四个附录，分别是质量评估常用框架介绍、手册中一些方法和工具的应用实例、基本质量工具和术语解释、文中出现的图表和参考文献。

概述手册范围和所主要问题。DatQAM 的范围局限于统计产品和统计过程的主要方面，因此，它并不包括相关的后台运作步骤、管理系统或领导方法。同样地，统计生产的组织机构环境也不在讨论范围之内。

DatQAM 的主要质量评估方法和工具。DatQAM 的主要质量评估方法和工具分别具体说明了质量报告和指标、统计过程变量的测量、用户调查和自我评估及同行审议，并给出了使用实例。

标注和认证。在这里，标注包含两个内容：①标出与质量和质量评估有关的数据信息；②标出统计信息的提供者或生产者。标注有很多选择，特别是数据信息分类和数据面向对象。这似乎使这种方法具有灵活性，但实际上在应用中会受到很多限制。综合看来，在同一时间内只能使用较少的标注以避免用户混淆；大量标注的使用会产生反作用。这意味着对标注的选择必须经过长期的规划。在认证方面，手册主要借鉴 ISO 国际准则，将其使用在数据质量管理中，着重对《国际标准 ISO20252 认证要求：市场、舆论和社会的研究——词汇和服务要求》（简称《ISO 20252：2006》）中的相关内容进行了说明和解释。《ISO20252：2006》是过程的质量标准，其核心部分有：质量管理体系要求；研究要素的行政管理方法；数据收集；数据管理和进程以及项目文件。

数据质量评估实施战略。实施质量管理标准的统计机构应该对自身的战略和目标有明确的认识，并且规定“良好”或“可接受”的质量水平。在开始阶段，可以采用一些普遍的方式，如质量准则的形式，但无论采用哪种形式，都应该从《实务守则》的要求出发，并保证这些形式能遵循《实务守则》原则并满足用户的需求。开展数据质量评估时，这些方式将作为检查统计产品和过程的参考依据。

1.2 美国统计数据质量控制体系

1.2.1 美国联邦信息质量管理框架

（一）统计质量管理组织体系

（1）白宫管理和预算办公室

美国是分散型的统计体制，白宫管理和预算办公室（OMB）负责统计工作的协调管理组织，其主要职能有：①审批主要统计机构的调查项目；②处理主要统计机构的信息发布请求；③协调各统计机构间的事务；④向统计机构和合作项目推荐财政计划；⑤实施和解释数据质量法案。

（2）联邦机构间统计政策委员会

为加强联邦统计机构间统计活动的协调和交流，更直接地参与各联邦机构统计活动的规划工作，根据 1995 年美国文书削减法案，白宫行政管理和预算办公室设立统计机构负责人委员会即联邦机构间统计政策委员会（Interagency Council on Statistical Policy，ICSP）。联邦机构间统计政策委员会成员由13个主要联邦统计机构负责人和环境保护局统计部负责人组成，每年召开两次会议。主要职责是：制定和执行统计发布政策、统计标准，推动联邦统计机构的实践创新，评估经费预算对联邦统计机构统计工作的影响，维护联邦统计网站正常有效运行，探索与美国统计学会合作和协作的可能，提高联邦统计数据质量，检查信息技术对联邦统计机构数据获取的潜在影响等。同时，ICSP成员机构还就统计分析方法、用户需求、调查设计、数据质量等相互感兴趣的议题广泛交流经验。

联邦机构间统计政策委员会是协调联邦机构之间统计工作、交流统计信息以及向白宫行政管理和预算办公室提供统计咨询意见和建议的重要平台。在联邦机构间统计政策委员会主持和协调下，建立了联邦统计网站，集中发布统计信息，并进行联邦机构统计数据质量和绩效评估机制，以促进联邦统计体系有序、高效运行。

（3）联邦机构间统计政策委员会

联邦统计方法委员会（Federal Committee on Statistical Methodology，FCSM）成立于1975年，由白宫行政管理和预算办公室主管，其宗旨是提高联邦统计数据质量、改进统计工作实践。委员会成员由白宫行政管理和预算办公室选定，由联邦统计机构的总统计师、经济学家和行政管理人员。目前委员会有24名成员，分别来自12个联邦机构。委员会的职责是：向白宫行政管理和预算办公室和联邦机构间统计政策委员会通报影响联邦统计数据质量的统计技术方法问题，并提出相应改进建议和措施；收集、评估和发布关于联邦统计机构统计调查方法和统计工作实践的信息；对联邦统计机构中应用的统计估计方法、调查设计、调查误差、行政记录利用以及数据发布、数据质量等统计方法论问题提出相应的意见和建议；为不同联邦机构的统计专家提供相互交流、研讨的平台，推进和支持联邦机构之间统计合作研究。

（二）统计质量管理标准体系

（1）联邦信息质量指南

为了确保联邦统计数据质量，白宫行政管理和预算办公室于2002年

1月颁布了联邦统计信息质量指南，规定联邦统计信息质量包涵客观性、效用性和诚信三个方面。

客观性（Objectivity）。客观性是指信息内容和信息发布是否准确、可靠、无偏。为保证信息的客观性，要求提供完整、准确和简明易懂的关于统计调查过程的文件资料，描述各种可能影响数据质量的误差来源。在统计调查标准和准则中，分别列出了调查回答率、确定抽样框、数据收集编辑方法、不回答分析、评估、推算和比较、信息保密等相应标准条款和详细规定。通过使用可靠的信息来源和正确的方法来实现信息客观性的质量要求。

效用性（Utility）。效用性是指发布的信息是否有用，是否满足用户需要。通过内部评估、用户满意度调查、对统计需求的预期、开发新统计产品等途径，从具体专业数据用户、研究者、决策者和公众角度，来考虑联邦机构公布的数据信息是否有用，保证联邦统计数据最大限度地满足用户需要。

诚信（Integrity）。诚信是指信息安全和信息保护，避免信息被非法泄漏，避免在统计信息上的腐败和做假行为。联邦政府颁布了一系列关于信息保护法规和行政条款，如隐私法、信息自由法、机密信息保护和统计效率法、联邦信息安全管理法等，对外承诺联邦机构收集的个体信息资料只用于统计目的。统计调查标准和准则第7条数据发布标准规定，联邦机构必须按预先确定的发布日程、发布政策和发布程序对所有用户同时公布统计信息，严格遵守对填报者的保密承诺和联邦法律法规，实现数据诚信的质量目标。

（2）统计调查标准和准则

2006年9月，为了提高统计数据质量，有力保证各联邦统计机构的信息产品符合“联邦信息质量指南”的要求。白宫行政管理和预算办公室（OMB）在总结、推广和应用联邦统计机构的最佳统计实践的基础上，颁布了“统计调查标准和准则”（Standards and Guidelines for Statistical Surveys）。这个标准化文件详细记录了所有联邦统计机构必须遵守的统计专业准则以及所有统计活动必须达到的质量水平和预期目标，是规范联邦机构统计调查项目工作流程、保证联邦机构之间统计活动一致性和协调性的纲领性文件，也是用户了解联邦机构统计工作过程的重要文件资料。它对统计项目从调查目的、调查方法、汇总估计、质量控制到数据发布的整个过程做了十分具体详细的规定，并提出相应的目标和要求，同时附有实现这些标准的最佳统计实践指南。

"统计调查标准和准则"的制订是对统计调查的方案设计、数据搜集、处理、发布等各环节的规范和约束，是调查数据质量的技术性保障。具体包括7个部分，共20条标准：①统计概念、方法设计部分，具体包括调查计划、调查设计、调查回答率、调查体系等4个标准；②数据收集部分，包括制定抽样框、填报者范围、数据收集方法等3个标准；③数据加工和编辑部分，包括数据编辑、不回答的分析和回答率计算、编码、数据保护措施、评估等4个标准；④估算和预测部分，包括估算和预测方法1个标准；⑤数据分析部分，包括分析和报告计划、推理和比较等2个标准；⑥审查程序部分，包括数据质量评估1个标准；⑦信息产品发布部分，包括信息发布、数据保护和避免泄漏、调查文档、文档和公共使用的原始数据发布等5个标准。

（二）统计质量评估情况

根据美国政府绩效法令，为提高联邦统计数据质量和统计工作效率，在联邦机构间统计政策委员会（ICSP）统一协调下，各联邦统计机构共同制定了联邦统计机构数据质量和绩效评估标准，包括2个部分6个方面：一是数据质量。由数据相关性、准确性和及时性三个因素组成。其中，准确性通过统计测量误差、数据审核、比较、调查数据与行政记录的关系、调查设计和样本量规模等方面来综合量化测评；及时性通过数据调查期与数据发布期之间间隔时间、用户对数据发布时间的满足程度、是否按预告的时间发布数据等方面来衡量；相关性的量化测评相对困难一些，通常是对统计数据的有用性进行定性描述，或者根据用户的满意度评分进行量化测评。二是统计项目绩效。由统计项目成本效益、数据发布情况和任务完成情况三个方面组成。通过问卷调查形式来量化测评。根据这些评估标准，联邦机构间统计政策委员会每年对主要联邦统计机构数据质量和绩效进行评估。

表 28 ICSP 对联邦统计项目的综合评估结果（2007 年）

机 构	综合评价效果
经济分析局	有效
司法统计局	
犯罪司法统计项目	有效
国家犯罪历史改进计划	比较有效
劳工统计局	有效
运输统计局	比较有效
普查局	
人口现状统计	有效
10 年一次人口普查	比较有效
普查中间年份人口统计估算	比较有效
调查样本重新设计	有效
经济普查	有效
经济现状统计/政府普查	比较有效
农业部经济研究局	有效
能源信息局	结果未被证明
国家教育统计中心	有效
国家卫生统计中心	比较有效
科学基金科学资源统计部	有效

1.2.2 美国普查局统计质量管理体系

（一）统计质量管理机构

美国普查局也建立了自己的统计方法和标准委员会，成员包括来自不同调查项目组统计研究和方法分部的负责人。美国普查局人员工作组织模式是按项目进行，主要有经济项目、人口统计项目或10 年一次人口普查项目等。他们将一个项目组称为一个总部，将分别负责项目规划、数据处理、数据分析和数据发布等各个环节的机构称为分部。其中，统计研究和方法分部负责项目统计方法的制定和实施，外勤和信息技术分部负责调查中数据收集、传输和处理，其他分部为项目组提供各种的行政、后勤和战略支持。也就是说，美国普查局统计方法和标准委员会的大部分成员分布于各调查项目组中。

在这种组织模式下，委员会有权对普查局项目的制度方法提出意见和建议，以确保每个调查项目采用的统计方法和实施办法合理可行。具体来看，普查局统计方法和标准委员会的职责包括：①强化对普查局统计质量标准的认识和遵守意识。②审查豁免请求，并就豁免申请是否批准向项目负责人提出参考意见。③定期进行标准的审查和评估，即研究标准的执行好坏，并明确执行中的困难。④对评估结果、豁免请求和普查局统计质量标准改进建议等内容进行存档。⑤根据需要更新标准。

项目组的统计方法和标准委员会成员的职责包括：①对负责和参与项目的标准执行情况提供指导意见。②对负责和参与项目的标准遵守情况进行辅助核查工作。

（二）统计质量管理标准

秉承联邦"统计调查标准和准则"，普查局的统计质量标准也包括了7个方面20个具体准则。为了切实保证和提升统计数据质量，普查局将这些标准进行分类，并且与联邦信息指南规定的三个总要求相结合，明确了不同工作环节的标准应实现的信息质量目标。

首先普查局将统计质量标准分为两大类：一是流程标准（A到F），根据信息产品开发和公布的不同流程而组织制定。二是支持标准（S），作为流程标准的辅助标准。流程标准包括：A. 规划与发展；B. 收集和获取数据；C. 捕获和处理数据；D. 生成估计和测量；E. 分析数据和报告结果；F. 发布信息支持标准。支持标准（S）包括：S1，保密标准；S2，数据和文件管理标准。

保证和提升统计质量有用性的标准有：规划数据项目（A1），开发数据采集工具和辅助材料（A2），制定和实施抽样设计方案（A3），获取和使用行政记录（B2），审查信息产品（E3），发布信息产品（F1），为增加信息产品的透明度提供支持文档（F2）。

保证和提升统计信息客观性的标准有：规划数据项目（A1），开发数据采集工具和辅助材料（A2），制定和实施抽样设计方案（A3），确定和实施数据收集方式（B1），获取和使用行政记录（B2），捕获数据（C1），编辑和输入数据（C2），数据编码（C3），为多种源头的数据建立连接（C4），从样本直接估算（D1），用模型估算（D2），测量和显示非抽样误差（D3），分析数据（E1），报告结果（E2），审查信息产品（E3），发布信息产品（F1），为增加信息产品透明度提供支持文档（F2），地址信息质量问题投诉（F3），数据和文档管理（S2）。

保证和提升统计信息诚信的标准是保密性（S1）。这是个目标性标准，因为所有统计数据质量标准都包含了保护信息免受未经授权的访问或者发布的要求。

（三）质量审计制度

如果说统计方法和标准委员会成员是统计质量管理和控制的“当事人”，那么审计则是对项目质量进行事后评估和改进的“第三方”。下面主要介绍普查局经济项目总部的质量审计项目。

（1）质量审计项目的目的和内容

质量审计项目（QAP）负责对普查局 60 项经济统计调查进行审计，每个项目每隔 5 年必须进行一次审计，每年需要审计 12 个项目。审计的目的是检查项目是否遵照执行了 OMB 的“统计调查标准和准则”、美国普查局的“统计质量标准”，生产的统计数据是否符合有用性、客观性和诚信的要求。

审计的内容包括统计概念、方法和调查方案，数据收集，数据处理和编辑，统计产品的估计和预测，数据分析，程序审查，数据发布七个方面。

（2）质量审计项目的机构人员

普查局经济项目总部的质量审计项目（QAP）由经济项目审计领导办公室管理，每个项目审计小组一般包括三类人：组长、统计分析专家和数学专家。审计小组人员必须是普查局的雇员，但要求没有参与过所要审计项目的前期调查。审计小组组长一般为高级审计师，负责撰写审计计划、安排审计人员分工、培训审计组成员、提出审计报告等。

（3）质量审计项目的实施步骤

美国普查局经济项目审计实施步骤主要可以分为三个阶段：第一是前期准备阶段；第二是审计阶段；第三是后期的项目整改阶段。

表 29　美国普查局经济项目审计实施步骤

阶　段	时　间	工作内容	负责人
准备阶段	前 6 ~ 8 个月	制定审计时间表	经济项目审计领导办公室
	前 2 ~ 4 个月	挑选审计员	经济项目审计领导办公室
	前 7 ~ 9 周	培训审计员	项目审计小组组长
审计阶段	第 1 ~ 3 周	审计小组成员审核项目文件	项目审计小组
	第 4 周	审计人员与经济项目组座谈	项目审计小组
整改阶段	未来 6 个月到 1 年	督促整改方案执行	项目审计小组副组长

具体来看，前期先由经济项目审计领导办公室负责制定审计时间表，并提前 6 ~ 8 个月通知相关部门。具体的审计员会在审计开始前的 2 ~ 4 个月内挑选出来，审计开始前 9 周发布审计员聘用通知。被选中的审计人员要在审计开始前 7 ~ 9 周接受培训，培训内容包括 OMB 和普查局颁布的质量标准、美国审计总署的审计标准和审计程序。

对一个项目的审计时间一般为 4 周。每个审计小组成员平均需要花费 1 ~ 3 周来独立审核项目文件。最后一周安排审计人员与项目组人员座谈，分析审计过程中发现的问题，讨论审计报告初稿并最终形成定稿。

随后，审计小组会对调查项目提出整改计划（Program Action Plan）。项目整改计划不能改变项目本身的意义，而是促进项目的调查数据更加准确。一旦整改计划被审计领导办公室确认执行后，通常由审计小组的副组长，一般为助理高级审计师，在未来 6 个月到 1 年的时间内，督促整改方案执行情况，并且会逐年检查直至整改项目完全实行。

1.3　我国统计局数据质量控制体系

1.3.1　国家统计质量保证框架

为提高政府统计工作的透明度，增强社会公众对统计工作的理解与支持，国家统计局编制并公布了《国家统计质量保证框架》，作为国家开展统计质量管理的工作指南。

该框架总共包括三个部分：统计质量评价标准、统计质量全过程控制和统计质量保障措施。每部分的主要内容如下：

（1）统计质量评价标准

从统计的准确性、及时性、可比性、一致性、适用性、可获得性和经济性七个方面，对统计数据生产全过程进行考量和评价。

准确性。准确性是指统计数据反映客观实际的程度，是衡量统计数据客观真实的质量评价标准。

及时性。及时性是指统计数据从调查到发布的时间间隔，时间间隔越短，及时性就越强。

可比性。可比性是指统计数据在不同时间、不同空间可以比较分析的程度，是衡量统计数据在比较分析中的质量评价标准。

一致性。一致性是指统计数据在不同调查项目、不同机构、不同时期之间的关联度和逻辑关系，是衡量不同统计数据之间协调程度的质量评价标准。

适用性。适用性是指统计数据在内容、口径和范围上，满足用户需求的程度，是衡量统计信息使用价值的质量评价标准。

可获得性。可获得性是指用户得到统计数据及相关信息的难易程度，是统计数据使用过程中的质量评价标准。

经济性。经济性是指统计数据的调查成本与社会经济效益之间的比较关系，是衡量统计生产效能的质量评价标准。

（2）统计质量全过程控制

统计质量的全过程控制是指对统计业务流程的各环节进行质量管理和控制。《国家统计质量保证框架》总共包括 11 个环节，具体如下：

确定需求环节。从认真评估用户需求、确定统计调查内容（包括范围、方法、时间、经费预算）、定期审查统计调查项目的适用性三个层面进行质量控制。

统计设计环节。从统一设计统计调查制度和软件、规范统计调查指标、建立调查表和调查问卷填报可行性测试制度、科学设计统计调查方法、规范统计调查工作流程 5 个层面进行质量控制。

审批备案环节。从任何统计调查项目实施前必须审批备案，坚持必要性、可行性、科学性原则，按时公告已经批准的统计调查项目 3 个层面进行质量控制。

任务部署环节：从统一发文布置、落实人员经费设备、确定调查对象、按时提供调查所需基础信息、做好软件支持、做好人员培训6个层面提出质量控制要求。

数据采集环节。从提前通知调查对象、按时准确采集数据、避免人为干扰、强化数据审核、数据质量抽查5个层面提出质量控制要求。

数据处理环节。从按制度规定处理数据、数据加工处理方法要科学、查明数据加工处理过程的疑点、确保可比性和一致性、保证数据时效性、规范数据反馈6个层面提出数据质量控制要求。

数据评估环节。从制定科学、可操作性强的数据质量评估制度、严格实行数据质量评估和核实制度两方面进行质量控制。

数据发布与传播环节。从依法发布数据、按时发布统计数据、做好数据发布解读、方便用户获取统计数据、重大数据修订要公开透明、注重搜集用户意见6个方面进行质量控制。

统计分析环节。从重视数据的深度挖掘和分析、对外发布的统计分析报告中不得使用涉密数据两方面进行质量控制。

整理归档环节。从健全整理归档制度、保证归档统计资料规范完整两方面进行质量控制。

综合评估环节。从综合评估方案要科学合理、评估过程要公开透明、评估结果用于质量改进3个方面进行质量控制。

（3）统计质量保障措施

统计质量保障措施主要包括统计法律法规、体制机制、制度方法、资源条件和统计文化等五大方面的建设。

1.3.2 统计质量控制方式和手段

（1）“四大工程”改革

为进一步提高统计能力、统计数据质量和政府统计公信力，统计部门实施了以统计“四大工程”建设和企业“一套表”联网直报为中心的统计改革，推动中国统计向规范化、信息化、透明化、现代化的方向发展，统计工作也将因此更加科学，统计数据的真实性将更有保障。

基本单位名录库。国家统计局根据“全国统一管理、专业分工协作、地方分级负责、各方共同参与、信息资料共享”的原则，按照“统一标准、一库在线、分级维护、及时更新”的模式，以经济普查资料为基础，并充分利用部门行政记录和专业统计信息，建立起涵盖我国境内的全部法人单位、产业活动单位的基本标识和主要属性信息的数据库。该名录库为开展各种大型普查活动提供参照、各项专业定期报表确定调查范围和调查对象、为开展抽样调查提供实时有效的抽样框、为统计执行检查提供依据。通过对基本单位名录库的一体化管理，再加上“先进库、再有数”，有效避免人为虚增单位数量、虚报经济规模。

企业“一套表”。为进一步提高统计能力、统计数据质量和政府统计公信力，大力推进统计工作的规范统一，国家统计局决定实施企业“一套表”改革，从2011年年报和2012年定报起，率先对全国所有“三上”企业和房地产开发经营企业的相关统计实施“一套表”制度。该制度是将原分散实施的经济、工业、能耗和科技等各项调查表格整合到一起，统一设定指标的含义、计算方法、分类标准和统计编码。通过统一布置报表，统一采集原生性指标数据，替代以前分散采集数据模式，以减少企业填表负担。更重要的是实现“数出一门”，使得不同报表之间的统计数据衔接和匹配。

统一的数据采集处理软件系统。针对内部软件多、数据不共享的实际问题，统计部门在“一套表”的基础上，开发形成功能完善、统一兼容的数据采集处理软件系统。利用统一的数据采集处理软件，规范统计业务流程，在满足各项统计调查数据采集的同时实现不同专业数据的共享。

联网直报系统。为安全畅通、便捷高效的上报基础数据，统计部门开发了针对企业的联网直报系统。通过联网直报系统，被调查企业的基层工作人员可以通过互联网直接向全国数据管理中心报送原始数据，各级统计机构也可以在线共享开展工作。联网直报方式转变了基层统计队伍工作重点，从过去繁重的数据收集汇总、报表填报转向对原始数据的核查和企业基础统计工作的督导，有效消除了可能存在的中间环节对统计数据的干扰，提高数据汇总效率和生产过程的透明度与可控性。

（2）数据质量控制办法

为加强统计质量管理，统计部门针对统计质量管理矛盾较为突出的地区生产总值、工业增加值、固定资产投资等指标制定了一些专门的评估办法，详细规定评估指标体系，评估方法以及评估结果的使用等。

以国家统计局投资司下发的《建设领域统计数据质量评估办法（2014年试行)》为例，主要采用平衡法、差异波动法方法进行评估。评估指标体系包括专业评估核心指标、内部评估指标和外部评估指标三类。①其中核心指标包括固定资产投资总量及增速；②内部评估指标包括：亿元以上项目投资占500万元以上项目投资的比重、亿元以上项目投资增速与500万元以上项目投资增速的协调性；③外部评估指标包括：用营业税推算的建筑业营业收入占建安工程投资的比重、建筑业营业税增速与建安工程投资增速的协调性、建筑业营业税占营业税的比重、固定资产投资占GDP比重、金融机构固定资产贷款余额占固定资产投资的比重、金融机构固定资产贷款余额增速与固定资产投资增速的协调性、水泥产量增速与建安工程投资增速的协调性。

不仅如此，各省统计局也相应出台了省级统计数据质量的控制办法。以河南省为例，出台的《河南省统计局统计数据质量控制办法（试行)》，其中包括17个细项的控制办法：涉及GDP核算数据、人口专业数据、劳动统计数据、固定资产投资、房地产开发主要统计数据、农村统计主要数据、规模以上工业增加值数据、规模以下工业数据、建筑业统计数据、批发和零售业、住宿和餐饮业统计数据质量、其他服务业数据、规模以上工业能源统计数据、农产量抽样调查数据、农村住户调查数据、城镇住户调查数据、价格调查数据质量。

1.3.3 统计质量控制法制基础

统计质量是统计数据的生命力，也是统计部门产品的唯一评价标准，为维护和提高统计数据质量，保障统计数据的真实性、准确性、完整性和及时性，统计局出台的一系列法规，包括《统计法》、《统计法实施细则》、《统计执法检查规定》、《全国经济普查条例》、《全国农业普查条例》、《全国人口普查条例》等，对与统计质量管理有关的职权、义务、法律责任等均设计有专门的条款。此外，我国针对一些单项统计调查项目的数据质量评估办法，如《工业统计主要数据质量控制及评估办法（试行）》、《建设领域统计数据质量评估办法（2014 年试行）》、《第二次全国农业普查数据质量评估办法》等，逐步形成了以统计法及其实施细则为统领、由各项统计法律、法规、规章和规范性文件构成的统计数据质量管理制度框架。

表 30 《统计法》与统计数据质量管理相关的条款

条　款	具体内容
第六条	统计机构和统计人员依照本法规定独立行使统计调查、统计报告、统计监督的职权，不受侵犯
第七条	国家机关、企业事业单位和其他组织以及个体工商户和个人等统计调查对象，必须依照本法和国家有关规定，真实、准确、完整、及时地提供统计调查所需的资料，不得提供不真实或者不完整的统计资料，不得迟报、拒报统计资料
第二十一条	统计资料的审核、签署人员应当对其审核、签署的统计资料的真实性、准确性和完整性负责
第二十九条	统计机构、统计人员应当依法履行职责，如实搜集、报送统计资料，不得伪造、篡改统计资料，不得以任何方式要求任何单位和个人提供不真实的统计资料，不得有其他违反本法规定的行为
第三十二条	县级以上人民政府及其监察机关对下级人民政府、本级人民政府统计机构和有关部门执行本法的情况，实施监督
第三十七条	地方人民政府、政府统计机构或者有关部门、单位的负责人有下列行为之一的，由任免机关或者监察机关依法给予处分，并由县级以上人民政府统计机构予以通报：（一）自行修改统计资料、编造虚假统计数据的；（二）要求统计机构、统计人员或者其他机构、人员伪造、篡改统计资料的
第四十一条	作为统计调查对象的国家机关、企业事业单位或者其他组织有下列行为之一的，由县级以上人民政府统计机构责令改正，给予警告，可以予以通报；其直接负责的主管人员和其他直接责任人员属于国家工作人员的，由任免机关或者监察机关依法给予处分：（二）提供不真实或者不完整的统计资料的

表 31 《全国经济普查条例》与统计数据质量管理相关的条款

条　款	具体内容
第二十八条	地方各级经济普查机构应当根据国务院经济普查领导小组办公室的统一规定，建立经济普查数据质量控制岗位责任制，并对经济普查实施中的每个环节实行质量控制和检查验收
第二十九条	国务院经济普查领导小组办公室统一组织经济普查数据的质量抽查工作，抽查结果作为评估全国及各地区经济普查数据质量的主要依据

续表

条　款	具体内容
第三十五条	地方、部门、单位的领导人自行修改经济普查资料、编造虚假数据或者强令、授意经济普查机构、经济普查人员篡改经济普查资料或者编造虚假数据的，依法给予行政处分或者纪律处分，并由县级以上人民政府统计机构给予通报批评。 经济普查人员参与篡改经济普查资料、编造虚假数据的，由县级以上人民政府统计机构给予通报批评，依法给予行政处分，或者建议有关部门、单位依法给予行政处分或者纪律处分
第三十六条	经济普查对象有下列违法行为之一的，由县级以上人民政府统计机构责令改正，给予通报批评；情节较重的，可以建议有关部门、单位对负有直接责任的主管人员和其他直接责任人员依法给予行政处分或者纪律处分： （一）拒绝或者妨碍接受经济普查机构、经济普查人员依法进行的调查的； （二）提供虚假或者不完整的经济普查资料的； （三）未按时提供与经济普查有关的资料，经催报后仍未提供的

1.4　经验借鉴

（1）具有完善的法律基础

统计数据质量管理必须以完善的统计机制和制度为保障，稳定而有效的统计机制和制度需要完备的统计法律制度作保障。从国内外成熟经验来看，《欧洲统计系统质量宣言》、《美国联邦统计信息质量指南》、我国的《国家统计质量保证框架》均属于统计数据质量管理的规范性文件。我国统计法及其实施细则、各项普查条例、评估办法等，里面的条款覆盖源头数据保障、数据生产过程规范、数据质量公开到数据质量评估各个层面，奠定了统计数据质量管理的法制基础，这是提高统计数据质量、加强统计数据质量管理的前提和基础保障。

（2）贯穿全过程的统计质量管理

美国联邦信息质量指南、统计调查标准和准则是联邦政府统计工作的法律基础和指导性框架文件，涵盖了统计工作各个环节：一方面，在事实上为提高联邦统计数据质量提供了制度保障；另一方面，在感知上强化了公众对联邦统计数据质量的认可度，有利于维护联邦统计数据的公信力。欧盟的统计质量管理中，统计生产过程是与统计机构环境和统计产品相并列的三大核心内容。我国统计局的质量保证框架中，对从确定需求到最终综合评估的11个统计工作环节均提出了明确的统计质量控制要求，编制了贯穿统计规划、制度设计、数据采集、数据处理、数据分析、数据发布等统计工作全过程的统计质量标准规范。从全过程角度实施统计数据质量管理在国际层面上形成了一致的认可。

（3）建立统计数据评估核查机制

美国普查局的质量审计制度，执行中严格按照联邦和部门统计调查标准，审计内容贯穿统计调查的全过程，且有专门的机构行使评估职责。这种事后第三方审计的工作机制极大地提高了美国普查局重大统计调查数据的质量。欧盟的《欧洲统计业务守则》和《数据质量评估手册：方法和工具》，具体指导开展统计评估工作。我国统计局发布的《统计质量保证框架》中关于评估工作设置了两个环节，分别是数据评估和综合评估，可见统计评估的重要性。此外，针对统计调查项目的评估工作，统计局分别从评估指标体系、评估方法、评估结果的应用等方面予以规范，并配合以统计执法检查开展统计核查工作，这些都为开展交通运输行业统计评估起到了很好的示范作用。

（4）大力推广现代信息技术

美国统计较早的使用了计算机网络技术进行传输、计算、存储、应用，建立了完整基础数据库，20世纪90年代初期就普及应用了地理信息系统。现在，人口普查及各种经济信息已较大程度地通过互联网完成采集任务，统计信息的公布已基本实现由计算机网络来完成。另外，为了提高统计数据质量和公信力，统计局实施以统计“四大工程”建设和企业“一套表”联网直报为中心的统计改革，在这项改革中，信息化技术发挥了不可替代的作用，通过信息化手段，实现从基层企业向国家统计局直报统计报表，并实现县、市、省、国家四级的数据共享共审，提高统计数据生产过程的透明度、抗干扰和时效性。这对于我们行业加强统计数据质量控制具有很好的借鉴意义。

2. 交通运输统计数据质量现状

2.1 统计数据质量内涵

2.1.1 统计数据质量定义

目前，国际上还没有一个关于统计数据质量的统一定义。世界各国统计机构和有关国际组织对统计数据质量含义的解释和理解存在着一定的分歧，但它们都从本国的统计实践以及对数据质量含义的理解，确定了各自不同的数据质量标准。例如，英国政府统计数据质量标准是准确性、及时性、有效性、客观性；美国国民经济分析局要求满足可比性、准确性、适用性的质量标准；国际货币基金统计局的质量标准是准确性、适用性、可取得性、方法专业性等等，这些标准是各国政府统计机构对数据进行质量检测、监管的重要内容和依据。在我国，国内有众多学者提出了适合我国国情的统计数据质量标准，主要包括适用性、准确性、时效性、可比性、可衔接性、可获得性、可解释性、连贯性等八个方面。另外有部分学者从统计数据的内容质量、表述质量及约束标准这三大方面来综合衡量统计数据的质量，可以说为统计数据质量衡量提供了新的思路。

表 32 不同国家和组织的统计数据质量定义

国　家	官方质量标准的方面
加拿大统计局	适用性、准确性、及时性、可取得性、衔接性、可解释性
英国政府统计局	准确性、及时性、有效性、客观性
荷兰统计局	适用性、准确性、及时性、有效性、减轻调查负担
韩国	实用性、准确性、及时性、可取得性、可比性、有效性
美国经济分析局	可比性、准确性、适用性

续表

国　家	官方质量标准的方面
澳大利亚	准确、及时、适用、可取得性、方法科学性或权威性
欧洲统计局	适用性、准确性、及时性、可取得性、衔接性、可比性、方法专业性或完全性
香港人口统计署	相关性、准确性、及时性、可比性、一致性、可获得性
瑞典统计局	准确性、及时性、可比性和一致性、可获得性和一致性
新西兰统计局	相关性、准确性、及时性、一致性、可解读性
货币基金组织	诚信、方法的健全性、准确性和可靠性、适用性、可获得性
欧盟	相关性、准确性、可靠性、及时性、连贯性、不同国家和区域之间可比较性

表32中揭示出数据质量是一个多维的概念。对各国家或机构数据质量定义的各个方面进一步了解，可以看出其每个方面具有不同的含义。

表33　数据质量定义各个方面的诠释

数据质量方面	具体含义
适用性	收集的统计信息是否有用，是否符合用户的需求。它要求政府统计机构与社会各界保持密切的联系，通过各种途径及时了解和掌握社会对统计信息的需求情况，以适应社会经济管理的需要，减少或弥补统计信息供应与社会需求之间的缺口。在开展某一统计调查之间，首先必须了解用户的需求。收集有用的统计信息
准确性	统计估算值与目标特征值即“真值”之间的差异程度。统计误差越小，准确性就越高。实际上所谓的“真值”是不可知的，一般通过分析抽样误差、范围误差、计数误差、不回答率、加工整理差错、模型假设误差等影响数据准确性的各个因素，测算统计估计值的变动系数、标准差、均方差、曲线配合吻合度、假设检验、偏差等，将统计误差控制在一个可接受的置信区间内
及时性	调查基准期与统计数据发布时间之间的间隔时间。统计数据质量的及时性要求政府统计机构：一是应做到统计工作的手段和方法不断创新，及时将计算机辅助调查系统、计算机加工处理系统、电子数据交换系统等新的信息技术应用到统计调查、加工整理和数据传输工作中去，缩短调查基准期与数据结果发布之间的间隔时间，提高统计数据的时效性；二是应预先公布各项统计数据发布日期，并按时间表发布数据，建立规范统计信息发布制度、便于用户及时掌握统计信息

续表

数据质量方面	具体含义
可比性	同一项目的统计数据在时间和空间上可比。这要求统计的概念和方法在时间上保持相对稳定，在不同地区使用统一的统计制度方法和标准分类，保证统计数据的口径范围、计算方法在时间上一致衔接、在地区之间可比
可衔接性	不同统计项目之间即同一统计机构内部不同统计调查项目之间、不同统计机构之间以及与国际组织之间统计数据的衔接程度。它要求：一是全国范围内所有专业统计项目在同一的统计框架体系、分类标准下，按统一方法编制统计数据，保证各种不同来源的统计数据之间衔接一致，在指标概念和统计口径范围上保持一致，便于用户综合使用；二是在统计调查和数据加工整理中应用统一的方法和程序，例如在各种抽样调查中应用统一抽样框、统一数据加工编辑计算方法，保证各个项目之间误差最小
可取得性	用户从统计部门取得统计信息的容易程度，包括列明用户从统计机构可以取得的统计信息内容以及应用先进便捷的统计信息服务方式。它要求统计机构：一是拥有便于用户检索和查询的统计数据分类目录系统；二是建立方便便捷的统计服务系统，包括统计数据传输系统、适合用户的格式和发布渠道；三是对外公布的统计数据图文形式明细明了
可解释性	在公布统计数据时，应同时公开关于统计数据的补充信息或称为“源数据”，即关于统计数据的解释说明。内容包括所使用的统计指标基本概念、计算方法、调查方法、分类以及数据准确程度即各种误差的测量，便于用户正确使用统计信息，以防止对统计数据的错误解释和使用
客观性 （或称诚信）	统计机构应该遵守统计数据收集、加工整理和公布过程中的客观性原则，具体包括统计政策和统计实际工作的公正透明、专业要求。要求：一是在客观、公正的基础上收集统计数据；二是从统计的角度选择调查方法和统计方法，统计机构有权对统计数据的错误解释和错误使用做出评论；三是统计政策和统计工作过程应公开透明，让用户了解统计数据的编制和公布所依据的法律、政策，在公布之前政府有关部门获得数据的情况，以及事先向社会公众通知重大统计方法的变化情况
方法专业性或健全性	应用科学的统计方法，一般要求采用国际上通用的标准、统计概念、方法、范围和分类
有效性	应降低统计工作的生产费用，提高效率。要求国家统计机购采取各种有效措施，提高各个统计项目的工作效率，尽量减少费用投入
减轻调查负担	统计机构应加强与政府各部门的合作，充分利用现有的行政记录资源，减少重复统计，统计调查表要简单明了，使用先进的电子技术和新的统计方法，最大限度地减轻社会调查负担

可见，统计数据质量已经逐渐发展成为一个综合性、全方位、立体的概念，被赋予多层含义，是从统计数据用户角度对统计数据质量予以诠

释，包含了对统计数据方方面面的要求。

2.1.2 统计数据质量界定

虽然不同的国家或机构赋予统计数据质量不同的内涵，但归纳总结起来，统计数据质量的内涵包括准确性、完整性、时效性和可比性四个方面要求。

准确性是指数据充分反映现实情况的程度。准确性的实现需要满足两方面要求：一方面要求统计人员坚持客观性，确保统计过程真实可靠，杜绝造假、瞒报、谎报等违规行为，即数据收集过程可信任的（信度）；另一方面要求数据的统计方法是有效的（效度），要求统计的抽样设计、过程控制和统计估算等方法设置科学合理，在数据收集过程可信的情况下，统计数据与经济现象的实际真值无限接近。

完整性是指统计数据能够满足经济研究方方面面的需要。数据的完整性要求包括可获取性和适用性两方面内容。可获取性指使用者从统计部门获取数据的便利程度，适用性则指数据是否满足使用需求。社会经济数据的统计是有成本的，数据过粗过少无法满足社会经济研究的需要，数据提供过细过多，则容易造成浪费，适用性也可以理解为统计数据的相对全面性，要求指标提供数量上要满足研究需要。

时效性是指经济现象发生和可获得该数据的最早时间之间的间隔。对经济现象进行研究和制定经济政策通常需要研究最新的经济表现，所以要求统计数据能够尽可能在最快时间提供或公布。

可比性指同一数据指标在时间和空间上的可比程度。在时间上，由于统计数据的统计制度和统计方法会进行调整，为保持一致性，要求统计部门在每次变动后，对历史数据进行追溯调整，保持数据纵向上的可衔接性；在空间上，要求不同的区域参考的统计标准尽可能一致，在一个国家内部，要求同一指标在不同地域的统计口径保持一致。

尽管数据质量是一个综合的概念，包括多方面的要求，但是不管在数据质量评估的理论上还是在实践中，数据的准确性都占据了极端重要的位置，成为数据质量评估的核心问题。很多时候，数据准确性也就是数据质量的代名词。因此，可以说，广义的统计数据质量即综合性的数据质量的概念，它包括准确性、完整性、及时性、可比性四个方面含义，狭义的数据质量则专门指数据的准确性，是指客观反映现实情况的程度，统计误差越小，统计的越准确，数据质量越高。

在统计数据质量各方面中，准确性无疑是最受关注，也是最基础的一个要素。在统计业界里有一句名言“错误的数据比没有数据更要糟糕”。如果一个数据不满足准确性以外的其他性质，我们依然可以利用数据进行部分研究，但是如果数据一旦不能满足准确性，即数据不能反映客观发生的经济现象，那么利用这样数据进行的经济研究在反映现实经济问题时将产生偏误，研究结果的实用性将大打折扣甚至失去参考价值，甚至会产生严重的误导后果。在评估数据质量时，只有数据在一定程度上满足准确性要求，对数据的其他性质进行评估才具有现实意义。

根据交通运输部开展的交通运输统计工作，全国执行的统计规范统一由部制定报表制度下发，数据公布的时效性在政府统计工作体系中也形成了相对固定的工作范式。但从近几年的统计数据情况来看，数据的准确性受到各种因素的影响，已经成为影响统计工作质量的头等大事，必须尽快解决。因此本书中，如无特殊说明，统计数据质量是狭义的，特指统计数据的准确性。

2.2 交通运输统计数据质量分析

2.2.1 主要指标统计开展情况

目前交通运输部执行的综合统计报表制度包括《交通运输综合统计报表制度》、《港口综合统计报表制度》、《城市（县城）客运统计报表制度》、《交通固定资产投统计报表制度》、《公路交通统计报表制度》和《水上交通情况调查统计报表制度》、《公路交通情况调查统计报表制度》和《水上交通情况调查统计报表制度》，涉及基础设施、运输装备、运输生产、运输能耗、运输经济等各类指标。由于交通运输各细分行业自身具有的不同特点，各指标的数据来源和统计方法各有不同。

通过对报表制度中主要指标的统计开展情况，包括统计方法、数据来源等进行梳理，具体见表34。

表 34　综合统计报表制度指标方法来源整理

分类	指标大类	详细指标	分　组	统计频度	统计方法	数据采集来源
交通运输综合统计报表制度	公路里程	上年年底到达数、本年新建数、本年改建变更数、年底到达数	分行政等级、技术等级、路面类型等	年报	全面统计	来源于公路管理部门的管理业务台账
	公路桥梁、隧道、渡口数	上年年底到达数、本年新建数、本年改建变更数、年底到达数	分行政等级、使用年限、跨径长度、隧道长度。	年报	全面统计	
	公路密度及通达情况	公路密度、通达乡镇数量、通达建制村数量、通达率	分已通畅、已通达未通畅、未通达	年报	全面统计	
	内河航道通航里程	内河通航里程上年年底到达数、本年新建数、本年改建变更数、年底到达数；内河航道构筑物上年年底到达数、本年新建数、本年改建变更数、年底到达数	分水系、水域类型	年报	全面统计	来源于航道管理部门的管理业务台账
	公路旅客营运车辆拥有量	车辆数、客位数	分经营范围、燃料类型、标记吨位等	月报、年报	全面统计	来源于道路运政管理部门业务台账
	公路货物营运车辆拥有量	车辆数、吨位数	分车型结构、经营范围、燃料类型等	月报、年报	全面统计	
	水路运输工具拥有量	艘数、总吨、总载重量、净载重量、载客量、标准箱位、功率	分船舶类型、航区、经营类型等	月报、年报	全面统计	来源于水路运政管理部门业务台账

续表

分类	指标大类	详细指标	分组	统计频度	统计方法	数据采集来源
交通运输综合统计报表制度	公路运输量	客运量、旅客周转量、货运量、货物周转量、集装箱箱运量、集装箱货运量	分业户类型、货类等	月报、年报	抽样调查结合波动系数方法，其中每两到三年以专项调查形式开展一次抽样调查确立运输量基数，日常采用波动系数法推算	抽样调查数据来源为抽取样本车辆填写调查表；月度波动系数的基础数据来源为月度采集计重收费数据或典型企业数据
	水路运输量	客运量、旅客周转量、货运量、货物周转量、集装箱箱运量、集装箱货运量	分航区、货类等	月报、年报	内河运输量采用抽样调查结合波动系数方法，其中每两到三年以专项调查形式开展一次抽样调查确立运输量基数，日常采用波动系数法推算；海洋运输量全面调查	内河运输量：抽样调查数据来源为抽取样本船舶填写调查表；月度波动系数的基础数据来源为月度采集海事签证或港口生产数据。海洋运输量从企业获取船舶运输总量
	公路运输法人企业财务指标	资产负债、营业收入、营业成本、职工薪酬、从业人员数量等		年报	规模以上企业全面调查、其他企业典型调查	直接来源于公路运输企业
	水路运输法人企业财务指标	资产负债、营业收入、营业成本、职工薪酬、从业人员数量等		年报	规模以上企业全面调查、其他企业典型调查	直接来源于水路运输企业

续表

分类	指标大类	详细指标	分　组	统计频度	统计方法	数据采集来源
港口综合统计报表制度	全国港口码头泊位拥有量	泊位长度、码头泊位数量		年报	全面统计	由行业管理部门根据各港口企业和生产活动单位信息整理
	全国港口吞吐量	货物吞吐量、集装箱吞吐量、滚装汽车吞吐量、旅客吞吐量、利用自然岸坡完成船舶货物	分港口、内外贸、进出港、货物形态、包装等	年报	全面统计	
	规模以上港口设施和设备拥有量	码头泊位长度数量、铁路专用线长度、生产用仓库面积、堆场面积容量、装卸机械数量、工作船数量等	分港口	年报	规模以上港口全面调查	数据来源于规模以上港口企业，由管理部门汇总获得
	规模以上港口吞吐量	货物吞吐量、集装箱吞吐量、滚装汽车吞吐量、旅客吞吐量、利用自然岸坡完成船舶货物	按港口、内外贸、进出港、货类、航线、船种、泊位、船籍等	年报、季报、月报	规模以上港口全面调查	
	船舶在港时间	平均每次在港停时、船时量、停泊艘次等	分内外贸、船籍、货类、吨级	年报、半年报	重点调查	直接来源于重点港口企业
	港口设施、装备运用情况	装卸操作量、铁路派车到港及在港停留时间、装卸机械使用数量、码头泊位占用小时数、库场堆存货物数量等	分港口、货类、类型等	年报	重点调查	
	港口法人企业财务	资产负债、营业收入、营业成本、职工薪酬、从业人员数量等		年报	全面调查	直接来源于主营港口业务的法人企业

续表

分类	指标大类	详细指标	分　组	统计频度	统计方法	数据采集来源
城市（县城）客运统计报表制度	城市客运经营业户	公共汽电车经营业户数、轨道交通经营业户数、城市客运轮渡经营业户数、出租汽车经营业户数	分经营业户类型、分车辆拥有数	年报	全面统计	由行业管理部门按企业进行统计上报，基层数据来源于运输企业，其中个体企业的数据由行业管理部门估算填报
	城市客运从业人员	公共汽电车从业人员、出租汽车从业人员、轨道交通从业人员、客运轮渡从业人员		年报	全面统计	
	城市客运设施	公共汽电车运营站点总个数、公交专用车道长度、轨道交通车站数、换乘站数、出租汽车综合服务区总个数、出租汽车综合服务区总占地面积、城市客运轮渡在用码头数等		年报	全面统计	
	运营车数	空调车、安装卫星定位车载终端的车辆、BRT运营车辆、标准运营车（船）数、新增运营车（船）数、报废更新运营车（船）数；个体车辆、编组列数、额定载客量等	分车长、分燃料类型、分排放标准	年报、季报	全面统计	
	运营线路	运营线路条数、运营线路变动条数、运营线路总长度	分线路类型	年报、季报	全面统计	

续表

分类	指标大类	详细指标	分组	统计频度	统计方法	数据采集来源
城市（县城）客运统计报表制度	客运量	公交客运量、BRT客运量、月票换算客运量、使用IC卡的客运量、出租汽车客运量、出租载客车次总数、轨道交通客运量、轨道交通旅客周转量、客运轮渡客运量、机动车运量、非机动车运量		年报、季报	全面统计	由行业管理部门按企业进行统计上报，基层数据来源于运输企业，其中个体企业的数据由行业管理部门估算填报
	运营里程			年报	全面统计	
	运营能耗		分方式、能耗类型	年报	全面统计	
	财务状况	企业年收入总额、驾驶员年平均收入、非驾驶员职工年平均收入、公交运营补贴补偿、公交车辆购置与更新补贴、出租营业收入、轨道运营收入、轨道交通运营补贴补偿、客运轮渡运营收入		年报	全面统计	
	运营安全	行车（船）责任事故次数、行车（船）责任事故死亡人数、行车（船）责任事故直接经济损失、轨道交通运营故障次数		年报	全面统计	
	公共电汽车投资	计划总投资、本年完成投资、本年固定资产投资资金来源合计		年报	全面统计	
	城市客运法人企业财务	资产负债、营业收入、营业成本、职工薪酬、从业人员数量等		年报	规模以上企业全面调查、其他企业典型调查	直接来源于城市客运企业

续表

分类	指标大类	详细指标	分组	统计频度	统计方法	数据采集来源
交通固定资产投统计报表制度	交通固定资产投资额	计划总投资、累计完成投资、本年计划投资、本年完成投资	分管理渠道、建设性质、构成、隶属关系、行业等	月报、年快报	全面统计	由行业管理部门按项目进行统计，重点项目及大型项目的投资情况来源于各相关管理部门业务台账，小型项目的投资情况主要由管理部门按项目资金计划和进度估算投资额完成情况
	固定资产的资金来源	上年末结余、本年资金来源	分资金来源、行业等	月报、年快报	全面统计	
	新增固定资产			月报、年快报	全面统计	
	新增生产能力或工程效益	新增内河航道、改善内河航道、新建码头泊位、新建公路、改扩建公路等		月报、年快报	全面统计	
交通运输能耗监测统计报表制度	监测企业运行情况	监测企业数量、车辆（船舶）拥有量、平均单车行程、平均单车运输量、平均单车能耗总量、工作车日、平均船龄、平均航次数等	分公路运输（班线客运、货运）、水路运输（内河、沿海）、城市客运等；分车型船型、分燃料类型	月报	重点监测企业全面调查	数据直接采集于被监测企业
	监测企业单耗水平	万人次单耗、百车公里能耗、百吨公里能耗	分公路运输（班线客运、货运）、水路运输（内河、沿海）、城市客运等；分车型船型、分燃料类型	月报	重点监测企业全面调查	
	监测企业运输效率	里程利用率、客位（吨位）利用率、载重量利用率、实载率、工作率	分公路运输（班线客运、货运）、水路运输（内河、沿海）、城市客运等；分车型船型、分燃料类型	月报	重点监测企业全面调查	

续表

分类	指标大类	详细指标	分组	统计频度	统计方法	数据采集来源
交通运输扶贫统计报表制度	贫困地区公里里程		分地区、分行政等级、技术等级、路面类型	年报	全面统计	来源于贫困地区运输管理部门业务管理台账
	贫困地区公路桥梁数量	数量、延米	分建筑材料和使用年限、跨径	年报	全面统计	
	贫困地区公路隧道数量	数量、延米	分隧道长度	年报	全面统计	
	贫困地区公路密度及通达通畅情况	公路密度、乡镇通达通畅个数、建制村通达通畅个数	已通畅、已通达未通畅、未通达	年报	全面统计	
	贫困地区内河航道通航里程			年报	全面统计	
	贫困地区营运车辆拥有量		分地区、客货运	年报	全面统计	
	贫困地区农村客运站数量		分等级	年报	全面统计	
	贫困地区农村客运开通数量	已开通客运班车乡镇数量、拥有等级客运站乡镇数量	分地区、乡镇和建制村	年报	全面统计	
	贫困地区公路基础设施建设	在建里程、完工里程	分地区、行政等级、技术等级	年报	全面统计	

续表

分类	指标大类	详细指标	分　组	统计频度	统计方法	数据采集来源
公路交通情况调查统计报表制度	公路交通调查管理情况	调查管理机构数、车速调查路段调查站点数量、观测人员数量、调查设备数量、年经费投入金额、调查站点数量	分地区、分机构级别、分道路行政等级、分设备特征、分站点类型	年报	全面统计	交通量调查管理业务台账
	交通量	路线名称、观测里程、机动车平均日交通量当量数、机动车平均日交通量自然数、行驶量、适应交通量、交通拥挤度、地点车速、汽车平均日交通量、摩托车平均日交通量、拖拉机平均日交通量	分道路类型（普通国道、国家高速、普通省道、地方高速）、分线路、分站点、分车型、分小时	月报、年报、季报	从站点设置上看，属于典型调查，即各类调查站的合计观测里程占各类公路统计里程 30% 以上；从采集频率上看，属于全面调查和典型调查相结合，即连续式观测站观测每日交通量，间歇式观测站仅选取每月固定日期进行调查	国家级公路交调站点使用自动化设备调查，其他站点根据条件采用自动化设备，半自动化或人工记录方式调查
	平均行程速度	平均行程速度	分线路	年报	典型调查	在选定的路线、路段上，每年进行一次行程车速观测，采用的测量方法有跟车法、记车号法、浮动车观测法等

续表

分类	指标大类	详细指标	分　组	统计频度	统计方法	数据采集来源
公路交通情况调查统计报表制度	交通量比重	机动车行驶量及所占比重、汽车行驶量及所占比重	分道路行政等级、分地区	年报	典型调查	选定路线、路段设置比重观测站，每年开展一次四类公路比重调查，采用自动化设备或人工记录方式调查
水上交通情况调查统计报表制度	内河航道船舶流量	观测站点信息（包括水域名称、观测范围、观测气象、观测方法等）；上水标准船舶数、下水标准船舶数	分干流支流、分船种、分船舶尺度、分观测断面	月报	典型调查（连续式观测站点常年观测，间隙式观测站点每个月只观测1～3天。）	采用人工目测、利用VTS、视频技术、微波技术等技术采集数据
	船闸行船登记信息	船名号、起点、终点、上水/下水、船舶尺度、船舶货种、载货吨、登记时间		月报	具有船闸内河航道全面统计	船闸业务管理登记数据
	内河水运主通道上的内河港口和沿海港口进出港船舶及货物	签证站点信息（签证站点代码）；签证信息（进出港标志、始发/目的港名称、签证时间等）；签证船舶信息（船名、船舶种类、船舶载重吨、船籍港等）；船舶载客货信息（实载客量、上下客量、装卸货量等）	分签证站点、分货物种类	月报	全面统计	海事签证业务管理登记数据
	水上交通调查基本情况	观测断面数量、观测人员、工作量、观测记录设备数量、年经费投入金额	分地方和直属海事部门、分地区、分观测站类型、分沿海内河	年报	全面统计	各海事机构管理业务台账

从统计调查方法看，主要包括全面调查和非全面调查。其中对于基础设施和运输装备的统计，由于交通运输管理部门设置了比较全面的管理台账，采取的是全面调查方法。对于运输生产、能耗和经济指标，由于行业规模庞大，包括数以万计的运输生产对象，比如车辆、船舶和企业等，主要采用的是抽样调查和重点调查等非全面调查方法。

从统计调查主体看，包括两类：一类是交通运输主管部门，比如车辆和船舶拥有情况、公路交通情况、水上交通情况，即是调查道路运管和航运管理部门直接获取；第二类是交通运输行业从业主体，比如运输生产相关指标，就是针对交通运输企业和个体户开展调查。

从统计调查数据来源看，一方面来自于行业管理部门的基础台账和行政信息，比如车辆船舶拥有情况来自于注册登记信息，公路交通情况和水上交通情况相关信息来自于监测站点人工观测记录、自动监测站点采集信息和海事签证等业务管理信息；另一方面来自于行业内从业主体的调查信息，比如公路水路运输量、能耗和财务信息，就是通过下发调查表，由企业或个体户自主填写相关运输经营信息。

2.2.2 统计数据存在的质量问题

交通运输行业的统计指标涵盖基础设施、运输装备、运输生产、运输经济等各个方面。总体来看，基础设施管理中存在台账，且能够通过实地调查和测量获取，统计的准确性能够基本得到保证。其余指标的统计数据或多或少存在一些改善的空间，具体如下：

（1）运输经济指标统计质量有待提高

行业中目前与运输经济相关的指标主要表现为财务统计指标。根据《国务院办公厅转发统计局关于加强和完善服务业统计工作意见的通知》要求，2013 年全国组织开展了交通运输业经济统计专项调查，在行业内首次获取了企事业单位基本名录以及法人单位财务信息。并依托 2013 年统计报表制度修订的契机，按照国家统计局《部门服务业财务统计报表制度》中全口径法人企业的统计要求，针对港口、城市客运以及公路水路客货运输建立了企业财务状况统计表格，初步建立了行业财务统计制度。经过 2014 年一年的试行，发现存在部分小型企业漏报、表格填写不规范的问题。

（2）运输装备相关统计数据受管理因素影响较大

目前，针对运输装备的统计指标主要包括车辆和船舶的数量、载质量（载客位）等，以及分车型、船型数据情况。由于行业中对车辆、船舶管理已经有相对成熟的管理机制，统计数据也主要来源于基层管理过程中形成的台账。虽然统计工作基于行业管理开展，但在执行过程中受管理制约，对统计质量存在一定的影响。比如营运车辆的转籍、过户、报停、报废、终止经营等行为如未及时到道路运输管理部门办理相关手续，将影响统计结果的准确性。

（3）运输生产统计指标存在虚增的可能性

综合来看，主要集中反映运输生产成果的产量指标。一直以来，运输量被视为与工业经济和宏观经济高度相关的经济指标，运输量的走势能够基本代表工业经济和宏观的走向。但2011—2013年期间，在工业增加值增速总体放缓、国民经济下行趋势明显的前提下，个别省份的公路货运量增速仍保持较快增长态势，与工业增加值的相关性下降，数据的真实性受到质疑。

2.3 交通运输统计数据质量问题成因

（1）统计调查方法落后

目前，交通运输行业的统计工作依然建立在传统模式上，这种“基层填写—逐级上报—全国汇总”的统计方法，给基层人为干预留存了空间。另外，在运输生产统计和运输经济相关统计中，基层调查仍采用原始的人工访问方式，调查员的责任心、被调查对象的配合度等都是影响统计质量的人为因素。

（2）统计信息化应用水平低

经过近十年的发展，交通运输行业统计信息化应用取得了一定的成效。包括基本实现了统计报送系统的全国覆盖，基层利用报送系统审核通过之后，通过网络逐级报送。在一些大型基础设施的普查中引入信息采集技术，比如在农村公路运输量专项调查、城市客运交通线路及站点专项调查中利用GPS定位技术采集农村公路、城市客运线路的坐标、线形等。但在运输生产统计和运输经济相关统计中，统计信息化仅体现在数据的上报和传输环节，在决定统计质量的源头数据采集和最试图把控数据质量的审核评估阶段，还没有实现高度的自动化和智能化。

（3）统计基层工作基础薄弱

基层统计工作处于统计数据工作的最前沿，是统计数据质量控制的第一道防线。但长久以来，由于体制原因限制，在交通运输行业中基层统计基础较为薄弱。一方面，基层缺乏专职统计人员，兼职情况较为普遍；另一方面，统计人员综合素质不高。基层统计人员流动性很强，经常存在新接替的统计人员没有接受培训就直接开展统计工作的情况，往往对统计口径、统计标准、统计方法的理解不到位，影响统计数据质量。

3. 交通运输统计数据质量管理现状和问题

3.1 交通运输统计数据质量管理现状

3.1.1 统计法制基础

在统计工作方面，以部令形式颁布的规章只有两部，分别是1993年与国家统计局共同颁布的《公路、水路运输全行业统计工作规定》以及2006年颁布的《港口统计规则》，里面有涉及统计数据质量管理的一些原则性规定。随着近几年对统计数据质量的日益重视，交通运输部综合规划司下发了一系列的规范性文件，对加强统计数据质量提出相应要求。此外，在交通运输部下发的统计调查方案中，也包含了对统计数据质量管理的一些规定和要求。

（1）公路、水路运输全行业统计工作规定

《公路、水路运输全行业统计工作规定》当时主要解决的是市场经济发展过程中，交通运输行业由原来的部门内企业“一统天下”逐渐成为非交通部门成为运输市场主体的经济格局下，运输量统计从计划经济下的全面汇总转向全行业统计涉及的一系列问题，包括适用的调查范围、采用的调查方法、实行的报表制度等。

在该部令中，涉及到统计质量方面的原则性规定仅涉及“第十三条”，具体见表35。

（2）港口统计规则

《港口统计规则》是在港口管理体制改革背景下，为理顺港口统计工作起草的。其中与统计数据质量相关的条款共有五条，如表36。

表 35 《公路、水路运输全行业统计工作规定》有关质量管理条款

条　款	具体内容	规范的方面
第十三条	有下列违章行为之一的，根据其情节轻重，由各级公路、水路运输管理部门会同当地政府统计部门，按国家有关规定予以处罚： （一）拒报或屡次迟报公路、水路运输全行业统计调查表者； （二）虚报、瞒报及伪造、篡改统计资料者； （三）妨碍或侵犯公路、水路运输全行业统计调查人员执行本规定职权者； （四）未经核定和批准、自行公布和泄漏统计调查资料者	如实上报统计数据；防止人为干预

表 36 《港口统计规则》有关质量管理条款

条　款	具体内容	规范的方面
第五条	交通部和港口管理部门依据法律、法规和规章的规定，要求港口统计调查对象提供统计资料及相关信息时，港口统计调查对象应当如实提供，不得虚报、瞒报、拒报、迟报，不得伪造、篡改	如实上报统计数据
第六条	交通部、港口管理部门和港口统计调查对象（以下简称"港口统计主体"）的统计机构和统计人员应当依据法律、法规和规章的规定，独立行使统计调查、统计报告、统计监督的职权，及时完成统计任务	避免人为干预统计工作
第七条	各港口统计主体负责人不得强令或者授意统计机构、统计人员篡改统计资料或者编造虚假数据，不得擅自修改统计资料。如果发现数据有误，应当责成统计机构、统计人员会同有关人员核实更正	防止统计数据人为造假
第十三条	各港口统计主体的统计机构和统计人员享有下列权利： （一）统计调查权。要求被调查者如实填报统计资料，检查与港口统计资料有关原始记录、凭证和统计台账； （二）统计报告权。向上级有关单位提出统计报告时，任何单位或个人不得阻挠、扣压和篡改统计报告； （三）统计监督权。检查或举报瞒报、虚报、伪造、篡改统计资料及统计调查中的其他违法行为，并责成有关单位改正	统计检查、统计监督
第三十三条	交通部和港口管理部门应当建立、健全港口统计调查项目的数据质量控制和评估体系，跟踪检查港口统计调查项目执行情况，发现问题提出解决方案并监督实施	统计质量管理制度

（3）一般性规范文件

随着近几年社会公众对统计数据质量关注度的升温，尤其是在运输量生产核心指标上出现个别省份虚报统计数据的实际情况，交通运输部加大了统计数据质量管理力度，针对统计数据质量问题比较突出的省份，下发通知和文件，对加强统计工作、提高数据质量提出具体要求。具体包括：《关于进行公路货物运输量统计数据质量自查工作的通知》、《关于重新核实2013年1月公路货物运输量的函》、《关于开展规模以上港口吞吐量数据质量核查工作的通知》、《关于开展规模以上港口货物吞吐量统计数据质量对照检查的通知》等。

（4）统计调查方案

交通部门统计工作主要围绕统计报表制度进行，也配合开展一些周期性的普查和专项调查，包括公路普查、港口普查、农村公路专项调查、公路水路运输量专项调查、交通运输业经济统计专项调查、城市客运交通线路和站点调查。为指导开展调查工作，每项普查或专项调查都编制有专门的组织和技术方案，其中在数据质量管理方面均有具体要求。以交通运输业经济统计专项调查为例，针对数据质量就专门设置了“数据质量控制体系”章节。

表37　交通运输业经济统计调查方案：“数据质量控制体系”

章　节	具体内容	规范的方面
7.4.1 数据的复核验证	**调查回访**。要求抽取一定的比例，联系被调查对象进行电话或上门回访，了解调查实施过程、检查数据填写的真实性 **辅助检验**。数据处理过程应充分利用信息技术手段对调查数据进行辅助检验，具体包括：调查数据采集软件应根据行业标准和技术规范，尽可能实现录入过程的自动检验功能；安装GPS等在线监测设备的样本车辆（船舶），应利用采集的运输路径、运输里程等信息，对调查表中调查数据的真实性、准确性进行审核 **人工复核**。组织有经验的人员对已完成的调查表和记录表进行人工复核，检验和评估数据合理性，及时发现和解决问题	数据采集过程规范、采集数据真实有效

续表

章　节	具体内容	规范的方面
7.4.2 数据质量的抽查验收	**数据质量抽查办法**。抽取2% ~3%已经过人工审核的调查表进行回访及数据验证，检查调查数据的真实性；随机选取5%的调查表进行计算机复录审核 **数据质量验收标准**。样本量要满足技术方案中的最低数量要求；除有特殊要求的之外，均按要求进行调查和填报，不得遗漏；调查表填报的差错率要低于2%；各级调查机构抽查的调查数据录入的差错率要低于1%	采集数据真实、录入准确
7.4.3 数据的逐级审核评估	各级调查办公室要下设数据审核评估小组，具体负数据审核评估工作，坚持“独立评估、逐级负责”的基本原则，采用实地调研、典型调查和专家咨询会等多种形式开展工作	统计数据的审核评估

3.1.2　统计过程控制

现阶段，交通运输行业统计生产过程的质量控制主要通过数据审核和抽查核实来实现。

（1）数据审核

目前，数据审核方式主要包括机器审核和人工审核。

当前交通运输行业内已经全部实现了利用统计软件上报统计报表。软件针对统计报表制度中的逻辑关系均开发相应的逻辑审核公式实施严格控制，只要不满足报表制度中逻辑关系，就不允许上报，必须进行核实修改。在人工审核中，主要是从合理性角度，审核统计数据是否存在质量问题。一般来讲，统计数据会在一定的合理区间内，但也存在特殊原因导致统计数据超出合理范围。这种情况下，很难用软件进行严格控制，必须由统计人员进行核实，评估合理后进行上报。可以说，人工审核效果更多依赖统计人员的工作经验和责任心。

（2）抽查核实

抽查核实的方法对于统计明细数据最为有效。由于当前交通运输行业多以综合统计为主，数据上报到交通运输部一级多为汇总数据或是分类、分组汇总数据，因此抽查验证手段主要应用于各项大型普查或专项调查中。

交通运输行业的大型调查大体分为两类：基础设施普查和与运输生产经营相关的专项调查。因为两种调查的调查对象性质不同、调查内容有所差异，抽查核实的重点也有所不同。

一般在基础设施普查中，抽查核实的重点为：基础设施是否多报、漏报；采集的统计指标是否准确；数据录入是否正确等。以农村公路专项调查为例，除各省组织的各种抽查核实之外，交通运输部下发了《开展全国农村公路通达情况专项调查数据质量抽查的函》，全国选取7个省份8个乡镇的23条农村公路数据进行了实地复核，重点检查采集的路线是否完整、数据采集是否符合方案要求、调查表中各项技术指标填报是否准确、电子地图和电子数据是否正确等。

在运输生产经营相关的专项调查中，抽查核实的重点为：是否按照要求的数量上报调查数据；是否按照规定的流程开展调查工作；调查采集数据是否真实；数据录入是否准确等。以交通运输业经济统计专项调查为例，交通运输部专项调查工作组针对全国7个省份的7个地市开展工作检查，监督专项调查工作进展情况。针对调查数量、调查流程、数据录入等通过检查基层交通部门的组织工作予以了解。对公路客货车辆的行驶信息，通过车辆安装的GPS轨迹进行复核，了解实际运输发生情况。

3.1.3 统计质量评估

针对统计数据中出现的一些质量问题，尤其是个别省份上报的统计数据存在失真，与经济发展趋势不相吻合的实际情况，交通运输部在借鉴国家统计局开展相关工作的基础上，自2012年起尝试开展交通运输行业统计数据质量评估工作。

目前，交通运输行业的统计评估工作主要包括以下三个层面。

第一个层面，对全国运输量总量数据进行准确性评估，掌握运输量的真实走势。2013年，交通运输部组织利用工业增加值、高速公路计重、公路交通量等相关指标，从趋势图、相关系数、弹性系数、HP滤波、变异系数等角度对公路货物运输量的数据质量进行佐证分析，结果显示运输量变化趋势总体合理，但个别省份增速偏高。

第二个层面，针对个别增速快、总量大、单产高、月度间变化大的省份进行重点评估，掌握统计数据质量存在的问题，要求进行核实修改。除在日常统计审核中综合利用机查、人核、抽检等多种方式，加强统计上报数据间的关联性审核，并综合利用高速公路计重收费、联网售票、海事签证等行政记录对省级统计数据进行评估。在公路运输量方面，重点加强运输量增速与营运车辆保有量的关联评估，并重点评估与高速公路计重收费变动趋势的吻合性。在港口吞吐量方面，对于上报增速过快的港口，通过分析港口货物装卸特点和流量流向特点，直接采集部海事局海事签证中船舶进出港货物数据进行比对，分析是否符合变动规律。

第三个层面，站在重新核实的角度，通过采用源头数据，对统计数据进行重新评估和核实。2013 年，为弥补价值量统计指标空白、完成国家统计局“加强和完善服务业统计”，交通运输部组织开展了交通运输业经济统计专项调查，借助本次专项调查，同时也对各省公路水路运输量从“统一方法、统一调查、统一推算”角度进行全过程控制，由交通运输部“下核一级”，直接利用采集的车辆船舶基础数据，自上而下进行各省运输量统计推算，重建公路水路运输量基数。

3.1.4 统计质量核查

针对数据质量问题，交通运输部在全国启动了“自查 + 核查”的工作监督模式，在要求各省加强数据质量自查的同时，对统计数据质量较为严重的部分省份开展重点核查工作。具体包括以下内容：

2013 年 2 月，下发《关于重新审核 2013 年 1 月公路货物运输量数据的函》，要求上报的公路货物运输量数据与宏观经济形势不相吻合的省市对统计数据进行重新自查和审核。

2013 年 3 月，下发《关于进行公路货物运输量统计数据质量自查工作的通知》，要求各省对 2012 年月度和年度公路货物运输量统计数据进行自查，并上报自查报告，报告具体要求包括：自查运输量统计方法，重点分析推算基础数据是否完整、连续、合理；自查营运车辆库维护情况，重点分析范围、口径是否符合部要求；自查运输量增幅是否与车辆增幅匹配等。并随自查报告一并上报统计推算基础数据、车辆统计数据等。

3.2 交通运输统计数据质量管理问题

3.2.1 过程控制环节

（1）源头数据质量控制薄弱

统计数据一般来源于国家机关、企事业单位、个体户等统计调查对象。受到基层统计工作人员素质不高业务能力不强、统计调查对象从利益出发“按需报数”或者迎合上级要求报数等因素影响，统计数据质量从源头上存在一定程度的威胁。如果原材料出了问题，以后的“生产流程”再怎样控制，也不可能排除数据的质量问题。现行的统计质量评估往往就是用不同的数据进行综合对比分析，得出符合逻辑的结论，但如果原始数据不真实，这些工作就会流于“数据演算”，统计数据也就失去了反映经济社会发展情况的意义。因此源头数据质量控制尤为重要。

从交通运输行业内部来看，鉴于行业一直存在的从业主体多、小、散、弱实际情况，源头数据质量控制难度更大。比如在车辆和船舶调查时，由于车辆和船舶流动性强、活动范围大，基层统计人员不可能全程亲眼看到运输发生的实际情况，现实的方式是事中访问或事后回忆的方式进行。对于车主或司机填报源头数据质量的高低，基层统计人员只能通过经验判断。自 2008 年公路水路运输量专项调查开始，统计调查中也依靠一些行业信息化成果，比如对于安装 GPS 的车辆，采用 GPS 信息填写行驶里程调查指标并对运输信息进行数据验证，但仍难以获取货物相关信息。

（2）统计生产过程控制不规范

在交通运输统计工作中，只有开展周期性专项调查和经济普查期间，实施严格的统计流程管理，从基础数据的采集、审核、处理以及统计汇总进行统一规范，并在组织过程中实施严格的质量控制措施，比如调查回访、质量验收等，但在日常统计工作开展过程中，由于只要求上报综合统计结果，难以实际掌握统计生产过程。以运输量统计为例，在专项调查期间，全国采用统一的调查方案、使用统一的数据处理软件，从车船名录库的整理、调查样本的抽取、调查表的填写录入一直到运输量数据的推算，整项工作在交通运输部的组织下稳步推进，部级能够掌握全过程和全部数据，通过利用数据处理软件掌握采集的样本数据以及统计推算的抽样框基础数据，从而能确保统计流程的规范性。然而在运输量的日常统计中，各省上报以汇总数据为主，呈现的主要是结果，对于人为因素导致的数据质量问题，规范控制措施有待完善。

为了加强对统计过程的控制，减少人为干预和主观影响，统计部门实施了企业调查数据的联网直报改革。通过联网直报系统，被调查企业的统计人员可以通过互联网直接向全国数据管理中心报送原始数据，各级统计机构通过在线共享开展统计数据的催报、审核和上报工作。这种联网直报方式转变了基层统计队伍工作重点，从过去繁重的数据收集汇总、报表填报转向对原始数据的审核和基础统计工作的督导，更重要的是确保"企业—基层—省—国家"四个层面的统计工作规范统一，有效消除了可能存在的中间环节对统计数据的干扰，大大提高了统计生产过程的透明度与可控性。

相比之下，交通运输部门在统计生产过程控制方面存在较大差距，日常统计以综合的统计结果为主，对于原始基础数据的掌握力度不够。此外，在利用统计信息化手段加强统计过程透明度方面做的也还不足，网上直报系统还没有实施，不能充分利用信息化手段监管基层统计工作。

3.2.2 质量评估环节

(1) 重结果评估，轻过程评估

从欧盟、美国以及我国政府部门建立的数据质量管理框架体系来看，对统计数据质量的评估不仅是停留在统计结果本身的评估，同时包含了对统计工作基础环境、数据生产过程的评估。也就是说涵盖了由最初收集到最终提供全流程的各主要环节工作质量的评估，涉及统计基础建设、法制建设、制度方法、信息自动化建设等。实际上如果不是具备开展统计工作的基础环境，不能遵循科学规范的方式开展统计工作的话，也不可能根本保证统计结果的真实可靠。

从欧盟开展的统计评估工作来看，其评估的方面包括统计机构环境、统计过程和统计产品三方面。除对统计机构的评估集中在独立性、数据收集的合法性、机构统计能力、质量承诺、统计保密性进行评估之外，还着重从方法的合理性、统计程序的适当性、受访者负担情况、成本效益情况对统计过程进行综合评估。最后才是对统计产品的评估。这种全过程的评估工作，不仅能够“知其然”，了解统计结果是否能够满足要求，最主要的还是“知其所以然”，能够发现统计工作中的问题，掌握是哪些要素、哪些环节出现问题最终导致统计数据质量不高，从而能够对症下药，指导后续统计质量改进工作。

由于统计数据质量管理的理念是近几年才在国内兴起，对于交通运输行业来讲，更是全新的工作内容。近两年交通运输部开始着手开展统计评估工作，但评估的工作重点一直是对统计数据结果本身，通过评估掌握运输生产数据增长的真实情况，以监督省级交通运输统计部门对统计数据进行重新核实和修正。目前的做法缺乏从统计数据生产全过程角度对统计数据质量进行系统评估，不利于发现统计工作中的薄弱环节和存在的问题，难以真正发挥统计评估工作对统计数据质量提升的指导作用。

（2）统计评估指标相对单一

针对统计结果的评估，评估指标选取比较成熟的做法包括三种：①从结构和时序角度，利用被评估指标的增速、结构占比等进行评估，比如用三次产业增加值的占比评估 GDP 数据；②从匹配性角度，利用与被评估指标直接相关的外部指标进行评估，比如统计部门采用纳税申报销售收入对工业增加值进行评估，采用建筑业营业税对固定资产投资额进行评估；③从协调性角度，利用宏观关联经济指标进行评估，比如统计部门用各项税收、存贷款余额增量、全社会用电量、全社会运输量等指标对地区 GDP 数据质量情况进行评估。

从交通运输行业统计数据质量评估工作开展情况来看，较多采用被评估指标的增速、结构变化进行评估，比如利用不同期港口吞吐量增速，分货类港口吞吐量、分内外贸港口吞吐量开展评估工作。近几年随着行业统计工作范围的不断拓展、统计数据来源的不断增加、统计信息化手段的不断提升，也陆续利用相关关联指标开展评估，比如利用海事进出港签证信息对港口吞吐量、水路货物运输量进行评估，利用高速公路计重收费数据、公路交通量调查数据、客运站联网售票数据对公路客货运输量进行评估。同时也着手加强了公路运输量与相关宏观经济指标的关联性分析，主要是公路货物运输量与GDP、工业增加值的数据协调性分析。

但总体来讲，交通运输行业的统计数据质量评估工作相对比较“封闭”，也只是停留在利用行业内不同来源数据进行评估的阶段，指标相对单一，未能充分利用行业外的关联指标开展评估工作。以港口吞吐量来讲，外贸港口吞吐量，尤其是像铁矿石等重点进口物资的吞吐量与进出口贸易相关性强，还没有纳入统计评估指标体系。再比如，公安部门的民用车辆统计数据、汽车工业协会的车辆销售数据是从外部评估营业车辆增长情况的参考数据，但目前也还没有利用起来。

（3）统计评估方法不完善

在交通运输统计实践中，已经熟练并广泛使用评估方法，是通过在统计报表制度中以及上报的统计软件中设置相应的逻辑校核关系，实现同一报表制度间统计指标不同期、不同表格之间以及与各构成要素之间的平衡。通过将主要统计指标的增速进行对比，分析存在过低或过高的统计数据，比如将公路货运量增速与计重收费的车货总重增速进行对比，将水路货运量增速与港口吞吐量增速进行对比，将港口吞吐量增速与海事签证进出港货重增速进行对比。在与外行业统计指标进行关联评估方面，初步建立了公路货运量、货物周转量与工业增加值、GDP的评估模型，通过分析统计指标之间是否高度相关对数据质量进行评估。

尽管尝试采用了一些方法开展了统计数据质量评估，但总体来讲，仍止步于统计数据评估的简单层面，与统计数据质量管理需求存在较大差距。对于数据异常值的判断，主要还是通过统计人员工作经验进行判断，缺少利用时序数据进行异常值判断。对于采取抽样调查方法的运输量指标，尤其是开展专项调查时，指导基层开展统计评估的方法还有待完善。在统计评估模型建立方面，只是建立了单一因素关联模型，针对多项关联指标建立综合评估模型还是空白。另外，由于统计评估指标本身不健全，也在一定程度上限制了统计评估方法的综合利用。

（4）统计评估机制未建立

目前，国际上特别是一些发达国家统计机构十分重视数据质量的评价和管理，建立了数据质量评估机制和专门的管理机构，对统计数据质量进行评估检查。如美国在1961年成立了以麦克·波斯金命名的5人咨询委员会，即著名的BOSKIN委员会，专门对消费者物价指数的准确程度进行评价；英国皇家统计学会成立统计数据质量评估工作组，每年对官方统计数据的质量状况进行独立评估，并对外公布评估报告；在加拿大，由国家审计总长负责统计局的数据质量评审工作；荷兰成立统计数据质量审计委员会，下设若干统计专业审计组，审计人员由统计局内部不同专业人员兼职组成，定期对数据质量进行审计。这些管理机构和机制成为加强和改进数据质量的重要组织保障。

随着统计信息在社会经济生活作用中的不断增强，及其对数据质量的日益关注，国内统计界也越来越重视对数据质量管理的研究，政府统计部门除了在政策法规、体制等环境条件层面上体现统计数据质量的宗旨外，也采取多种具体措施加大了对统计数据质量的管理力度。比如，针对GDP的统计评估工作，建立了《季度地区生产总值评估制度》。

随着交通运输统计数据的广泛应用，尤其交通运输统计数据作为经济发展的晴雨表，交通运输统计数据质量日益受到各界关注。但从行业统计工作中评估制度建设情况来看，尚处于初步建立阶段。除了2008年和2013年开展公路水路运输量专项调查、交通运输业经济统计专项调查时，交通运输部编制的调查方案中明确要求各级调查机构必须成立数据质量评估小组，实施相关的统计评估工作之外，在日常统计工作中并没有建立统计评估制度，与国内外的先进水平相比，存在着较大的差距。

3.2.3 工作监督和法治建设环节

（1）统计核查制度有待健全

针对个别地区交通运输统计数据的质量问题，从2013年起，交通运输部启动了三轮统计数据现场的核查工作。核查工作虽然取得了一定的效果、积累了一定经验，但是这种“一事一议”的统计核查工作更多的是一种统计数据质量问题发生后的补救管理措施，并未上升到制度层面，对核查对象、核查重点、核查方法、核查组织实施等缺乏明确和规范。核查工作没有形成制度化、常态化和规范化，也难以发挥对基层统计工作的监督作用。

反观国内外成熟做法，建立统计核查制度、实施经常性统计质量核查工作是确保统计工作按要求开展、确保数据质量的有效措施。比如政府统计部门建立了统计数据质量定期核查制度，每月对工业、批发零售业、住宿餐饮业、建筑业、房地产开发、固定资产投资、劳动工资和服务业等专业数据进行核查。教育部制定了《教育事业统计数据质量核查工作方案》，并配合制发《教育事业统计数据质量核查工作指导手册》具体指导开展核查工作，在全国形成各省自查、全国抽查、重点核查的工作体系。海关总署下发的《关于进一步加强统计监督工作的通知》中，对于核查工作的重点、核查信息反馈提出明确要求，为保证统计核查信息及时反馈，专门开发了“海关统计监督信息上报系统”，还将该项工作作为海关统计工作年度综合考核的重要内容。

相比较之下，交通运输行业的统计数据质量核查工作才刚刚起步，需要在制度层面予以加强和完善。

（2）配套法规滞后

国外非常重视统计数据质量管理立法。比如欧盟制定了《欧盟统计体系（ESS）质量宣言》、国际货币基金组织制定了《数据质量评估框架》专项法律法规或者规范性文件。英国、加拿大、瑞典、荷兰等国家制定了本国的综合性统计数据质量评估和管理框架，美国、澳大利亚等国家在某些单项统计调查项目中制定数据质量总体框架。

我国政府统计部门也发布了对统计数据质量的管理规范，包括一般性统计法律、法规、规章和规范性文件，如《中华人民共和国统计法》、《统计法实施细则》、《统计违法违纪行为处分规定》、《全国经济普查条例》、《全国农业普查条例》、《全国人口普查条例》等。这些行政法规从内容、程序上强化了对统计工作的监督检查，对统计数据质量的监督管理起到了较好的推动作用。比如《统计法》的第四十五条明确规定“利用虚假统计资料骗取荣誉称号、物质利益或者职务晋升的，除对其编造虚假统计资料或者要求他人编造虚假统计资料的行为依法追究法律责任”。该条例中的责任追究制度，使得弄虚作假的成本大大提高，起到一定震慑作用。

交通运输行业目前执行的《公路、水路运输全行业统计工作规定》（1992）和《交通统计工作管理规定》（2002）颁布时间较早，已然不适应当前新形势下对数据质量管理的需要。这两个规范仅对数据采集对象进行原则性要求，但对统计数据的加工生产单位没有任何提及，对于各级机构在数据质量管理中的职责定位、开展数据质量管理的办法和措施、数据质量问题的责任追究等问题处于空白状态，强制力、约束力不足。虽然《港口统计规则》里对于数据质量检查具有明确要求，但仍是原则性规定，由于相应技术性规范文件并没有跟上，究竟怎样实施数据质量管理，缺少实际指导意义。另外，对于近几年为了开展数据质量管理出台了一系列的通知和文件，也都是“一事一议”，不具有普遍指导意义。

4. 交通运输统计质量控制体系研究

目前，我国交通运输统计数据质量管理还处于起步阶段，不论技术方法体系还是制度体系都还有待完善。比照国内外统计机构的建设经验，一个完善的统计质量控制体系应涉及统计过程控制、统计质量评估、统计监督制度以及法制保障等若干方面。在本章中针对现有交通运输统计中数据质量控制中存在的问题，结合国内外较为完善的统计数据质量控制体系建设情况，对建设交通运输行业统计数据质量控制体系进行基础理论研究。

4.1 过程控制研究

国内外各类机构实施的统计质量控制，无不强调建立统计生产的过程控制。在归纳总结国内外成熟经验的基础上，综合考虑行业内的薄弱环节，我们研究认为完整的交通运输统计过程控制应体现在数据采集、处理、公布各个环节，通过在各环节中采取一系列措施加强控制，提高统计数据质量。

4.1.1 数据采集环节

健全统计原始记录和台账。作为统计调查基础的基本名录库（车辆、船舶和企业名录库），应按照要求的口径和范围建立原始记录和台账，并应根据行业管理变更情况进行定期更新和维护。

选取的统计调查对象符合要求。应按照既定的要求和原则选取统计调查对象，如遇到调查对象发生变更或消亡等，按相关规定予以替换或处理，并记录统计调查对象变化情况。

按时准确采集调查数据。在规定时间内，按照统计调查制度要求的标准和规定采集数据，并按照统一格式对调查数据进行传递、报送和保管。

加强数据采集信息技术应用。充分利用信息技术采集基础数据，从源头减少人为因素对统计工作的干扰。比如，加快运输量及能耗在线监测设备的研发和使用，直接采集车辆和船舶的运输轨迹、燃料消耗、货物载重等，保证源头数据质量。以及加快联网直报体系建设，提高统计数据的上报、审核、反馈效率，减少中间环节，避免人为因素干扰。

4.1.2 数据处理环节

加强数据审核验收。实施严格的数据审核验收制度，包括：统计调查范围和数量符合既定要求；指标填写无遗漏、无计算错误；指标变化趋势合理（同比、环比等）；指标结构构成合理；与关联指标匹配；与不同来源数据相互验证等。

实施数据质量抽查。根据统计调查制度和各专业特点制定数据质量抽查制度，采取有效方式和方法，选择一定数量、不同层次的地区和调查对象进行数据质量抽查。

科学制定数据处理方法。加强数据处理方法研究，保证数据加工处理方法科学合理；充分测试数据处理软件，保证数据处理软件高度可靠。

按制度规定及时处理数据。严格按照统计调查制度的计算口径和计算方法，对调查数据进行整理、加工、计算和汇总，形成统计数据。强化数据处理的时间管理，制定切合实际的进度表，保证数据处理按时完成。

4.1.3 数据公布环节

依法发布数据。各级统计机构应依照有关规定负责本级和分地区统计数据发布。

按时发布统计数据。建立统计数据发布公示制度，制定年度统计数据发布计划并通过官方网站向社会公布，严格按照发布日程发布数据；因特殊情况变更发布日程的，应提前向社会公告。尽可能缩短统计数据从生产到发布的时间，及时发布数据。

做好数据发布解读。严格执行数据发布工作流程。发布的新闻稿除包括调查结果外，还应说明统计数据来源、方法等内容，以方便社会各界正确认识和使用统计数据。

4.2 评估体系研究

通过研究分析国内外统计机构的统计质量管理工作，我们发现，虽然不同机构实施的统计质量评估方式和评估重点可以有所不同，但是，一个行之有效的统计质量评估体系必须能够全方位、全角度、深层次地发现统计工作中存在的问题，指导后续统计质量改进工作。

结合交通运输行业当前存在的统计数据质量问题，充分借鉴国内外统计评估的成功经验和特点，我们提炼出交通运输统计数据质量评估体系建设的基本要求。

4.2.1 秉承全过程质量评估理念

效仿国外统计数据质量评估的做法，除对统计结果准确性进行评估之外，还要结合统计环境、统计生产进行全过程评估，及时发现并改进统计工作中的薄弱环节。

对于统计环境评估，从能力建设（人力、经费、办公条件）、制度建设（保密管理制度、质量管理制度、数据公布制度等）、工作开展情况（业务培训情况、信息化应用情况、资料存档情况）等层面进行评估。

对于统计生产评估，从源头数据、审核处理、统计推算三个层面进行评估。其中，对源头数据的评估，从采集方法可靠性（充分利用信息化方法采集、调查对象确定及替代方法合理）、采集数据时效性、采集数据完整性（采集数据量满足要求、数据指标填写完整）、采集数据真实性（数据审核合理、与不同来源数据相互印证、抽查情况属实）进行评估；对审核处理的评估，从方法全面性（实施原始数据抽查、不同来源数据验证、计算机审核多种方法）、流程控制合理性、处理过程严密性（原始数据问题必须由数据采集部门核实修改）等角度进行评估；对统计推算的评估，从推算方法的科学性、误差控制的合理性、统计结果有效性（符合要求的口径、计算方法）等角度进行评估。

4.2.2 丰富统计评估指标体系

借鉴政府统计部门在开展 GDP、工业增加值等核心指标的评估经验，我们认为交通运输统计数据结果的评估，要从被评估指标自身平衡指标、交通运输关联指标、行业外协调指标三个层面全面建立评估指标体系，综合评估行业内统计数据之间、统计数据与相关行业、统计数据与宏观经济之间的平衡性、匹配性和协调性。

其中被评估指标自身平衡指标，应综合考虑从规模总量、增长速度、比例结构、平均水平、横向对比角度建立评估指标。比如对运输量的评估，可以考虑从总量、增长速度、省间对比等角度进行评估。

交通运输关联指标侧重于利用行业内不同来源的相关数据对统计数据进行评估验证。比如，反映公路运输的高速公路计重收费数据、公路交通量调查数据，与水路运输和港口生产相关的海事部门数据、规模以上港口快速生产系统数据，与车辆和船舶总量数据相关的车辆运政库、船检库数据等。

行业外协调指标，一方面应包括与交通运输相关的行业关联指标，比如海关进出口贸易统计数据、煤炭行业煤炭产量、石油行业重点油品生产及进出口量等；另一方面应包括与宏观经济的协调指标，包括 GDP、工业增加值、重点产品产量等。

4.2.3 健全统计评估方法体系

统计数据质量评估方法的出现与发展同人们对信息需求的不断增长密切相关。随着社会公众对统计数据质量要求的不断提高评估工作不断受到重视，统计评估方法也逐渐发展起来。从统计评估方法的实用性和适用性出发，应当在交通运输统计领域中引入的统计评估方法包括：基于平衡关系的评估、基于相关关系的评估、基于统计诊断的评估、基于计量模型的评估。

基于平衡关系的评估。利用统计指标之间的平衡关系，对统计数据质量进行评估，包括期初、本期增减数与期末之间的差额平衡；同一指标在不同表格之间的平衡；统计指标与各构成要素之间的平衡等，比如对运输量的评估，包括对车辆总体库和单车效率两种要素的评估。

基于相关性的评估。以统计指标之间的高度相关关系为判断标准，利用统计指标之间相互依存的关系为基础进行评估。如利用营运车辆保有量、高速公路计重收费数据进行运输量评估。

基于统计诊断的评估。核心是异常值识别，包括客观因素以及主观因素造成的数据异常。包括利用随机分布模型进行诊断、探索性数据分析方法进行诊断等。比如运输量专项调查中对样本数据中异常值的评估。

基于计量模型的评估。以计量经济学理论为基础，通过构建并估计模型，结合统计数据诊断从而实现对统计数据的评估。比如利用运输量历史数据建立时间序列模型预测当期数据，利用模型预测结果评估统计数据。

基于统计误差的评估。利用统计误差，分析统计指标与客观经济数量之间的差距，比如专项调查期间采取抽样调查方法获取的运输量统计数据即可采用此种方法进行评估。

除以上单因素统计评估方法之外，我们认为在交通运输统计领域应该引入多维统计评估方法。第一，在充分分析影响统计指标数据质量因素的基础上，建立评价指标体系；第二，分析每个评估指标的重要性，并对每个评估指标赋予权重；第三，建立质量评价等级，对每个评估指标进行模糊等级评判并进行模糊预算，得出统计数据属于某个质量等级。通过在统计质量管理中引入多维统计评估方法，在综合考虑与统计数据准确性相关联各因素的基础上，全面开展对统计数据准确性的评估，并得到统计数据质量等级，便于后续开展统计质量核实、检查、监督评比工作。

4.2.4 建立统计评估制度

经验表明，统计评估工作能否顺利开展，评估结果能否指导改进统计工作，关键在于要有完善的统计评估制度。只有统计工作制度化、规范化，并纳入统计工作的主流业务之中，才能切实搞好数据质量评估的组织实施，真正发挥统计评估工作的“有则改之、无则加勉”的作用。参考国际特别是一些发达国家统计机构数据质量评价和管理经验，研究认为交通运输部门要建立统计评估制度，重点在于抓好以下几个方面：

明确各级统计评估职责。与现行统计工作职责相对应，统计数据评估应采取分级负责方式开展。交通运输部负责对省级上报统计数据进行评估，省级交通运输统计部门负责对下级上报统计数据进行评估。

实施多种评估组织模式。考虑到统计评估工作的复杂性，针对不同的情况采用适用的评估方式。目前来讲，常用的评估方式包括内部评估、联合评估以及专家评估三种方式。其中内部评估适用于日常统计月度对统计数据的常规评估，由交通运输部门对指标数据进行评估确定；联合评估适用于阶段性统计数据，主要是季度和年度统计数据，由于交通运输统计数据与政府国民经济核算密切相关，应联合政府统计部门共同对统计数据进行评估，以确保数据质量；专家评估适用于非常规统计调查数据，包括专项调查或普查中出现指标修正或调整、对经济社会产生重要影响的，应邀请行业专家共同进行评估。

完善统计评估技术方案。随着统计工作面临的形势不断发生改变，统计质量评估技术应不断动态调整，对影响统计数据的各要素间进行权衡、选择和折中，以采取最佳的统计评估方法，使统计评估工作能够根据变化的形势需要，及时转换评估工作重点，调整评估方式和内容。

4.3 核查机制研究

统计数据质量的管理中，是否执行严密的过程控制、能否进行科学的统计评估，需要通过开展相应的监督核查工作才能掌握。如果没有统计监督核查，上述所说的控制体系、评估制度等存在流于形式的可能性，难以发挥作用。国内外经验显示，采用合理的统计核查手段，可以查明影响交通运输统计数据质量的诸多因素，厘清统计数据质量易受影响的关键环节，从而监督进一步完善统计工作制度，强化统计数据质量。从国家统计局、教育部、海关总署等部门建立的核查制度来看，已经形成地方自查为基础，以国家抽查、重点核查为指导，全面提升统计数据质量的长效机制。通过分析各部门的统计核查实践工作，研究认为交通运输部门统计核查机制应明确以下方面：

统计核查目的。深入了解交通运输统计数据质量情况；摸清影响数据质量的政策、利益因素及影响程度；解决技术性因素导致的数据质量问题，避免统计人员因业务不熟产生的低级错误；督促抓好交通运输统计各项基础工作建设，保障交通运输统计数据质量。

统计核查重点。检查基层交通运输统计工作基础是否可靠、制度是否健全、方法是否科学，数据来源是否可靠，基层统计工作人员是否如实调查，如实上报，是否严格执行统计法，有无违反统计法情况存在。

核查实施方式。可采用约谈核查和实地核查两种模式。所谓约谈核查，是指针对统计数据中存在的特定质量问题，要求基层统计机构赴上级统计机构汇报情况，直接接受上级统计部门的质询，对统计数据质量问题予以纠正并规范；所谓实地核查，是指深入基层统计机构，对基层统计工作实际开展情况进行实地检查，了解统计生产过程，发现统计质量中存在的问题，督促基层进行改进和完善。

核查结果应用。为了提高核查结果的警示作用，应建立交通运输统计核查结果公示制度，使统计核查工作全面接受全面监督，反对和制止在统计上弄虚作假等违法行为，营造良好的统计数据信用环境。

4.4　法制建设研究

从国外成熟做法来看，数据质量管理立法分为两类：一类是制度统计数据质量管理的专项法律或者规范性文件。如《欧盟统计体系质量宣言》、国际货币基金组织的《数据质量评估框架》，英国、加拿大、瑞典、荷兰等国家制定本国的综合性统计数据质量评估和管理框架，美国、澳大利亚等国家在某些单项统计调查项目中制定的数据质量管理框架；另一类是在一般性统计立法中对有关统计数据质量管理的内容作出规定。联合国的《官方统计基本原则》、国际货币基金组织的《数据公布通用系统》以及欧盟《欧盟统计行为准则》等对保障统计数据质量做出规定。

我国政府统计数据质量管理立法包括三个层面：对统计数据质量管理的原则性要求主要见于一般性统计法律法规中，比如《统计法》、《统计法实施细则》、《全国经济普查条例》、《全国农业普查条例》、《全国人口普查条例》等；出台数据质量管理规范，对所有涉及统计调查的业务，从全过程管理要求出发，规定所需遵从的事项，主要表现为《国家质量保障框架》；从直接指导特定调查项目数据质量管理角度，制定专门的管理办法，对特定调查项目的数据质量进行具体要求，比如《工业统计主要数据质量控制及评估办法（试行）》、《第二次全国农业普查数据质量评估方法》等。在这三个层面的法规体系中，属递进关系，法律法规是基础，《国家统计质量保障框架》是依据，而具体指导数据质量管理的，则是针对各单项调查项目的管理办法。

综观交通运输部门统计相关法规在数据质量管理方面的不足，结合国内外的已有做法，研究认为在交通运输部门建立统计数据质量管理法制体系，包括基本法律规范、专项管理规范以及配套管理办法。

基本法律规范。基本法律规范主要是指在交通运输行业统计工作管理中起基础和根本作用的部门规章，包括以交通运输部名义出台的各项统计工作规定、规则、条例等。这也应是交通运输行业实施统计数据质量控制的上位法，其中应明晰统计数据质量管理的相关内容，包括统计质量管理职责、管理内容、质量问题责任追究等对统计数据质量管理和控制具有强制力和约束力的关键核心内容，强化统计数据质量的法律效应。

专项管理规范。专项管理规范主要指为指导开展交通运输行业统计工作所编制的各项统计调查方案，比如《经济统计专项调查方法》、《港口普查方案》等，应在方案中具体明确统计质量控制内容，包括采集规范、审核要求、抽查制度、验收标准、评估办法等。

配套管理办法。配套管理方法主要指为开展统计数据质量管理，针对具体工作环节出台专门的、更具针对性的配套措施和办法，包括统计核查管理办法、统计评估管理办法等。

5. 措施与建议

（1）改进完善交通运输统计技术

当前影响统计数据质量的技术因素主要包括采集技术和报送方式。采集手段传统落后，难以保证源头数据质量的真实可靠。报送方式原始落伍，数据处理效率低下，且不能避免人为因素干扰。建议交通运输部门在充分吸收先进采集技术和报送方式的前提下，采用更为科学直接的数据采集技术，比如通过安装车船跟踪监测设备获取运输生产信息，以及更为便捷方便的网上直报方式，提高数据采集和处理效率、降低人为影响因素，提高统计数据质量。

（2）编制实施核心统计指标评估管理办法

建议针对运输量等核心统计指标编制评估管理办法，充分利用交通运输各专业统计资料、相关行业统计数据、宏观经济发展现状对省级统计数据进行定期评估论证，实行数据质量下管一级，通过建立科学规范的评估制度，"一把尺子量到底"，减少统计评估工作的随意性，减轻基层交通运输统计人员工作压力。

（3）研究建立交通运输统计核查制度

理论上讲，统计核查制度是发现漏洞、解决问题、强化管理最为直接有效的监督方式。面对当前交通运输部"一事一议"的统计核查工作难以发挥有效监督警示作用的实际问题，建议交通运输部门建立经常性统计核查制度。通过开展定期与不定期的统计核查工作，检查基层统计机构的统计工作环境，统计数据生产过程、统计数据质量，解决技术性因素导致的数据质量问题，督促抓好交通运输统计各项基础工作建设，更好地保障交通运输统计数据质量。

（4）修订完善交通运输行业统计管理规定

在交通运输统计数据质量管理实践中，较为尴尬的局面是交通运输行业内尚没有一项上位法，对行业统计数据质量管理进行原则性规定，导致其他具体的统计数据质量管理办法没有可供遵循的法律依据，影响整体统计数据质量控制体系建设。建议《交通运输全行业统计管理规定》中，着重增加统计数据质量相关条文，明确各级机构在数据质量管理中的职责定位、实施数据质量管理的办法和措施、数据质量问题的责任追究等内容，为制定和出台交通运输统计数据质量相关管理办法提供基本依据。

专题报告

智能统计信息化建设框架

1. 统计信息化应用基础

1.1 统计信息化发展现状

1.1.1 公路水路统计

“十一五”以来，交通运输部将信息化建设作为提高行业统计监测能力的重要抓手和切入点，先后组织了交通统计信息系统一期、二期工程建设，开展“交通运输统计分析监测和投资计划管理信息系统（一期）工程”（以下简称一期工程）建设。经过多年努力，在统计信息化工程的带动下，初步形成了规范高效、协调联动、快速反应、开放合作的公路水路统计日常业务工作体系。

（1）实现了统计资料的全面电子化，为统计数据共享和信息化建设奠定基础

交通统计数据是行业管理部门制定政策和进行业务管理的基本依据。“十一五”以前，统计资料大多以纸质介质的形式保存，对历史数据的查询、使用和共享都很不方便。“十一五”期间，依托交通统计信息系统（一期）工程建设，交通运输部实现了1949年新中国成立以来年度公路水路交通统计资料汇编、1989年以来月度统计资料及其他历史交通统计资料的电子化，建立了交通统计电子图书馆；建立了包括交通基础设施、交通生产装备、交通运输生产投资、交通安全与服务、交通工种岗位劳动工资、交通科技、交通经济信息及国外交通发展信息等数据的交通统计信息数据库群，实现了历年全国交通统计数据的集中存储和管理。通过统计资料的全面电子化，使数据得以永久保存，提高了数据查询和使用的效率，为统计数据共享以及后续的统计信息化建设奠定了基础。

（2）实现了统计手段的全面信息化，统计工作效率和数据质量显著提高

为提高交通统计工作的自动化水平，“十一五”期间，部级各项统计报表制度基本实现计算机化处理，综合统计报表制度开始采用专业的统计软件开展日常统计工作。“十二五”期间，依托于“交通运输统计分析监测和投资计划管理信息系统工程”建设，对单机版的统计信息系统进行了网络化改造，在部级层面实现了综合统计业务的全面网络化作业，综合统计业务日常工作模式从利用单机版软件或EXCEL离线数据采集、报送、处理、汇总转变为依托网络环境开展日常业务工作。2011年起，各省开始分批实施省级交通运输统计分析监测和投资计划管理信息系统工程建设，到“十二五”末，部、省、市、县各级交通运输统计业务都将实现网络化作业，实现基层单位网络在线填写、审核、报送统计数据，各级管理单位在线催报、复审、反馈、汇总统计数据，促进了部、省、市、县统计业务协同联动，进一步规范了统计业务流程，大大提高统计数据报送的质量和工作效率。

（3）建立了公路交通量调查系统，逐步提高源头数据的自动化采集能力

公路交通量数据是公路规划、建设、管理和养护工作的基础。为了准确、及时、全面掌握全路网交通的基本情况，提高数据统计对业务管理的支持力度，交通运输部建立了国省干线交通量调查系统。目前，全国已有1371个自动化交通情况调查站与部级交调中心联网，可实现交通流量数据每5分钟自动采集和存储，采集的数据包括符合交调机动车分型要求的流量、地点车速、车头时距、跟车百分比、车头间距、时间占有率等指标。该系统的建设实现了对国省干线的交通流量、构成、分布和车辆运行速度等交通流特性实时监测，显著提高了统计源头信息的自动化采集水平，为公路规划、设计、建设、管理、养护和交通量统计提供了数据支撑。

（4）实现了统计信息资源共享与服务，统计数据资源协作共享与对外服务能力进一步增强

在行业统计数据交换与共享方面，“十一五”期间，依托于交通统计信息系统（一期）工程建设，在统计资料电子化的基础上，在交通运输部

政务内网建立了交通统计信息平台，为部机关各司局提供历年全国交通统计信息的综合查询以及历史统计数据的对比分析服务，实现了交通运输综合统计数据在部机关内的共享；“十二五”期间，在“交通运输统计分析监测和投资计划管理信息系统工程”建设中，建立了部级交通运输统计信息共享服务系统，实现了《交通运输经济运行分析工作制度》中涉及的数据及分析报告、交通运输综合统计业务汇总数据、新中国成立以来历史统计资料、从行业外研究机构定期购置的数据及分析报告等信息的集成，形成了分类清晰的部级统计数据共享服务系统，为部内各部门提供统计信息交换和共享服务，横向实现了部内综合统计与专业统计数据以及宏观经济和上下游产业数据的信息共享，结合省级统计工程建设，纵向实现了部省之间数据资源的共享交互。通过上述信息系统建设，加强了各类数据生产部门之间的业务衔接和密切协作，有效促进了信息资源由部门分散管理向综合协同共享的转变。在统计数据对外服务方面，已在互联网上建立了中国交通统计信息网，定期发布交通运输综合统计信息，为交通统计信息向社会公布提供了平台支持，拓展了交通统计信息发布的渠道，提高了统计数据发布的及时性和透明度。

（5）初步实现了对重点业务领域的动态监测，并在行业经济运行分析中直接得到应用，统计数据的实时性和管理决策的快速反应能力进一步提高

“十二五”期间，依托于“交通运输统计分析监测和投资计划管理信息系统工程”，实现了部级统计系统与14个省高速公路联网收费业务系统和4个省客运站联网售票系统衔接，实现了对高速公路收费数据和客运售票数据的动态监测；利用部海事局海事签证数据及江苏省航道局船闸管理数据，实现了对长江干线和西江航运干线船舶流量与货物流量等的动态监测。监测成果在行业经济运行分析中直接得到应用，初步实现了调查方式由事后统计向事后统计与即时统计相结合的转变，动态、鲜活、直观的数据信息进一步揭示了交通运输行业服务宏观经济运行的规律性特征，丰富了分析工作的广度和深度，进一步提高了决策支持的快速反应能力。

1.1.2 铁路统计

铁路统计工作由铁路总公司负责，主要包括运输统计、投资统计、劳资统计和专业统计四部分。其中运输统计包括旅客运输、货物运输、机车、物流等，投资统计包括基本建设、更新改造、机车购置等，劳资统计包括人员、工资、劳动效率等，专业统计包括节能环保统计、物资统计、工业统计等共 14 项。

铁路系统已建立了较为完善的网络基础设施，早在 2000 年，原铁道部就建设了“铁路十八点运输统计分析系统”，通过该系统统计每天全路运输生产和经营情况。随着信息化建设逐步推进，铁路行业已建成铁路运输管理信息系统、铁路运输调度指挥管理信息系统、铁道财务会计管理信息系统、铁路办公信息系统等诸多生产和管理业务系统，信息化已深入到铁路运输生产各个环节，铁路统计信息系统已实现与各类业务系统的直接对接，绝大部分统计信息都可以进行自动化采集，少部分数据为基层手工录入。高度的信息化使铁路运输可以做到按日统计。

1.1.3 民航统计

民航系统信息化程度较高，不仅地面机场有各类生产系统，而且空管方面也有信息化系统支撑，能够记录每架飞机、每个旅客出行的详细信息。民航统计注重与业务系统对接实现统计数据的自动采集，从各个机场就按照统计报表的内容要求，由统计部门获得业务系统的数据，经过数据清洗、审核，逐级上报，形成全国的民航统计数据。

为进一步提升统计信息化水平，民航局目前正在开发建设民航综合统计平台，更注重各类统计指标的自由组合的自动化运算和数据挖掘分析，并开发与其他运输方式共享数据的模块，重点提升以下功能：①实现单位信息、用户角色、基础库数据的有机整合，管理维护功能操作简易；②单位信息和基础库数据均增加历史版本功能，反映不同时期、不同口径的真实数据情况；③统计业务规则及相关参数可灵活配置，并做到实时更新、全局统一；④报表、指标、公式、查询模板设计等功能，能够实现个性化报表定制，供专业统计在线采集；⑤优化底层数据库设计，采用数据库分区技术对业务数据进行分区存储，提升数据汇总分析能力。

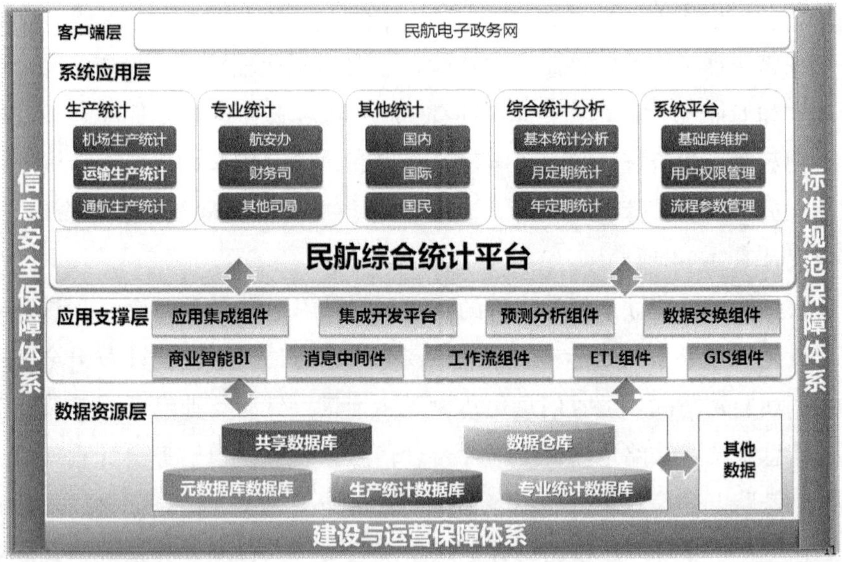

图5　民航统计信息系统

1.1.4　邮政统计

国家邮政局所有的统计内容集中体现为《邮政行业统计报表制度》，主要包括邮政和快递物流两大方面，分别从业务总量、设施条件、服务能力质量、经营效益、人员情况等方面予以统计。针对数量庞大的统计对象，国家邮政局开发了企业联网直报系统，该系统为网络版系统，实现了企业直接向国家邮政局报送统计数据，主要功能包括数据填报、催报审核、数据查询、统计分析和预警等。目前该系统仍在不断完善，除常规的统计报表分析外，将增加分析预测、数据挖掘和地图展示等服务功能。国家邮政局开发的统计信息系统有以下方面的显著特点：

在统计数据填报方面，引入了短信发布平台，对于未上报数据的单位，用户能够批量发布信息进行催报。

在统计数据审核方面，每个用户可以根据工作经验和相关文件要求自定义属于自己的审核公式，以便灵活多样的校核数据。

在统计数据分析方面，不同用户可以根据自身需求，将分析维度指标（例如，年度、季度等）和分析数据指标（例如，快件数量）拖拽到报表行表头和列表头，系统将自动生成相应的报表分析数据。

1.2 业务管理信息化发展现状

我国交通运输信息化经过多年发展，特别是“十一五”、“十二五”期的大力推进，取得了显著的成绩。总的来说，交通运输信息化已初步建成广泛覆盖、信息共享、业务协同的架构体系，并呈现加快发展、全面发展、深入发展的态势，行业应用正从宏观高层应用向微观基层应用延伸，技术体系正从分散独立向集成整合发展，各业务领域信息化建设正从各自为政向开放协作模式转变。

1.2.1 公路水路业务应用系统

从“十一五”开始，交通运输部全面推进公路水路信息化建设，以示范、试点工程建设为依托，加强部省联动和共建共享，提高信息资源开发利用水平，公路水路交通信息化发展进入协同应用和综合服务的新阶段。在“十一五”建设的基础上，“十二五”时期，交通运输部坚持“信息共享和业务协同”发展理念，开展了“4325”重点任务建设，进一步提升交通运输信息资源的深度开发与综合利用水平，进一步提高交通运输系统全网联动、协同应用程度，在保障畅通运行方面取得显著实效，在提高运营管理水平、提升运行效率、服务公众出行方面取得明显突破。公路水路信息化建设成果主要包括以下内容：

（1）基础设施信息系统

为全面掌握交通基础设施建设情况，深化公路网信息化应用，交通运输部进行了公路地理信息系统和公路基础数据库建设，实现对公路、桥梁、隧道、涵洞等基础设施及道路附属设施电子地图和属性信息的数字化采集和年度更新。在此基础上开发了1：25万全要素全国公路电子地图和1：5万全国农村公路电子地图，为公路交通运输规划、建设、运行管理、统计分析和出行服务提供了有效的地理数据支撑。

（2）投资计划管理信息系统

为了提高交通运输统计和投资计划管理工作效率，实现统计业务与投资计划管理业务部省联网处理，交通运输部开展了部省两级的交通运输投资计划管理系统建设。该系统以项目为主线，实现规划文件、项目库、年度计划的数字化存储和网络化报送，重点解决年度建议计划的在线编制、审核、上报、下达、查询、统计汇总以及计划备案。到“十二五”末，部与31个省（区、市）级交通运输投资计划管理系统将联网运行，系统的推广实施优化了投资计划管理工作流程、增强了统计和投资计划数据的准确性和时效性、提高了统计数据报送的工作效率。

（3）全国重点营运车辆联网联控系统

为保障上海世博会公路交通和道路运输安全，2009年12月，交通运输部印发《关于重点营运车辆动态信息公共交换平台工程可行性研究报告的批复》（交规划发［2009］683号），重点营运车辆动态信息公共交换平台（即联网联控系统部级平台）工程项目正式立项。2010年4月，联网联控系统部级平台工程建设完成，实现对各省上传的车辆动态信息进行基本的统计，如入网车辆，上线车辆，报警车辆，跨域车辆，交换车辆，转发车辆信息等，并对各省平台的运行情况进行监测并统计，如在线时长，断线时长，断开次数，上线率等。

目前，部、省、市、县四级监管体系已初步形成，全国31个省份全部接入联网联控系统。截至2014年10月底，联网联控系统“两客一危”车辆运政基础数据增长到735651辆，入网车辆总数为576854辆，入网率达到了78.41%，“两客一危”车辆总上线率为80.93%。重点营运车辆联网联控系统目前正在推动升级改造工程前期工作，该系统掌握的大量营运车辆联网联控动态数据资源，既为道路运输管理部门实施车辆动态监管提供了手段，也能够为公路运输统计分析、交通经济运行分析等工作提供数据辅助支撑。

（4）全国道路运政管理信息系统

为了实现行政许可、日常监督、执法办案等各类业务的联网在线办理，各省（区、市）开展了道路运政管理系统建设。目前全国开发应用了省级统一的道路运政管理系统，覆盖了包括客运、货运、危货、驾培、维修、场站、出租、公交、租赁、国际道路运输等16个行业子类别的业务。随着道路运政管理系统推广应用的深化以及各省不断加强行业管理力度，系统中的基础数据库越来越规范，影响也越来越大，包括物流信息平台、安全应急管理、市场信用服务、客运联网售票等在内的相关应用正依托于运政管理系统的数据开展建设。

为加快建立部省两级及省与省之间道路运输业务管理和公共信息服务数据交换与共享平台，推动全国范围内道路运输信息资源整合，交通运输部于2006年启动了部省道路运输管理信息系统联网工作，旨在通过部级道路运输管理数据库、部级道路运输管理平台以及交通部道路运输服务网的开发和建设，推动道路运输管理信息资源整合，促进省际道路运输管理信息共享，切实有效的提高道路运输决策、管理和服务水平。目前已有30个省（区、市）实现了部省联网，初步建立了全国道路运输管理数据库，涵盖运输经营业户、营运车辆、客运线路、从业人员、稽查信息、运管机构等六大主题数据库，有效整合了道路运输信息资源。部级道路运输管理平台和全国道路运输服务网建成应用，初步满足了行业内、社会公众对于道路运输信息资源的统计、查询的需求，为经营资质和从业人员资质认证奠定了基础。

（5）高速公路联网收费系统

为实现高速公路联网收费和计重收费，各省（区、市）开展了高速公路联网收费系统建设，并依托全国高速公路ETC联网工程，于今年9月份实现全国联网。各省所建的高速公路收费系统能够掌握高速公路车辆通行的数量、时间、位置、路径、车辆类型、载重等等承载量信息，除满足通行费用拆分结算，也能够为高速公路收费统计、运输量统计等工作提供数据支撑。依托“十二五”统计一期工程，已与14个省（区、市）的高速公路不停车收费系统进行了对接，掌握了部分高速公路承载量数据，为运输量统计、交通经济运行分析等工作提供了数据支持。

（6）客运联网售票系统

为实现道路客运多元化售票服务，多个省（区、市）相继开展了客运售票系统建设，提高公众查询票务信息和购票的便捷性，促进道路客运企业提高运输组织效率。2014年4月，交通运输部启动了省域道路客运联网售票系统工程建设，确定支持吉林、云南、江苏、广东等共27个省份加快建设省域道路客运联网售票系统，要求于2015年年底实现27个省份省域内实现客票联网，为公众提供多元化售票服务和综合客运信息服务。“十二五”统计一期工程目前已与北京、吉林、广东等3个省级系统，16个独立客运站进行对接，获取相应的客运联网售票系统数据。

（7）公交IC卡系统

为提升公交行业的服务水平，全国各城市陆续开展了公交IC卡系统建设。通过公交IC卡系统，不仅实现了公交车无人售票、票价优惠和自动结算，还能记录每辆车每天的IC卡乘车人次、乘车金额、让利等信息，掌握公交运营收入情况和客运量情况，为公共汽电车运营收入统计和运量统计提供数据支撑。

（8）出租汽车服务管理信息系统

为提升出租汽车行业整体服务与管理水平，交通运输部分别于2011年和2012年在全国30个城市开展了城市出租汽车服务管理信息系统试点工程建设。试点工程主要围绕“一套终端、三个中心”开展建设，即车载终端、监控指挥中心、电召调度中心和数据资源中心。通过试点工程建设，在出租车监控调度、运力投放、运价管理、电召服务、驾驶员权益保障、节能减排等方面取得了显著成效，同时为出租汽车运营收入统计和运营服务统计提供数据支撑。

（9）水运建设项目动态管理信息系统

建设了全国水运工程建设市场信用信息管理系统、水运工程与交通支持系统工程综合评标专家库管理系统、全国水运建设项目（招标备案、开工备案）管理系统、水运建设及交通运输支持系统建设项目管理平台，对水运工程建设市场的从业企业、从业人员、建设项目、评标专家基本信息等进行分类汇总管理；实现了评标专家的远程抽取和业务评估；支持水运工程和交通支持系统工程建设项目招标文件备案、资格审查结果备案和评标结果备案的异地网上报备；实现水运建设项目动态管理。上述系统建设，有利于全面掌握、了解、分析水运建设项目的动态情况，提高各级交通行政主管部门的科学决策、宏观调控和行业监管能力，确保水运快速健康有序发展，

（10）水路运输管理信息系统

建设了国内国际水路运政管理信息等系统，实现对全国范围内水路运输（服务）企业、船舶、班轮航线、从业人员等信息的采集和统一管理，

为水路运输（服务）企业或个体（联户）和各级航运主管部门提供统一的业务处理平台，实现水路运输业务网上办理与审批，为规范国内水路运输市场管理提供数据支持，同时也为各级航运主管部门和社会公众提供数据信息服务。

（11）港口与航道管理信息系统

推进“智能航道”的建设，在原有数字航道基础上，通过融合处理与深度挖掘，动态发布航道有关信息，实现航道规划科学化、建养智能化、管理现代化，为航运企业运输决策、船舶航行安全、海事监管、政府水上应急等提供全方位、实时、精确、便捷的服务。先后开展了数字长江、数字清江、数字黄河、数字海河等几大流域的信息化建设工作以及珠江三角洲、长江三角洲、长江干线和京杭大运河的智能航道建设。通过全国港口管理信息系统建设，初步实现了天津等11家省级港口管理信息系统中港口经营业务模块的连接。建设了三峡船闸视频监控图像网络传输系统，通过互联网将三峡船闸部分视频监控图像传输到交通运输部，为三峡区域水路交通突发事件决策指挥提供科学依据和技术支撑。

（12）海事系统共享数据库

近年来，部海事局统一开发了船舶、船员、通航、应急等主要业务系统，基于这些业务系统，积累形成了海事业务数据库，提高了海事系统的业务办理效率，提升了海事管理水平。目前正在此基础上建设全国海事共享数据库，将对船舶、船员等基础数据，以及船舶进出港、航运相关业务数据进行整合梳理，并为各海事机构和行业有关单位提供数据共享服务。

（13）国家交通运输物流信息公共平台

国家交通运输物流公共信息平台是交通运输部和浙江省人民政府牵头，由行业管理部门、行业协会、软件开发商、物流供应商多方共建的公共信息平台，目前主要提供物流业务单据和物流服务的电子协议交换服务，并发布区域货物运价指数、交易指数等。

1.2.2 铁路业务应用系统

铁路是国家的重要基础设施，在我国经济建设和发展中肩负着提供运力支持，当好先行的重要历史使命。为解决铁路运输能力与运输需求之间的矛盾，缓解铁路对国民经济的瓶颈制约，国家铁路管理部门十分重视信息化在铁路跨越式发展中的重要地位和支撑作用，要求要以信息化的跨越式发展推进铁路现代化进程。2005 年《铁路信息化总体规划》实施以来，铁路信息化建设以运输组织、客货服务、经营管理三大领域为重点，全面加快推进。

在运输组织领域，高速铁路、繁忙干线采用调度集中系统，不断优化完善列车调度指挥系统和运输调度管理系统。建成高铁调度指挥中心、调度所运营调度系统，基本建成覆盖全路移动和固定设备设施运行状态监控网络，基本实现运输生产组织全过程信息化，提升了铁路运输组织智能化水平，提高了运输生产效率，保障了运输安全。

在客货服务领域，大力发展铁路电子商务，建成铁路客货运输服务系统、铁路客户服务中心和电子支付平台，基本建成铁路现代物流信息系统，促进铁路客货服务方式转型，实现客货运服务电子化、网络化，提高了铁路客货运服务和营销现代化水平。

在经营管理领域，建设铁路车务、机务、工务、电务、车辆、安全监督等管理信息系统，加快动车组检修基地、大功率机车检修基地、基础设施维修基地等信息化建设，推广应用建设项目管理信息系统，优化完善电子政务、人力资源、财务会计和统计等信息系统，提升了铁路经营管理水平。

围绕运输组织、客货营销和经营管理三大领域建设的 38 个重要应用系统在全面提升铁路信息化水平的同时，也为统计信息化提供了有力的支撑。铁路统计信息系统已实现与各类业务系统的直接对接，例如客票系统、货票系统提供数据导出接口，按照统计要求导出规定格式的数据供统计信息系统使用。

1.2.3 民航业务应用系统

作为我国信息化建设与世界接轨最快的行业之一，民航运输业正在打造新一代民航航空运输系统，包括机场系统、空管系统、综合性公共信息网络平台、安全管理系统、气象系统等。民航信息化正在成为新一代民航航空运输系统的重要支撑。

（1）核心业务系统蓬勃发展

民航业务信息系统快速发展，订座系统、代理人分销系统、货运系统、收益管理系统、结算系统不断实现用户扩充和系统升级。航空企业信息化覆盖离港、飞行、到港、市场销售、服务等业务流的各职能环节，提高了企业管理水平和市场竞争能力。

（2）机场信息化进入新的发展阶段

我国民航机场信息化建设正在从运营信息化向管理信息化发展，逐步展开机场的数据整合，通过数据服务系统把机场各系统中分散的数据整合起来，为提升机场管理信息化的水平打下基础。随着首都T3航站楼等一批现代化机场设施投入使用，机场在值机服务、数据分析、安全检查、行李托运、航班旅客信息管理等方面的服务水平不断改善。

（3）民航电子商务呈现无限生机

民航电子客票的普及使民航信息化迈上了新台阶，有力促进了国内电子商务的发展，为航空公司直销和海外拓展带来机遇。电子客票系统与航空公司的订座系统、运价系统、离港系统、财务系统、结算系统、常客系统和银行支付系统等多个计算机系统直接相连接。通过信息化平台，民航旅客可以轻松实现网上订票、网上支付、自助值机、自选座位、里程累计等服务。

民航业务信息化的蓬勃发展也推动着统计信息化不断前行，统计系统和业务系统的对接实现了统计数据的自动化采集，从而降低统计数据在报送过程中受到人为干预的风险，提高了统计数据的准确性和实时性。

1.2.4 邮政业务应用系统

邮政业是现代服务业的重要组成部分，邮政网络是国家重要的通信基础设施，在促进国民经济和社会发展、保障公民基本通信权利等方面，发挥着十分重要的作用。随着互联网的普及和电子邮件的广泛使用，推动邮政业增长方式深度调整。世界邮政业长期赖以生存的信件业务不断萎缩，业务量下滑趋势加快。而包裹、快递和物流业务规模不断扩大，在业务收入中所占比重逐年增加。邮政业增长方式面临调整，由以信件增长为主转向以包裹、快递和物流增长为主，并从单一的寄递服务模式向多元化综合服务模式转变。

“十一五”期间，通过自动化分拣技术、无线传输技术、车辆运输跟踪定位技术、影像监控技术等广泛应用，手持终端和无线录入设备等进一步普及，邮政业信息化水平、标准化水平、运行维护能力大幅提高，邮政业标准化体系初步形成。“十二五”期间，国家邮政局大力推进企业信息化建设，加快物流公共信息平台系统开发应用和改造升级换代，推进企业业务创新、服务创新、管理创新和流程优化，企业信息化水平显著提升。

目前，广泛应用的业务系统包括快递业务经营许可管理信息系统、邮政业人才资源统计调查系统等，其中快递业务经营许可管理信息系统为快递企业经营许可常态化管理工作提供了重要的技术支撑。通过信息系统二期新增功能，全国1432家企业进行了变更申请，受理数量达1087家，核准969家；全国6044家企业参加年报，申请次数10894次；219家企业进行增项申请，实现了快递业务经营许可的规范化和科学化管理。邮政业人才资源统计调查系统满足了企业和省管局填报汇总数据及统计调查工作的需要，为统计调查工作的顺利进行和按时完成提供了重要的技术支持和保障。

1.3　统计信息化应用主要问题

总体来看，经过多年的建设发展，交通运输统计信息化建设取得了长足进步，统计监测服务水平显著提高。但是，与不断增加的宏观调控需求、行业管理需求、社会公众需求相比，统计监测服务能力仍存在较大差距。以“数据采集、处理、分析”为核心的统计工作特点决定了：在“十三五”期间，信息化建设仍是提高统计监测能力的重要抓手，亟须与时俱进，进一步强化。当前，交通运输统计监测存在的问题主要表现在以下四个方面：

（1）综合交通运输统计数据信息化采集手段不足

综合统计负担较重。综合交通运输企业具有点多、面广的特点，企业集中度低，特别是道路运输企业，个体挂靠现象普遍，信息化水平较差。现行统计工作多头布置，统计软件多套并行，以及统计数据逐级上报、层层审核的模式下，企业经常交叉统计、重复统计，统计工作负担繁重，使用统计软件填报数据困难，数据的及时性也难以得到保证。

行政记录利用程度低。交通运输公路水路行业已建成了大量业务管理信息系统，业务数据内容涵盖了大量统计源头数据。但是，由于认识不足，机制不畅，各类交通业务管理信息系统建设中基本没有考虑统计工作的需求，也没有考虑和统计信息系统对接，造成与统计相关的数据填写、审核不能满足统计数据填报需求，并且所产生的动态业务数据不能有效转换到统计信息系统中，为统计工作所用。

跨部门综合统计信息共享不畅。经过两轮大部制改革，“一部三局”的管理体制格局基本形成。但目前部与铁路、邮政、民航业间的统计信息交换渠道仍未全面打通，数据交换主要依托纸质文件，效率不高，时效性不强，难以满足综合交通经济运行分析和管理决策需要。另外，部与其他相关部委、协会、社会单位等行业间也缺乏顺畅的交通数据资源交换渠道，信息共享程度低。

（2）基于信息化前沿技术的数据挖掘分析和决策支持能力薄弱

大交通体制建立后，统一归口、各部门分工协作的交通运输经济运行分析工作制度尚未真正建立。目前，部与各部管局关于交通运输经济运行分析的信息化建设零散分布，存在着信息孤岛，尚未形成经济运行分析信息化成果统一整合、各部门共同参与、分工明确、发挥集体合力的格局。

经济运行分析深度广度不够。经济运行分析仍以公路水路为主，广度上尚未真正拓展到铁路、民航、邮政、城市客运行业，缺乏对综合交通运输运行情况的总体分析；深度上对行业动态运行情况分析不足，热点问题分析不够，服务决策支持和引导市场发展的行业分析相对薄弱，也缺乏对行业运行的精准趋势判断。

统计数据挖掘分析的信息化手段落后。“十一五”、“十二五”期间的统计信息化建设，大大提高了统计手段的自动化水平，但交通统计数据分析挖掘的信息化建设相对滞后。目前交通数据分析挖掘仍以统计数据汇总为主，基本停留在简单的加、减、乘、除和对比分析层面，统计数据的提供方式主要是表格及直方图、线形图等简单统计图的形式。以大数据、云计算和 GIS 等前沿技术为支撑，综合利用与交通运输运行相关的统计数据、监测数据、企业生产信息、社会信息资源，进行数据综合分析挖掘的局面尚未形成，统计分析的实时性、关联性、多元性和直观性不够，数据分析挖掘水平亟待提升。

（3）面向行业和社会公众的统计信息化服务水平不高

目前，交通运输统计指标3000余个，覆盖公路、水路、民航、铁路基础设施规划、建设、运营、管理等多个方面，初步建成了中国交通统计信息网、交通运输统计一期工程等服务网站，用户可以登录了解相关统计数据，但是仍存在信息量不够丰富，更新不够及时，维护不够方便、访问不够便利等问题。向社会公布和为政府、企事业单位提供的统计信息服务内容非常零散、有限，统计信息发布手段、互动模式也缺乏智能化和人性化。一方面原因是信息化统计手段落后，基础数据的采集、处理和审核时效性不能满足对社会公布的要求，只能为内部使用，无法及时发布；另一方面原因是信息化发布手段单一，目前主要以门户网站模式为主，缺乏手机App和微信公众号等更加智能、更加灵活、更加人性化的服务手段，并且目前各门户网站分布零散，用户登录访问便利性较差，缺乏统一的一站式服务门户。

（4）统计数据资产信息化管理程度不够

随着交通运输综合统计信息化纳入的各类资源越来越多、结构越来越复杂、规模越来越大，传统的数据资产管理方式已经跟不上时代的步伐。目前交通运输统计数据资产管理还处于初级阶段，主要还是依靠EXCEL等简单工具登记各类数据资源、识别各类资源的存储位置，并且通过传统数据库对其进行初步结构化存储，不能快速高效的对总体数据进行整体架构组织。另外，对于数据采集流程监控、数据内容变更情况监控以及数据质量管控更是缺乏有效的信息化手段。这种数据资产存储管理工具过于简单、管理流程过于粗放、整体数据架构蓝图较为匮乏、数据资产自动化识别一片空白的局面，已经成为逻辑复杂、规模海量数据能够持续运维的短板，也成了数据能够深入挖掘分析、科学合理应用的瓶颈。

2. 统计信息化经验借鉴

2.1 政府综合统计及信息化发展

（1）基础设施建设

“十一五”以来，国家统计局以网络扩建工程为核心，全面加强统计信息化的基础设施建设，圆满完成了机房改造、骨干网扩容，以及相关软硬件资源配套购置等三项重要工作任务。改造后的机房总面积扩大到2000多平方米，整体环境及设施达到了中央国家机关一流水平。国家统计局到各省统计局的主干网已全线贯通并提速扩容，为统计数据的交换、传输能力带来了质的飞跃。通过软硬件资源的科学合理配置，国家统计系统的数据处理、运维监测、安全防护以及信息承载能力均得到了大幅度提升。

（2）统计数据库体系建设

“十二五”期，国家统计局组织编制了《国家统计数据库体系建设规划大纲》、《国际统计原始数据库建设方案》，为国家统计数据库体系设定了科学完整的框架结构。目前全国基本单位名录库、国家统计数据库（发布库）已初步建成，国家经济地理信息库、统计元数据库、原始数据库等已在加紧建设。其中，国家统计数据库（发布库）累计发布的报表已突破1万张，高峰时在线社会用户达万人以上，基本满足了社会各界对统计数据的需求，并成为国家统计局提供对外服务的一个重要窗口。

（3）应用系统建设

“十二五”期，国家统计信息化建设以《“十二五”时期统计发展和改革规划纲要》提出的四大工程建设内容为核心，积极开展了推进统计工作现代化、变革统计数据生产方式的四方面重要工作：①建设了真实完整、及时更新的基本单位名录库；②建立了统一规范、方便填报的企业（单位）一套表制度；③建设了功能完善、统一兼容的数据采集处理软件系统；④建设了安全畅通、便捷高效的联网直报系统。"四大工程"的建设有效地满足了各级党委政府、各类经济体和社会公众的统计需求，以及专业统计和国民经济核算的需要，从根本上改变了基层统计调查手段与现代高精尖信息化发展严重脱节的状况，减轻了企业的填报负担，提高了统计工作效率，节约了基层统计资源。

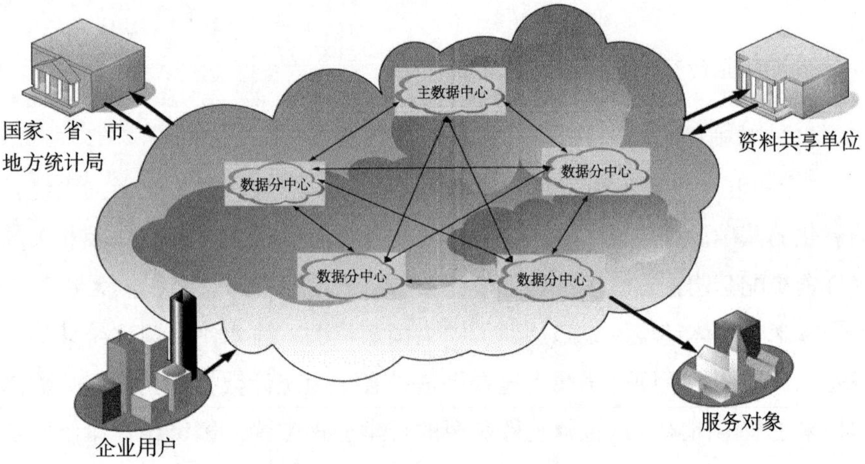

图6　政府综合统计应用系统建设

按照规划要求，"十三五"期，国家政府综合统计将继续强化四大工程的单位名录库建设，稳步拓展一套表调查范围和调查内容，不断拓展完善联网直报，积极推动空间信息技术应用。

2.2　海关统计及信息化发展

（1）基本情况

海关的信息化水平较高，在日常统计工作中，海关总署十分重视并大力推动利用信息化手段提高统计工作效率和统计数据质量。日常管理工作中，海关对各种单据实行电子化管理，并对电子单据的各字段进行标准化编码管理，以便于通过数据提取、筛选和分类处理统计所需的数据。目前，海关90%的统计数据主要来自于日常行政业务记录，主要包括报关单、税单、提货单、价格申报单等。统计数据由"H2000通关管理系统贸易统计子系统”每日从 H2000 报关单库提取已结关报关单数据，并转入“TSD 系统”中间库，通过审核、更正、报送流程，最终形成统计数据。

海关报关单质量管理主要通过 CSD 系统实现。CSD 系统以 H2000 系统已结关的报关单电子数据为基础，运用各种数据检控手段和科学分析方法，包括错误信息检控、逻辑检控、商品价格检控、数量比检控、抽单检控、同名异号检控、汇总检控、抽样检控、聚类检控等，检控、评估、分析报关单数据质量，对报关单数据的及时性、完整性、准确性进行综合复核，以确保报关单数据质量。CSD 系统采用“一个平台、二层检控、三级审核”的集中式数据审核管理模式。系统运行和维护集中在海关总署，由海关总署和直属海关两个层次对数据质量进行检控和参数维护，通过业务现场初审、直属海关统计部门复审和总署统计司最终确认等三个环节对报关单数据进行把关。CSD 系统的检控方法包括规范性检查、常规性检查、模型检控和特别检控。规范性检查包括 CSD 错误检查、H883 月报系统错误检查、贸易统计系统错误检查；常规性检查包括易错检查和重点检查；模型检控包括价格检查、数量比检查和归类模糊检查。对于检查出的问题均能明确错误类型、错误级别等。为规范 CSD 系统检控流程，海关总署专门印发相应的作业规范，规范报关单数据从采集、检控、分发到数据审核、更正的全过程，实现对 CSD 系统中数据的逐日审核。

（2）统计数据应用及拓展

除向国家相关部门报送统计数据及向社会公众公布外，海关统计数据主要在两方面加强应用和拓展：一是面向内部管理的执法评估；二是面向国家宏观管理的监测预警。

执法评估应用。海关统计数据的一个重要应用就是执法评估，开展这项工作主要为两方面服务：一是对直属海关的业务工作进行监督，量化评估其执法水平和业务管理水平；二是对海关工作中可能存在的问题和风险进行监测评估，比如评估分析某类货物的申报价格水平是否异常，为业务部门执法提供线索。目前，通过执法评估系统，海关业务管理人员可以从关别、企业、商品、当月、上月五个纬度进行税收征管水平、加工贸易管理水平、监管查验质量、价格审核以及综合评价五个方面的评估分析。

预测预警。在我国加入 WTO 的新形势下，为提高统计分析水平，海关总署于2005年建设了进出口监测预警系统，建立了进出口预警机制，并通过近10年来系统的不断升级优化，全方位的完善了进出口监测预警体系。通过进出口监测预警系统，业务人员可以基于海关进出口贸易统计数据和国内外相关宏观经济统计数据，对外贸进出口进行全方位、多层次、多角度监测、监控和预警分析，监测预警的指标包括单个商品、贸易伙伴、国内区域、不同贸易方式、不同企业性质的进出口数量、价值和价格等。还可以基于系统生成的贸易指数编写《中国对外贸易指数》月刊。

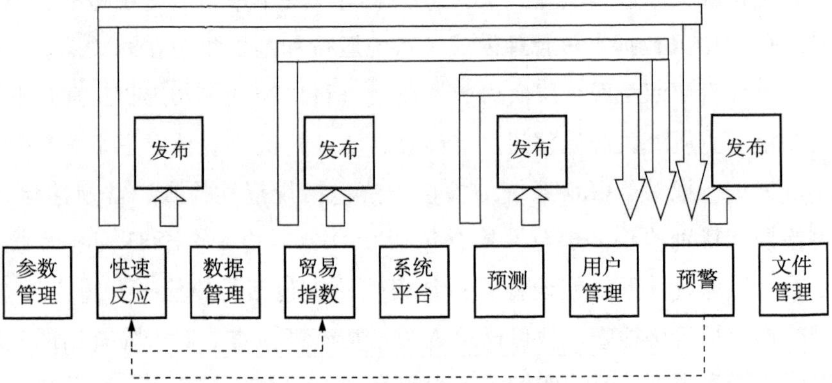

图7　进出口监测预警系统架构

2.3　商务部统计及信息化发展

商务部一般采用抽样调查方法开展日常统计监测工作，由各地筛选出的样本企业利用商务部开发的联网直报系统上报数据，联网直报系统设有部、省、市、县四级平台，各地无权对企业上报数据进行修改，部级平台对数据进行筛选、归类、加工，监测分析市场运行变化情况。为了尽量减少企业基础数据录入的工作量，商务部开发了智能信息泵采集分析系统，通过信息泵的接入，定期从2000多家信息化水平较高企业的刷卡信息中抽取采集所需数据，既减轻了企业工作负担，也提高了统计工作效率和数据质量。

2.4　民政统计及信息化发展

为了紧抓数据源头，确保数据真实性，并降低基层统计工作强度，民政部建设了数据采集系统，各级统计人员通过其中的报表子系统可以按月报送统计报表数据，通过台账子系统可以按季度报送资金发放的台账数据，以便于结合台账数据核查统计数据真实性，确保数据质量。同时，为了减轻基层统计人员工作负担，民政部在大部分地区实现了从业务数据到台账数据再到统计数据的衔接转换。在基层单位，民政业务管理系统可以按照台账需求生成台账数据，并转入到台账子系统中；在部级层面，台账子系统可以基于各级上报的台账数据自动提取、汇总形成统计数据，并转入到报表子系统中。

为了确保数据质量，深入挖掘统计数据应用价值，民政部建设了应用存储系统。通过此系统，统计人员可对采集来的数据进行清洗、审核、提取，并形成最终统计数据。同时，还可以对统计数据按不同维度不同指标进行查询分析，与其他单位共建形成国家人口库、国家法人库。

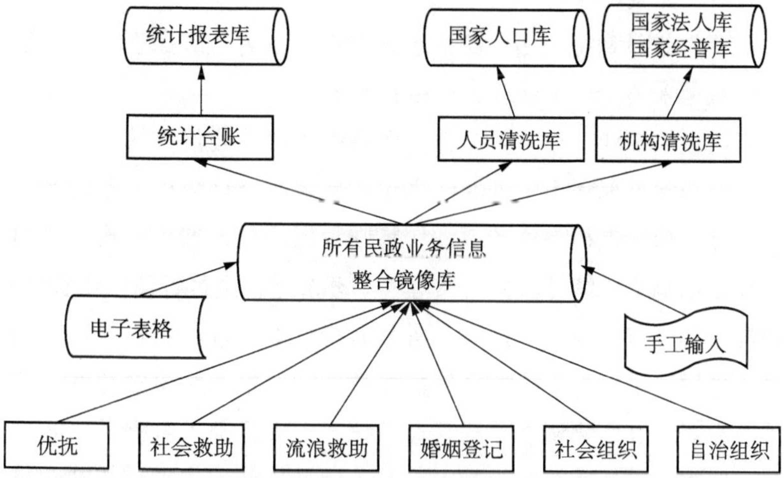

图 8　民政统计信息系统架构

2.5　相关经验借鉴

（1）保障数据来源真实可靠、降低基层统计人员工作强度，应充分利用信息化手段实现与业务管理相融合

随着全国各行各业现代化业务管理的日趋规范和信息化管理手段的不断提升，统计工作中为了统计而统计的思维方式已经转化为从业务管理中获取更多统计支撑的新型思维模式。民政部主要基于各级日常行政管理业

务开展统计工作，统计数据均通过系统的台账数据库抽取生成。另外，通过海关的统计业务开展情况来看，海关进出口统计数据来源于业务管理的特点更为突出，其90%的统计数据均利用信息化手段从报关单、税单、提货单、价格申报单等行政记录中汇总获得。由于这些行政记录对海关部门管理和企业进出口贸易均发挥着重要作用，必须确保填写的准确性，因此基于行政记录的进出口贸易统计数据是真实可靠的。铁路总公司的运输生产统计与其客票管理和货物运单管理密不可分，通过数据交换接口，客票记录和货物运单中提供的原始数据，可以汇总生成客货发送量、周转量、装车量等统计数据。

民政局、海关总署和铁路总公司的统计经验表明，充分利用信息化手段从业务管理工作中获取统计数据不仅节约成本，提高工作效率，更能够确保统计数据真实可靠。

（2）保障统计数据质量、提高统计数据公信力，应高度重视利用先进技术完成数据采集、加工处理、审核和发布

数据质量是统计工作的生命力，也是维护统计公信力的关键，各行业统计机构均非常重视利用先进的信息化技术解决统计数据质量问题，从体系框架设计的角度进行整体考虑，从基础数据采集、到统计数据的加工处理、统计数据审核、统计数据公布等各个环节进行全过程信息化管理。

数据采集环节。国家统计局在居民消费价格调查和农村集贸市场价格调查中，采用了手持电子终端采集数据并实时上报，并探索开发了基于手持电子终端对地农作物调查数据采集系统，大大提高了数据采集效率。商务部在开展的重点流通企业监测中，对于信息化管理水平较高的超市、大卖场等，开发信息泵采集系统，直接从企业的销售终端数据库中提取信息，省却了企业整理录入调查表格的工作环节。

数据报送环节。国家统计局、邮政局、商务部都开发了企业联网直报系统，企业不必安装客户端软件，只要登录网页就能实现数据的报送。相对于传统的客户端报送方式，网络直报能够实现企业数据的“即填即报”，大大简化了原来的上报—审核—反馈—再上报—再审核—再反馈的烦琐流程。同时，各行业也充分利用了数据仓库技术，实现了冗余型脏数据、垃圾数据的清洗、处理，确保了数据质量。

数据审核环节。海关总署的统计系统中针对预先设定的数据检控方法，开发一系列的检控参数，并提炼一部分检控参数前置在管理系统的报关单预录入环节，录入保存不通过，企业就不能报单，而且检控参数根据统计业务的需要不断进行更新和维护。国家统计局、邮政局和商务部开发的企业联网直报系统中也都在录入界面设定了审核关系，企业在录入数据的同时，实现数据审核，对于有重大逻辑错误的企业，必须进行修改，否则不能通过审核。

数据处理环节。海关统计是大数据应用的典范，通过从报关单等业务管理系统中提取信息开展统计，其对业务管理系统的字段采用标准化编码设计，便于统计信息的提取、筛选和分类，此外还基于 spss、sas 等软件的分析技术拓展出了高级应用系统，执法评估系统和预测预警系统，实现统计数据的深度挖掘和综合利用。

数据展示环节。国家统计局将统计信息与 GIS 地理信息相结合，能够基于地图进行多维展示，包括同一指标的不同区域比较，同一区域的时序数据比较等，采用直方图、饼图、折线图等直观的统计图，使用户对统计数据的变化规律和特征一目了然。

方便实用的采集技术、快速便捷的联网直报体系、随时更新的审核参数、科学高效的处理技术、丰富直观的数据展示，这些信息化手段的应用，均为交通运输开展统计工作提供了很好的借鉴意义。

（3）挖掘统计数据应用价值，为监测预警、行业监管提供有力支撑，需要加强信息化算法模型的研究与应用

统计的最终目的是提供高质量的统计服务。相关统计机构在不断提升统计数据质量的同时，一直致力于拓展统计服务内容，为管理和决策提供更有效的支撑服务。主要体现在两个方面。

监测预警方面。海关总署基于进出口贸易统计数据和国内外有关宏观经济统计数据建立了预测预警模型系统，一方面可以根据国际形势、经济走势、生产和消费等多个方面来进行全方位的综合判断，从而为宏观决策提供可靠的支持与服务；另一方面可以从多个角度判断货物进出口是否存在过量、倾销、走私或不足等问题，并发出预警信息。另外，商务部通过建立生活必需品、重要生产资料、重点流通企业的监测模型系统，能够直

观查看市场稳定状况、发展变化趋势，主要行业投资发展状况、趋势，以及流通产业发展和消费变化趋势。这些模型系统在掌握市场动态、维护市场稳定方面均发挥了重要作用。

行业监管方面。海关总署利用统计基础指标生成评价指标，并通过建立评估模型系统对各直属海关的税收征管水平、加工贸易管理水平、监管查验质量、通关效能等进行评估，最后在评价指标基础上开展综合评价。通过开展这项工作，不仅对直属海关的业务工作进行了监督，量化了执法水平和业务管理水平评估，同时能够发现海关工作中可能存在的问题和风险，为业务部门执法提供有力的技术支撑和线索。

从相关部门开展的增值服务来看，无论是从监测角度提供更实时、灵敏的统计数据，还是从建立相关的指数、模型等对统计数据进行综合利用，统计服务的内容和形式都在不断进行拓展和延伸，力求统计数据得到最大限度的利用和挖掘。

3. 综合交通运输统计信息化应用发展思路

3.1 指导思想

深入贯彻落实党的十八大精神和交通运输部关于加快推进“四个交通”发展的会议精神，围绕行业深化改革、转型升级对综合交通运输统计的要求，结合综合交通运输统计行业目前的问题与发展需求，积极推进统计信息采集模式创新和业务流程优化，加强综合交通信息资源的交换共享和深化利用，应用新一代信息技术构建规范统一、运转高效、操作便捷、应用智能、安全可靠的统计信息系统，努力提升综合交通运输统计监测能力和服务水平，推动交通运输统计现代化发展。

3.2 总体思路

“十三五”期，交通运输统计监测工作将主要解决行业内面临的五大挑战与问题：

一是横向满足大部制下各行业司局间交通运输综合统计信息资源有效共享、互联互通和数据综合应用的需求。

二是纵向实现与“智慧交通”发展相适应的交通运输统计数据生产方式的变革与创新，自动采集业务系统生产数据，有效降低统计工作负担，提升统计工作效率与质量。

三是适应国家统计工作的新要求，建立规范统一的规上企业直报体系，有效提升统计数据的可靠度和公信力。

四是深入挖掘统计信息潜在价值，优化统计信息服务模式，一方面加强交通运输决策分析和经济运行分析力度，提升行业辅助决策分析水平；另一方面创新移动互联网服务模式，拓展信息服务途径，提高统计信息影响力与服务水平。

五是规范管理行业统计信息资产，保证统计数据质量与生产流程可控、可管、可溯，提高统计信息资产化管理水平。

“十三五”交通运输统计信息化发展应着力变革统计数据生产渠道，实现企业统计填报规范统一；改进统计数据采集渠道，对接业务管理信息系统实现重点领域、重点地区统计数据自动化采集；拓宽统计数据共享渠道，高效整合公路、水路、铁路、民航、邮政等部门的统计数据实现信息资源互联互通；深化统计数据应用渠道，积极利用先进技术手段深挖统计数据内涵辅助科学决策，全面提升综合交通运输统计监测能力和服务水平，总体实现交通行业企业统计一体化、动态信息采集自动化、综合交通信息共享高效化、数据应用智能化，基本形成融“新四化”于一体的交通运输统计信息决策支持服务体系。

构建交通运输统计信息综合采集平台。综合采用行业在线填报、企业联网直报、行业间数据共享、基于互联网大数据和物联网技术监测行业经济运行动态信息等多种方式，构建统计信息综合采集体系，改革统计数据生产流程，有效提升统计数据的可靠度和公信力。

建设交通运输统计信息辅助决策分析平台。以综合运输服务指数、行业景气指数、行业运行短期预测、行业运行监测预警等行业决策定量分析模型为基础，完成涵盖国家重点战略跟踪、交通建设扶贫、城市客运综合发展、企业财务状况等专题的统计信息辅助决策分析，强化行业运行情况的监测和预警，实现行业统计分析服务从传统的非实时性分析和以报表分析为主的方式向实时、关联和预测性分析等更智能、更高效的方向发展。采用 GIS 和可视化分析技术，建设交通行业多源统计及监测数据的融合分析系统，结合空间位置分析和显现潜在的行业运行规律，显著提高统计及监测数据的可视化水平，为行业管理部门和社会公众提供更加优质的统计服务。

搭建交通运输统计信息服务平台。基于移动互联网思维，依托现代信息技术手段，将统计信息服务渠道扩展到政务外网、移动端 APP、微信公众号等智能终端，在功能开发、载体建设、技术创新等方面实现新的突破和创新，实现数据的主动推送和定制性服务，形成大数据时代统计信息服务的新品牌。

建立交通运输行业统计及监测数据资产管理平台。实现统计及监测数据整体蓝图架构和资产模式的自动化管理，为行业提供高可靠、高质量和有价值的数据，通过权限控制、安全审计等管理手段，进一步增强行业统计及监测数据资产的管理能力和水平。

3.3 基本框架

交通运输统计信息化发展的基本框架是，面向数据采集、分析、服务、管理等完整链条，加强统计信息综合采集平台、统计信息辅助决策分析平台、统计信息服务平台、行业统计及监测数据资产管理平台等相关平台的开发和建设，促进融交通运输动态信息采集自动化、数据应用智能化、信息共享高效化、行业企业统计一体化于一身的交通运输经济运行监测与综合分析决策支持系统的建设，提高交通运输统计信息化、智能化发展水平。

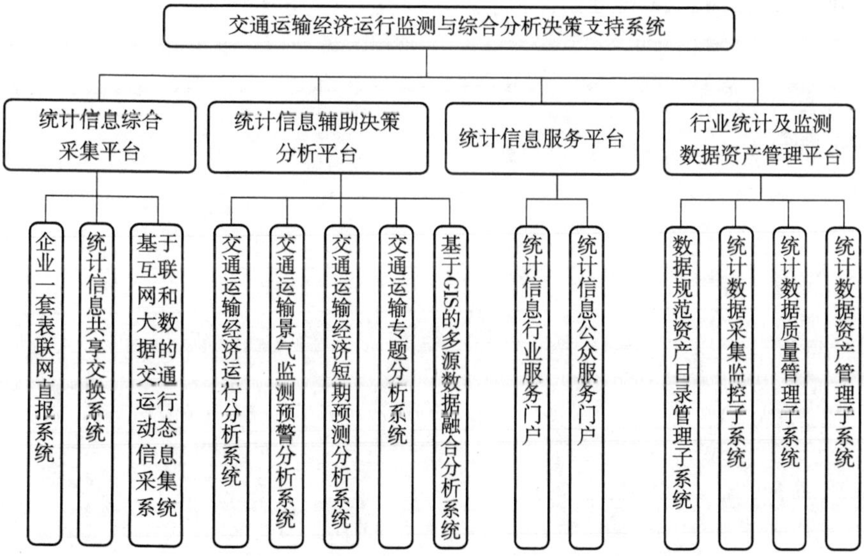

图9　交通运输统计信息化建设总体框架

经过多年的建设和发展，交通运输统计信息化建设已经具备一定基础，因此在未来发展建设中应重点处理好与历史工程边界和衔接关系。

处理好与交通运输统计分析监测和投资计划管理信息系统的关系。统计信息综合采集平台中以企业一套表联网直报为核心的统计填报管理系统应涵盖一期工程的统计报表管理系统，并对其进行升级改造，优化填报流程，增加评价考核功能；“统计信息共享交换系统”将涵盖一期工程的统计信息共享服务系统，在此基础上扩展建设行业间的统计信息共享系统；“基于互联网和大数据的交通运行动态信息采集系统”将涵盖一期工程的行业运行动态监测系统，在此基础上扩展高速公路收费数据监测范围至29个省（市），并结合全国客运联网售票系统建设进展情况，相应扩展客运站联网售票数据监测范围。

处理好与交通统计信息系统一期工程的衔接关系。统计信息服务平台下的“统计信息行业服务门户”将对其升级改造形成“政务内网服务门户”，扩展服务内容，优化服务模式，提高服务质量。

处理好与中国交通统计信息网的衔接关系。统计信息服务平台下的“统计信息公众服务门户”将涵盖此网站，并将对其进行升级改造，优化服务模式，提高服务质量。

4. 综合交通运输统计信息化重点任务

交通运输统计信息化发展将严格贯彻落实“十三五”交通运输统计体制机制改革内容与精神，根据交通运输未来发展的阶段性特征和新要求，充分依托已有工作基础和信息化成果建设集统计数据规范填报、自动采集、高效共享、智能分析、综合应用于一体的交通运输统计信息化系统，进一步挖掘统计数据价值，深化和拓展统计信息化决策支持和服务内容，丰富统计决策手段和方式，通过统计信息化引领和推动行业统计工作现代化进程。

4.1 构建统计信息综合采集平台

统计信息综合采集平台通过行业在线填报、企业联网直报、铁路民航邮政行业间数据共享、基于互联网大数据和物联网技术监测行业经济运行动态信息等多种方式，实现全行业相关统计信息的多模式多粒度综合采集，构建统计信息综合采集体系，以提高统计生产能力。

4.1.1 建设企业联网直报系统

以“十二五”一期工程的统计报表管理系统建设为基础，重点建设重点调查企业统计数据联网报送平台，实现与国家统计局基本单位名录库对接，结合“统一设计、统一标准、统一布置”的“一套表”企业报表制度，以企业“一套表”业务流程为框架，建成集行业在线填报、企业联网直报、数据抽样调查于一体的统计工作业务系统。通过系统建设，一方面将有力减轻企业统计人员工作负担，避免重复统计；另一方面将大大减少中间人为干扰环节，提升数据质量。

（1）建设交通运输基本单位名录库、车辆名录库和船舶名录库

按照“统一标准、一库在线、分级维护、及时更新”的模式，以经济统计专项调查名录库数据为基础，充分共享国家统计局名录库数据，并充分整合其他各项统计调查名录库数据，最终建成一个交通运输行业统一完整、不重不漏、真实准确、及时更新的基本单位名录库、车辆名录库和船舶名录库。

基本名录信息在线采集。通过系统实现部、省、市、县四级交通运输主管部门根据系统赋予的数据更新权限，及时登记录入权限范围内的企业名录信息。

基本名录信息交换共享。通过系统所提供的数据交换接口，能够按需求导入国家统计局全国基本名录库中数据，共享与本行业相关的基本单位名录数据。

基本名录信息更新维护。对于交通主管部门维护的基本名录信息，实现名录的日常及时更新、新增、注销，年底统一进行核查更新；对于共享的国家统计局名录库数据，系统根据对方半年一次的更新频率，实现半年一周期的更新。系统可按更新周期分版本保存基本名录库，便于查看历史版本名录库内基本单位、车辆、船舶的历史统计数据。

（2）建设企业“一套表”联网直报子系统

系统按照“功能完善、方便使用、标准统一、友好兼容”的总体要求，以解决现有数据采集处理软件多乱为目标，可为被调查企业统计人员提供统一的统计数据采集处理综合工作环境，包括报表制度管理、调查对象权限管理、填报任务分配、数据录入、数据编辑、数据审核、数据查询等多种功能，主要实现报表任务分单位、分角色、分用户能够在线动态分配，被调查企业可根据任务表单直接填写满足部要求的原始数据。

企业“一套表”指标管理。基于企业“一套表”指标体系，能够对“一套表”制度涵盖的各方面数据指标进行定义、分类和编辑，实现指标定义、数据结构映射、指标关系梳理和数据指标变更、扩展等功能。

企业“一套表”报表管理。按照企业“一套表”制度所规定的各类报表样式、表间关系、指标间关系等内容，实现报表样式的直观设计、数据间逻辑关系灵活定制和相应的管理规定描述，并可对历年不同报表进行保

存、查看和管理。管理部门根据不同填报任务和填报周期，可复选报表以供企业填报。例如，同一报表可以供不同报告期选择使用，进一步降低报表的维护工作量，杜绝同一报表在不同报告期审核关系不一致现象。

企业“一套表”填报任务管理。通过系统可根据企业“一套表”制度所规定的部、省、市、县各级交通运输主管部门和被调查企业单位的职责划分相应的填报管理权限。例如，赋予被调查企业填报权限，赋予交通主管部门审核、查询权限等。并且每一级单位还可对本单位人员进行内部授权，例如企业用户可以为企业内一些员工分配数据录入权限，为另外一些员工分配审核和上报权限等。同时，管理部门可根据报表制度规定，分单位、分角色、分用户在线动态分配所需审核或填报的报表。任务分配后，被调查企业登录系统后，可直接看到本单位所需填报、处理的报表清单和相应的规定要求；各级管理部门登录系统后，可直接看到所需审核的报表清单和相应的规定要求。

企业“一套表”数据在线采集。根据统计报表任务清单，被调查企业可以查看相应任务下的统计报表和填报要求，并按照相应要求在线录入本企业源头数据，录入过程中，用户可以随时查看指标定义说明，以及与相关指标的逻辑关系，降低填报错误率。同时，还可参考或直接提取拷贝历史数据，并结合实际情况进行调整，以减轻录入工作负担，提高填报效率。

企业“一套表”数据审核处理。系统根据企业“一套表”制度规定的审核内容和审核公式内置相应的审核程序。被调查企业录入统计数据后，可以对所有数据进行单表或批量的计算机审核，并可以通过审核结果快速定位到源头问题数据。用户根据系统提示的数据错误原因，可以快速修改问题数据，并再次审核。

企业“一套表”数据联网报送。被调查企业通过系统可批量选择所有自审通过的报表，并统一直报到部内各司局。各司局根据系统赋予的权限，可以查看本单位职责范围内的报表数据。

企业“一套表”数据同步审核。企业源头数据上报后，部各司局和各级交通运输主管部门根据系统赋予的权限及报表制度规定的工作流程，可以在线公开审核企业报送数据，并且相关各级部门均可以看到数据正在哪一级审核，以及相关的审核结果、部门意见。整个审核进程中，各级部门没有编辑修改权限，只有直接退回到企业的权限，并且退回时需填写退回意见，退回后，各级部门需等待企业再次上报，然后审核。当整个审核过程均通过后，部各司局将对其进行最终确定。各相关企业和部门可随时查看整个工作流程进度和各环节操作痕迹，实现统计工作公开审核、透明办公。

企业“一套表”数据汇总查询。部各司局和各级交通运输主管部门根据系统赋予的权限可按业务领域、报表类别、项目类型等条件汇总各类数据，也可以按报表期别、报表名称、项目名称、投资额度、建设规模等条件进行关键字查询。

企业“一套表”数据监测催报。部各司局和各级交通运输主管部门可根据报表制度规定时间，定期登录系统监测查询各省被调查企业数据填报的实时状况，并可以批量选择未完成填报工作的企业，统一发送短信进行催报。也可以设置催报时间和催报内容，由系统自动完成催报工作。

企业数据质量评估与分析。系统将结合企业数据在整个审核工作过程中的错误数据量占比、错误数据指标占比、退回次数对数据质量进行综合评估，并对典型、普遍错误情况进行分析，进一步优化填报程序，降低填报错误率。

企业数据填报及时率评估。系统将结合企业填报时间和报表制度规定时间，进行对比分析，分析出不同省份、不同行业内各类企业的填报及时情况，对于延迟上报企业，进行重点关注和沟通，了解实际情况问题，通过系统将问题难度降到最低。

企业数据填报完整性评估。系统将结合企业填报指标内容和报表制度规定内容，进行对比分析，分析出不同省份、不同行业内各类企业关于必填指标和非必填指标的数据内容完整度，分析出普遍问题，反映各企业共同存在的必填指标确实无法填报等现象，辅助部决策修改指标属性，以减轻企业工作负担，避免数据瞒报或假报。

（3）建设运输量抽样调查子系统

可根据抽样范围直接提取基本名录库相关内容组成抽样框，抽样框通过辅助变量排序后，能够形成散点图，并给出最优分层界限，用户可以拖动鼠标修改分层界限。系统能够根据分层界限、各层权重系数，按照总体精度要求测算最优样本量，完成样本量的分配，并能够选择不同的抽样方法（如全样本调查、分层简单随机抽样、分层随机起点等距抽样）进行抽样。

4.1.2 建设统计信息共享交换系统

系统以“十二五”一期工程建设的“交通运输统计信息共享服务系统”为基础，建设“行业间交通运输统计信息共享交换系统”，重点实现大部制下部局间，以及与其他相关行业间统计信息的相互交换与共享。研究制定部局间铁路、民航、邮政年报与月报数据交换标准和统计编码标准，以及与相关部委、协会、社会单位主要交通数据资源的数据交换标准和统计编码标准，并开发统一规范的数据交换接口。通过系统建设，将大力促进大部制下部与部管局间、部与相关行业间统计信息互联互通，打破信息孤岛。

（1）建设统计信息交换子系统

以交通数据资源目录和数据交换标准为依据，通过 Web Service 接口调用、前置机数据库对接和电子数据导入、导出等模式，实现与相关单位、企业不同业务数据平台之间的数据交换、共享和业务流程对接。

（2）建设统计指标管理子系统

实现指标定义、数据结构映射、数据方位标明、数据关系梳理及数据指标变更等功能，推进共享交换系统的变更管理，满足未来数据指标项的变更及扩展。

（3）建设统计信息配置管理子系统

实现对各个阶段数据标准、数据映射关系和数据规则的描述，保障统计信息数据交换质量。可配置共享交换的源头指标和目标指标间的逻辑关系和表间逻辑关系，可视化拖拽搭建对应关系桥梁，实现从源头数据库到目标数据库的数据流转交换。同时提供不同数据格式间的自动转换能力，以保证各种格式的数据均能够按照统一规范格式存入数据库系统。

4.1.3 建设基于大数据的交通运行动态信息采集系统

系统在“十二五”一期工程的基础上进一步扩展高速公路联网收费数

据和客运站联网售票数据的监测范围，统筹纳入全国重点营运车辆联网联控系统、社会企业移动物流信息应用平台、海事签证系统等各类系统的动态业务信息，并通过互联网抓取技术实时获取互联网上的各类公共信息资源（例如，企业财报数据、运价数据等）。积极引入大数据技术，利用以上动态监测数据，结合移动、电信、联通三大电信运营企业的信令数据，互联网企业的搜索数据等社会数据资源，开展关联分析和融合应用，为交通运输经济运行动态监测以及行业转型升级的分析决策提供信息支撑，提升对行业发展的预测预警能力。

（1）建设营运车辆动态信息采集子系统

系统主要实现与全国重点营运车辆联网联控系统的对接，自动获取联网联控系统中危险品运输车辆和重型载货汽车（总质量为12吨及以上的普通货运车辆）的动态信息，主要包括营运车辆属性信息、动态位置信息、运行速度信息和车载货物信息（货物运量、货物种类等）；实现与社会企业移动物流信息应用平台的对接，自动获取物流平台中货物运输车辆的动态信息，主要包括营运车辆属性信息、位置信息、运行速度信息、车载货物信息（货物运量、运价等）和车辆出发地、目的地信息。通过数据汇总分析，可以为掌握全国公路大通道货物运输总体运行情况、货物流量流向情况、运输车辆吨位构成情况等多个方面提供数据支撑。

（2）建设水路货运动态监测子系统

系统主要实现与海事签证系统对接，自动获取长江干线、西江航运干线等航道、港口在日常或重点时段的水路运输生产数据、海事业务管理数据，及安全监管的船载设备数据，从而为掌握水路货物运输承载量情况、水路货物运输流量流向情况、船舶流量情况等多个方面提供数据支撑。

（3）建设互联网信息抓取子系统

系统主要采用链接分析技术和网页智能分析技术，以监测抓取Internet信息为目的，在用户自定义规则下，实现对目标网站信息（例如，企业财报数据、货物运价数据）的监控和智能采集。系统可以同时启动多个搜索器，快速高效地对目标站点或栏目进行信息采集，将网页中的信息内容按日期、标题、作者、栏目进行提取，过滤网页中的无用信息。互联网信息采集范围可以精确到特定网站、特定栏目、特定页面、特定区域，并可以设置站点采集的深度和采集链接的特征，从而实现由用户上网找信息转变为信息自动流向用户的方式。同时，系统通过分发处理可直接将互联网信息转入数据库，还可对信息进行集中展示与编辑修改，并可按照站点和类别方式浏览信息，实现信息及时全面地共享。

（4）升级改造客运站、高速公路动态信息采集子系统

系统在“十二五”一期工程的基础上进一步扩展高速公路联网收费数据和客运站联网售票数据的监测范围：一方面将全国高速公路计重收费数据监测范围扩展至29个省（市）；另一方面结合全国客运站联网售票系统建设实时进展情况，扩展相应客运站联网售票数据监测范围。从而为交通运输经济运行分析和全国范围高速公路运输量统计数据核查提供更有力、更全面的数据支撑。

4.2 建设统计信息辅助决策分析平台

统计信息辅助决策分析平台通过各类统计信息的汇聚实现对领导决策的辅助支持，能够按照不同业务、不同单位实现信息统计分析，并能够生成面向业务和领导的各类图表，各图表能够通过政务内网门户实现决策分析信息展示，以提高统计分析能力，服务行业科学决策和管理。

4.2.1 建设交通运输经济运行分析系统

系统需围绕交通运输经济运行分析这一核心业务工作，实现编制交通运输经济运行分析报告所需要的常规分析指标计算，以减轻数据分析工作负担，提高经济运行分析工作效率。

（1）交通固定资产投资情况分析

固定资产投资完成额及变化情况分析。利用行业的固定资产投资完成额等数据分析铁路公路水路民航固定资产投资发展变化、分区域投资变化、分行业投资变化以及续建项目、新开工项目投资变化。同时，纵向分析当前投资所处的发展增速水平，横向与全社会投资进行比较，揭示交通基础设施建设服务经济增长所做的贡献。

固定资产投资资金到位率情况分析。利用资金到位率等数据分析公路水路资金到位率变化，分区域资金到位率变化，高速、普通国省道、农村

公路、内河、沿海投资资金到位率变化，续建项目、新开工项目资金到位率变化等，反映行业筹融资面临的主要问题。

新开工及竣工项目情况分析。分析公路（主要是高速公路）、内河、沿海新开工项目和竣工项目情况，以便有效把握交通固定资产投资发展趋势。

分省投资情况分析。分析各个省的投资完成额、增量及增速情况，并以地图进行可视化展示。

（2）客货运输生产情况分析

客货运输生产总体情况分析。主要是结合统计数据与监测数据，从综合运输角度分析全社会客运量及周转量、货运量及周转量、平均运距等变化特点及原因，铁路、公路、水路、民航等各种运输方式客货运输量变化特点及原因，各种运输方式内部结构变化特点及原因，并结合宏观经济及关联产业变化趋势、运价变化特点，分析行业客运量及周转量、货运量及周转量走势。

货物运输与宏观经济之间的关系分析。分析全社会货运输量及周转量与国内生产总值（GDP）、工业增加值等宏观经济指标之间的关系，分析相关系数和强度系数等。

分省运输情况分析。分析各个省的客货运输量、增量及增速情况，并以地图进行可视化展示。

（3）港口生产情况分析

港口生产总体情况分析。主要利用规模以上港口统计数据，分析港口货物吞吐量，内、外贸吞吐量，内河、沿海吞吐量以及集装箱吞吐量等变化特点及原因，并结合宏观经济变化趋势、运价变化特点，分析港口生产主要指标发展走势。

港口分货类情况分析。分析港口煤炭、原油、铁矿石、集装箱等重点货类变化特点及原因，以及上述货类分内贸、外贸进出口港吞吐量的变化特点及原因，并结合上下游关联产业发展趋势，对主要货类走势进行预判。

分区域港口生产情况分析。分析环渤海、长三角、珠三角、东南沿海、西南沿海等重点经济圈港口生产情况，并以地图进行可视化展示。

国际航线集装箱情况分析。分析国际航线吞吐量的增量与增速，充分反映国际经济战略的影响作用，以及国际主要市场经济形势的走向。

（4）交通运输能耗统计分析

交通运输能源消耗主要是统计分析报告期内交通运输能源消耗及变化情况，反映交通运输行业能源结构、节能减排落实情况及可持续发展能力。

总体情况分析。主要分析监控与检查燃油消耗状况、监测企业单位运输工作量综合能耗量、单位运输工作量二氧化碳排放量等；分析计算以上对象的绝对量、增减量、累计同比和当期同比。

增量发生分析。分析计算单位能耗及排放量增量发生监测企业所在的行业领域，以分布图形势展现。

社会对比分析。将行业能耗及排放规模与全社会能耗及排放规模进行比较，按能源强度、二氧化碳排放强度分别比较。

节能减排贡献率分析。分析交通运输行业能耗对优化能源结构、实现节能减排等方面的直接、间接贡献情况；分析交通运输对煤炭、石油、新能源等能源的消耗情况。

（5）安全生产情况分析

主要围绕交通运输水上安全、搜救、交通运输工程建设安全、港口安全及道路运输安全等各领域安全生产情况，分析各领域事故数、死亡失踪人数、单位事故率等主要指标变化特点及原因，同时分析各领域重大事故情况。

4.2.2　建设交通运输景气监测分析系统

（1）综合运输服务指数分析

从综合交通角度出发，以各种运输方式客货运量为基础指标，经过季节调整、无量纲化、权重设置、合成指数等处理环节，加权合成用来反映我国交通运输行业总体运行状况的行业指数。该指数由综合指数以及货运指数、客运指数两个分项指数构成，不仅能够反映交通运输行业总体发展态势及变化趋势，而且在揭示宏观经济发展变化方面具有一定的预警效果。

（2）交通运输行业先行、一致、滞后指数分析

以各种运输方式（公路、铁路、民航）的客货运输量、港口吞吐量、固定资产投资量等交通运输行业数据，以及工业增加值、进出口总值等宏观经济数据，铁矿石、原油、煤炭、钢铁等产量、进出口量等关联产业数据为基础，根据行业经济运行原理建立行业基础指标数据集，分析基础指标与行业基准指标的关系，并结合相关数学方法，确定先行、一致、滞后指标集。对指标集数据进行数据处理，按照合成指数的步骤合成先行、一致、滞后指数。通过指数分析对交通运输行业的发展走向进行判断，为交通运输主管部门的宏观决策提供参考依据。

（3）行业信心指数分析

通过定期向行业内主要企业经营者进行问卷调查，根据被调查者对企业生产经营情况及预期、市场未来走势、市场价格变动趋势等问题的预期，结合定量分析方法，最终形成能够反映市场对行业发展预期的评价指数，通过获取来自市场主体对行业发展走势预期的第一手资料，为主管部门更加及时、准确和高效地提出政策措施提供支撑。

4.2.3 建设交通运输经济短期预测分析系统

系统根据公路水路客货运量及周转量等交通运输行业指标变化特点，结合宏观经济指标和关联产业指标，选择构建适合的计量分析模型，用于预测下一报告期行业指标走势，为行业主管部门决策提供技术支持。

预测的行业指标主要包括公路客货运量及周转量，水路客货运量及周转量，港口货物吞吐量及内外贸吞吐量、煤炭及制品吞吐量、石油天然气及制品吞吐量、金属矿石吞吐量和集装箱吞吐量等。

4.2.4 建设交通运输专题分析系统

（1）服务于国家重大战略的专题分析

系统围绕"一带一路"、京津冀协同发展、长江经济带三大战略、宏观经济稳增长以及"互联网+"等在行业内的落实推进情况进行分析，特别是通过分析港口对应的"一带一路"沿线区域国家集装箱吞吐量，京津冀地区、长江经济带"9省2市"的公路水路客货运输量、港口吞吐量、交通固定资产投资等数据，全面反映国家三大战略政策效果情况，为行业

主管部门、宏观管理部门决策提供支撑。

（2）交通建设扶贫分析

系统需跟踪交通扶贫规划实施情况、评估交通扶贫工作实施效果，同时满足国务院对交通运输行业扶贫工作考核需求。交通运输扶贫统计分析主要包括两大类：一类针对贫困地区的交通运输投资情况统计，主要分析投资规模、投资结构和资金来源结构；另一类是贫困地区交通基础设施现状统计，主要分析路网结构、农村通达通畅情况和农村基本公共服务水平。

（3）规划、计划、统计综合分析

系统需依托五年规模建设项目数据、年度投资建设计划数据和月度建设项目统计数据，按照规划执行情况、投资安排情况、基础设施建设投资完成和进展情况进行综合性关联分析，从而基于规划、投资执行情况和统计结果进行规划中期评估与适时调整。分析指标主要包括投资总额、中央投资总额、已完成投资额、已完成中央投资额、中央资金到位额、公路建设里程、桥梁建设座数、隧道建设条数等。

（4）城市客运交通发展综合分析

系统需依托城市客运交通线路及站点专项调查更新数据和城市（县城）客运统计报表数据，按照设施发展和运输服务两个方面，对城市公共汽车客运情况进行分析。

基础设施发展分析。基础设施发展分析主要包括线网站点覆盖率水平分析、停车保养场满足率分析、公交优先措施落实情况评价、公交中途站台设施评价、公交站点设施信息化分析、线路及站点设置分析等。

公交运输服务分析。公交运输服务分析主要包括城市居民出行载体分析、运营范围和城镇化联系分析、城市交通内外衔接和换乘分析、运营时间跨度和发车间隔分析、运营服务形式分析、公交票价票制分析等。

（5）公路货运在线监测分析

系统需依托公路货运在线平台以及互联网抓取数据，对重点监测样本单位的货物运输特征进行分析，从而反映行业特征变化。重点对监测样本单位车辆生产特征、运输货物流量流向构成、运输价格等进行分析，便于行业决策和管理部门能够更加客观地掌握市场供需变化特点。

车辆运输生产特征分析。车辆运输生产特征分析是指依托货运物流信息平台的重点监测单位信息，对监测样本单位的货运车辆车型特征、货运车辆运输生产效率特征等进行分析。主要分析指标有运输车辆的吨位构成、车辆平均运营里程、车辆实载率、车辆工作率等。

运输货物构成分析。运输货物构成分析是指根据监测样本单位的情况，对运输货物的货类构成、价值构成等进行分析，力求能够反映经济结构调整对公路运输货类变化的影响。主要分析指标有：货类构成、货物价值构成等。

货物流向分析。货物流向分析是指根据监测样本单位的情况，对运输货物的流量流向情况进行分析，便于决策部门对物流通道和物流枢纽建设的决策参考。主要分析指标有货物流量流向 OD 数据、货物流通节点热度等。

货物运输价格分析。货物运输价格分析是指根据监测样本单位情况，对不同线路货物运输价格进行分析，反映行业市场供需状况变化。主要分析指标有分线路的运输价格。

（6）水路干线通道货物运输监测与分析

系统需根据水路运输生产数据、海事业务管理数据，及安全监管的船载设备数据对长江干线、西江航运干线等航道的水上货物运输承载量、水上货物运输流量流向、船舶流量等进行统计监测及分析，为水运基础设施建设规划、水上运输发展规划、水上运输安全管理决策提供有力的数据支撑。

（7）企业财务状况分析

通过将企业的财务指标与相关的数据进行分析比较，以评价企业的经营状况的好坏、经营成果的高低以及发展趋势。企业财务状况分析既是对已经完成的企业财务活动的总结和评价，又是对企业发展趋势的财务预测，在微观方面可以准确评价企业经营状况、合理确定财务发展目标、科学进行管理决策，在宏观方面还可以为宏观经济决策提供基础数据支撑。

企业财务状况分析主要分为两类：一类是以分析企业的偿债能力、运营能力和盈利能力为主要内容的企业内部财务状况分析；一类是以分析交通运输企业与宏观经济运行之间的关联关系为主要内容的企业外部财务状况分析。

4.2.5 建设基于 GIS 的多源数据融合分析系统

系统需加强交通运输统计资源数据库与互联网、行业协会等社会单位掌握的交通相关信息、地理信息、多媒体信息等的融合应用和综合开发。通过对基础设施、运输服务、企业运营、车辆时空信息等多源多属性数据的归类抽取、跟踪评估、交叉匹配、关联对比、综合分析等，挖掘分析运输需求与运输供给的匹配程度、区域经济社会发展与综合运输能力布局、综合运输通道的运能分配等，不断提升行业统计数据的精准程度、提高对行业发展规划和潜在风险的研判和预估能力，同时依托地理信息技术将复杂的交通运输属性数据以可视化的形式展示出来，显著提高数据的可视化水平，增强对多源数据融合应用和挖掘分析的基础能力。

（1）来源分析

来源分析是按数据来源进行分类汇总，并按类别不同显示详细的统计信息数据，并支持钻取到数据列表及详细。

（2）比较分析（趋势、同比、环比）

比较分析是通过选择多个不同的时间（年度、季度、月份、时间段），结合数据量及维度（来源、类型、所属区域），通过图形显示来反应数据发生的趋势、同比、环比情况。

（3）周期分析

周期分析是通过选择分析时间段及分析区间（年、季、月），结合数据量，发现其中的周期性规律，并进行说明。

（4）时空相关度分析

时空相关度分析是指结合时间和地理空间维度，对不同时间粒度（年、季、月、重大节假日等）和不同区域的数据发生情况进行分析。

（5）态势预测分析

态势预测分析是指以时间段和数据类别为条件统计，显示统计信息的趋势，对超过阀值的数据类型以红色警示，同时通过预测算法对各数据类别今后的发生趋势进行预测。

4.3 搭建统计信息服务平台

统计信息服务平台针对不同层级行业主管部门、社会公众、科研机构、业内企业等不同需求群体，研究制定不同层次的统计信息开放内容，通过政务内网、政务外网和互联网，利用门户网站、移动 APP、API 接口和微信公众号等信息化手段提供综合式、立体化、便捷性服务，以提高统计服务能力。

4.3.1 建设统计信息行业服务门户

行业服务门户部署于政务内网和政务外网，是在交通统计信息系统一期工程建设成果的基础上，为更好的支持统计业务内部协同，提高行业管理能力和服务水平的需要，而对原有政务内网门户进行功能上的整合、升级和完善。

（1）建设政务内网门户

在现有政务内网门户平台的基础上，进一步整合"十二五"一期工程的规划、投资计划、统计数据资源，并统一展示相关汇总数据和综合分析数据，实现统一身份认证、统一内容管理，通过网站信息发布、站内搜索、站内互动、用户组信息协同等功能提高网站利用效率、方便部内业务人员操作，提升统计信息内网服务水平。

（2）建设政务外网门户

基于政务外网对行业内业务人员提供与统计业务相关的政务、事务服务。主要通过内容管理实现对政策法规、标准规范、报表制度、知识库、统计数据等信息的集中管理和查询。

（3）建设移动端 APP 服务

采用移动互联网技术，通过移动终端，以文本、图片或语音的方式，分区（内外网）分级（不同报表、不同指标）的发送统计信息。对于统计填报、审核人员，通过移动端 APP 可以进行报表查看、报表审核、发送通知（催报）、查看通知（催报），及时完成报表统计相关任务；对于主管领导，通过移动端 APP 可以方便、快捷地查询行业重要统计数据、重要分析结果，以便及时掌握行业总体发展态势。

(4) 建设 API 接口服务

API 接口服务专为行业内企业和二次开发者等数据需求方提供基于统计信息的应用程序接口，包括 Java Script、iOS、Andriod、Web 服务等多种版本。

4.3.2 建设统计信息公众服务门户

公众服务门户部署于互联网，主要以互联网网站和微信公众号的方式为社会公众提供统计信息公共服务。此门户需基于中国交通统计信息网门户网站进行升级改造，囊括新闻浏览、统计动态、通知公告、信息公开（统计数据、统计公报、统计分析、统计法规、统计制度、统计知识、统计资料等）、站内搜索、统计表彰、统计服务等各方面功能，推进统计信息公开，提高统计信息透明度，保障公众知情权，方便公众查询使用和咨询互动。

系统还需以腾讯微信公众号的方式提供更加便捷高效的个性化统计信息公众服务，发布交通运输全行业主要统计指标、综合性交通经济指数走势等公共服务内容，同时将统计信息相关的文本、图表信息发布到微信公众号，建设成为公众放在口袋里的“统计信息门户网站”和随手携带的“统计信息服务手册”。

4.4 建立交通运输行业统计及监测数据资产管理平台

交通运输行业统计及监测数据资产管理平台基于统计信息综合采集平台获取到的全国范围内公路、水路、铁路、民航、邮政等各类相关统计信息和经济运行动态监测信息，建立涵盖数据全生命周期的统计信息数据资产管控体系。平台以数据资产管理为核心，以数据规范和目录管理、数据质量管理为手段，实现数据采集流程监控、数据质量校验、数据资产识别归类等功能，保证统计数据资产的可控、可管、可溯，以提高统计管理能力。

4.4.1 统计数据采集监控系统

通过系统可以监控数据采集和流转过程中各环节的运行状态和数据到位情况。能够以图形化界面形式展示数据库的关键运行参数，监测数据接入、数据库记录生成等关键性业务流程，及时识别数据生产流程中的异常情况，并提供报警和异常情况通知。需要监测的关键数据流程主要包括：

数据接入情况，数据入库情况，数据库创建情况以及数据修改、删除、导出情况。

（1）数据接入监测

主要监测本工程自动获取的非直接入服务器数据库的动态数据文件和前置机接入的数据，记录接入数据的类别、数量、时间等主要信息。

报警事件：在规定的时间周期内没有接收到数据或者到位数据量超出了规定阈值。

（2）数据入库监测

主要监测本工程中通过前端人工录入、人工导入和后台数据文件解析导入、库间数据传输等各种方式下的数据入库情况。主要记录数据库名称、库内新增数据的类型、数量、时间和入库方式等主要信息。

报警事件：数据进入数据库时出现的插入异常、解析异常、传输异常、数据回滚等现象。

（3）数据变化情况监测

主要监测动态采集的数据文件和数据库存储的各类数据的修改、删除、迁移、导出等情况，记录数据修改前后数值、修改时间、修改用户，数据删除的时间、用户，数据迁移的时间、目的位置、数据量，数据导出的时间、类型、数据量等主要信息。

4.4.2 统计数据质量校核评价系统

引入先进的数据管理技术，建立一套科学、智能的数据质量校核评价管理体系，开发相关数据质量校核模型，实现从数据采集、汇总、应用、反馈等环节的全程动态监测评价，支撑数据质量管理长效机制的建立，全面提升交通运行经济分析统计信息业务数据的整体质量，并在此基础之上进行数据深度分析挖掘，提升数据价值，推进信息技术与统计信息业务之间的融合，为领导和业务机关决策管理提供支持，促进统计数据监管与服务的科学化、精细化。

（1）数据质量校核模型

通过数据质量校核模型设计，可以根据业务需要采用不同技术类别的模型或组合对数据质量进行全面校核。

数据完整性评价模型。数据完整性评价模型主要评价数据源是否完整，数据取值是否完整，实体类型、属性特征、维度取值是否完整等。

数据规范性评价模型。数据规范性评价模型主要评价数据的冗余性和取值的规范性等。规范性的量化评价指标一般包括字段重复记录数、不规范字段记录数等。

数据逻辑性评价模型。对于具体的应用根据领域知识定义显式约束规则，然后根据一定的数学方法求出规则的整个闭集，对于每条记录，自动判断其是否违反规则约束。

数据及时性评价模型。及时性评价包括数据处理（获取、整理、加载等）的及时性，数据异常检测的及时性，数据处理更新的及时性等。

数据一致性评价模型。一致性评价是指数据在不同环节进行清洗转换时，检查转换前后记录数和汇总数是否一致。一致性的量化评价指标包括记录数一致率、汇总数一致率，字段分类记录数一致率及字段分类汇总数一致率等。

（2）问题数据反馈追溯

通过问题数据反馈追溯，可以对各类统计数据中存在的不同程度问题进行源头追溯，并可以及时发布各类问题数据，督促、监测各相关单位对问题数据进行下载和反馈，从而能够及时修改、完善问题数据，逐步提高数据质量。

问题数据查询。针对平时检查和集中检查过程中发现的问题数据记录，根据时间、区域、检查项目等属性进行综合查询。

问题数据发布。对在检查中发现的问题数据及时发布出来，并督促监测各责任方修正、完善。

修正进度监控。对在检查中发现和修正完善后的问题数据情况，监控问题数据的修正进度，以督促数据源头单位及时修改、完善问题数据，逐步提高数据质量。

（3）数据质量分析评价

通过数据质量分析，可以按照行政区划、填报单位综合评价统计数据质量现状，分析数据质量问题的趋势，总结检查中发现的重点、难点问题，帮助管理层全面了解统计数据质量状况，及时掌握统计数据质量的变化情况，为行业管理和决策提供及时高效的参考信息服务，包括区域差异分析、因素敏感性分析、单项得分排名、问题数据分析等。

（4）数据质量评价报告

系统可以根据数据质量校核评价结果自动生成评价报告，报告周期为每个月或季度，主要内容包括：数据检查基本情况、总体评价情况、业务主体分析、质量状况排名、问题规则分析五个类别。

4.4.3 统计数据资产管理系统

通过系统建设，将对各类统计数据、信息、资料进行科学高效的规范化管理，为用户提供直观的数据资产全面信息管理，为各部门数据查询、分析挖掘、共享交换等活动提供及时、全面的支持，并为数据资产的运行维护与运行安全提供有力保障。

系统主要功能包括数据规范管理、元数据管理、数据资产目录管理（元数据目录、用户目录、服务目录的管理和目录注册、目录发布的管理等），以及用于检索、共享、发布统计数据的数据资源管理等。

（1）数据资产规范管理

在已有国家标准和行业标准基础上，参考国际同类先进标准，结合本工程开发、运行、管理、服务、接入的需要，建立与系统相适应、有效的标准规范，以保障工程建设顺利推进、高效运转。

制定数据发布规范。定义系统中各项数据针对不同级别用户，不同应用范围的数据发布权限和要求。

制定业务口径规范。定义系统中每一项数据表间的业务关联关系，数据字段的融合和计算口径标准。

制定数据标准规范。定义系统中每一项字段的含义、解释、前置条件和应用方式等元信息。

（2）数据资产目录管理

数据资产目录管理就是对数据进行分门别类的管理，让数据查询更快捷，统计更清晰高效。通过信息资产目录的建立，为交通信息资源的采集、分类、描述、处理、展现、应用和管理提供统一的标准规范，为分散异构的统计信息资源的共享和交换提供基础性支撑，实现对统计信息资源的识别、导航和定位服务，从而更加有效管理和利用统计信息资源。

数据资产目录管理主要完成以下两个任务：

编制统计数据资源目录。信息资产目录主要包括信息资源类型、属性、数量和当前状态信息的第一数据源和相关信息的采集、维护、更新等责任单位。

建立统计数据共享交换目录。依托共享交换体系，以统一规范的形式，建立部级之间和交通运输部与企业之间 2 个层次的信息共享交换服务目录。

（3）数据资产应用管理

用户通过系统可以快速检索本工程涵盖的公路、水路、铁路、民航、邮政、宏观经济等各业务领域内的统计数据，并可以按照地区、行业等各类条件进行组合查询。

数据总体情况查询。对已有数据资产进行分类汇总查询，汇总内容包括记录数、存储量、更新周期、变化量、查询量、交换量等信息进行展示，实时掌握数据资产运行状况。

数据明细信息查询。对本工程涵盖的公路、水路、铁路、民航、邮政、宏观经济等各业务领域内的各类统计明细数据，按地区、时间、业务领域、项目类别、数据获取方式等维度进行组合条件查询，同时可以灵活选取关注的统计指标进行内容展示。

4.5 加强硬件条件建设

为支撑以上四大平台的建设，根据系统用户数量、数据传输流量、数据存储容量等需求，在交通运输统计分析监测和投资计划管理信息系统（一期）工程建设基础上，加强数据资源前端采集设备（如前置机等）、传输设备、存储及处理设备等建设，为以上平台提供基础外部硬件环境。

5. 措施与建议

（1）加强统筹规划

将交通运输综合统计信息化建设工作作为推进“四个交通”尤其是“智慧交通”战略的推进手段，在部“十三五”规划和“十三五”信息化规划中予以明确，提出明确的思路、目标和实施路线，以及相关保障措施。

（2）完善组织体系建设

交通运输综合统计信息化建设是一个长期的、庞大的系统工程，为了有效地协调、管理公路、水路、铁路、民航和邮政统计信息化协同发展，提高交通运输综合统计行业信息系统规划和建设的整体性，需要完善统计信息化建设组织管理体制、健全工作领导小组，加强对统计信息化工程的统一管理、协调和监督，强化部级层面在统计信息化工程项目中的规划、审核、评价等管理、监督职能，以保证工程本身质量和进度，以及与相关工程之间的关联性、协调性和互补性，符合整体规划。

（3）完善相关法规政策

加强有助于交通运输综合统计信息化建设、信息技术应用的法规政策配套，制订项目建设计划和资金计划，合理配置各种资源；建立规划实施与评价机制，组织开展规划执行情况评估，科学分析规划目标的实现程度。

（4）健全统计信息化管理制度

制订与完善统计数据交换、统计数据管理、统计数据运行和维护等管理办法；制订和完善包括信息发布、信息安全、信息分类分级等管理制度。在统计信息化建设项目上强化纵向层级填报管理制度，以保证上下步调一致，横向协调发展，促进交通运输综合统计信息化建设工作稳步推进。

（5）强化标准规范建设

完善规范标准建设机制，由部级层面牵头，组织各级统计信息化维护和主要应用部门，编制“十三五”交通运输综合统计信息化建设标准规范，逐步完善统计信息化应用系统标准规范体系。建立规范标准考核机制，制定规范标准落实的相应管理流程、管理办法，加强规范落实的考核管理，保证标准规范在信息系统建设和应用中得到真正体现。

（6）加强资金保障

加大交通运输综合统计信息化建设资金保障力度，加强对资金的统筹规划及合理使用，对全国交通运输综合统计信息化建设进行统一规划，制订中央投资补助标准及管理办法，各级统计部门按照统一的规划、标准，负责具体项目的实施。

（7）加强统计信息化人才培养

加强交通运输综合统计队伍的信息化教育、培训力度，对各级人员进行不同类型和不同层次的信息技术培训，把统计信息化基础知识培训工作作为业务知识的一部分，不断强化教育，培养一批精通统计信息化技术和统计业务知识的复合型人才，促进交通运输统计工作信息化与现代化相融合。

（8）加强信息安全管理

构建交通运输综合统计信息化建设的安全保障机制。加强信息化建设安全风险评估，全面落实信息安全等级保护和分级保护制度；编制并实施交通运输综合统计信息化安全技术指南，进一步规范统计信息化建设的安全接入，提升统计信息安全保障能力。

【附件】

交通运输部文件

交规划发［2016］55 号

交通运输部关于印发《交通运输统计发展纲要》的通知

各省、自治区、直辖市、新疆生产建设兵团交通运输厅（局、委）：

现将《交通运输统计发展纲要》印发给你们，请遵照执行。

交通运输部

2016 年 3 月 25 日

（此件公开发布）

交通运输统计发展纲要

为认真贯彻党的十八大和十八届三中、四中、五中全会精神，落实国家统计和大部门制改革发展要求，更好地适应经济社会发展新常态和国家重大战略布局，充分发挥交通运输统计服务经济发展、行业管理和公众需求的基础性、导向性作用，推动“十三五”及未来一段时期交通运输统计工作创新、科学发展，结合交通运输实际，制定本纲要。

一、形势与需求

交通运输统计工作是政府统计工作的重要组成部分，也是各级交通运输主管部门实施科学管理的重要手段。近年来，交通运输统计工作在统计内容和领域、统计手段和方法、统计服务水平和质量等方面取得了长足进步，但仍存在一些不适应的问题，如综合交通运输统计工作机制尚未建立，公路水路综合统计与专业统计多头布置、统筹不够，基层统计力量薄弱，个别指标存在人为干扰现象等。“十三五”时期是我国全面建成小康社会的决胜阶段，也是交通运输行业调整结构、转型升级的关键时期。国家统计要求加快构建综合交通运输统计体系；适应新常态、服务新常态、引领新常态要求交通运输统计充分发挥对经济运行分析和决策的支撑作用；国家重大战略的实施以及行业转型发展要求交通运输统计提供更加科学、及时、可信的统计产品和服务；信息化和大数据时代要求交通运输统计创新理念、变革数据生产流程。交通运输统计工作必须紧抓机遇、创新理念、主动作为，不断适应新形势和新要求。

二、指导思想与基本原则

深入贯彻落实习近平总书记系列重要讲话精神，牢固树立五大发展理念，全面服务“四个交通”发展和大部门制改革的要求，充分利用大数据、云计算等现代信息技术，变革统计生产方式，再造统计业务流程，丰富统计服务产品，不断提升统计生产能力、管理能力和服务能力，开创交通运输统计发展新局面。

坚持改革创新。把改革创新作为“十三五”及未来一段时期交通运输统计发展的驱动力，运用新理念、新技术、新方法推进统计工作创新发展。

坚持依法依规。按照依法治国的总体要求，以统计法、部门“三定”规定、部门统计规章和统计报表制度为依据，运用法治思维、法治方式组织开展各项统计工作，全面推进依法统计和规范统计。

坚持统筹协调。统筹综合交通运输统计与行业统计，统筹综合统计与专业统计，强化协调联动，全面提升统计的整体效能。

坚持重点突破。重点确保“十三五”期间在综合交通运输统计、企业联网直报、统计数据质量管控等方面取得明显成效。

三、发展目标

到 2020 年，建成与五大发展理念相适应，能客观反映综合交通运输发展全貌，指标设置科学、数据质量可靠、法规标准齐备、机制运行顺畅、队伍素质优良的综合交通运输统计体系。主要目标如下：

初步建立统一管理、分工负责、部省联动的综合交通运输统计体系。

建成以公路水路交通运输企业“一套表”为载体、以联网直报为主渠道、数据生产流程透明的统计数据采集与处理体系。力争“十三五”期末规模以上企业联网直报比例达到 90% 以上。

建成数据资源充分共享、服务内容丰富、服务方式多样的统计产品和服务体系。实现各类信息资源的深度挖掘和综合利用，统计服务和统计产品更加丰富，统计信息发布及时性显著提高。

四、重点任务

（一）构建综合交通运输统计体系

1. 建立健全综合交通运输统计工作协调机制

建立部与部管国家局综合交通运输统计工作定期会商制度，统筹综合交通运输统计制度设计、标准规范制修订、信息交换共享。联合开展综合交通运输经济运行分析工作。

2. 完善综合交通运输统计指标体系

构建涵盖铁路、公路、水路、民航、邮政及城市交通等综合交通运输统计指标体系。健全反映市场运行、要素投入、质量效益、绿色发展和安全等方面的统计指标。研究建立反映交通运输新业态、新模式的统计指标。

3. 健全交通运输统计法规和标准体系

加快交通运输统计管理规定、统计实务操作指南、综合交通运输统计标准体系等的制修订，推进交通运输统计工作的制度化、规范化和标准化。

（二）推进公路水路交通运输企业“一套表”和联网直报

1. 建立基本单位名录库

按照全国统一管理、专业分工协作、地方分级负责、信息资源共享的原则，统筹利用行业管理业务系统，加快建立规范统一、动态更新的公路水路企事业单位名录库。

2. 整合企业统计报表

重新整合公路水路交通运输企业统计报表，科学设计统计指标和填报规则，解决现行统计多头布置、交叉重复的问题，减轻被调查企业和基层统计人员负担。

3. 实施企业联网直报

加快开发建设功能完善、标准统一、兼容共享的公路水路交通运输企业“一套表”数据采集处理系统平台，推动企业通过统一的平台联网报送原始数据，各级交通运输主管部门在线同步共享，实现“一数到底，多级监管”。先期试点港航企业联网直报。

（三）强化统计数据质量控制

1. 建立健全统计数据质量管控体系

研究制定《公路水路交通运输统计数据质量核查评估管理办法》，明确部省两级统计数据质量管理职责分工，建立健全统计工作核查制度和评估机制。按照国家统计局地区生产总值统一核算改革方案对交通运输统计的要求，推动建立公路水路运输量统一核算制度。

2. 加快建立多源数据质量校核体系

进一步扩大高速公路联网收费监测范围，完善基于高速公路联网收费数据的运输量数据质量评估方法。建立与道路运政管理信息系统、全国重点营运车辆联网联控系统等业务系统紧密衔接的统计动态监测体系，利用多源数据校核提升数据质量。

（四）提升统计服务质量

1. 加强交通运输经济运行分析

建立规范的交通运输经济运行分析日常工作规则和工作机制。进一步提高交通运输经济运行分析报告质量，加强交通运输对经济社会发展的贡献分析、交通运输与宏观经济和重点产业的关联性分析、行业重大决策事中事后跟踪分析。加快构建交通运输监测预警分析体系，增强行业分析预判能力。

2. 提高统计信息化和决策水平

加快新信息技术与统计工作的融合，研究推进互联网数据抓取、自动化感知等技术手段在统计工作中的应用。整合综合交通运输统计相关数据，加快综合交通运输统计数据仓库和数据资产管理平台建设，实现综合交通运输统计数据共享。推动开发交通运输统计数据地理信息展示平台，逐步提高统计数据决策服务能力和可视化展示水平。

3. 优化统计服务品质

研究制定针对各类用户的综合交通运输统计对外开放数据目录，提高数据对外开放程度，建立统计数据发布预告制度。加强交通运输统计数据解读，公布数据来源、数据生产方式等内容，便于社会公众准确理解和使用统计数据。改版交通运输统计资料汇编，建立交通运输统计微信公众号。

（五）加强统计能力建设

1. 加强统计队伍建设

研究解决部级层面综合交通运输统计缺乏专门、稳定、可靠支撑力量的问题，充分发挥交通运输科研院所的服务和技术支撑作用。科学划分统计业务领域，培养领域学科带头人，打造业务素质高、综合能力强的创新团队。

2. 加强基层基础建设

省级交通运输主管部门及其直属行业管理部门应配备专职统计人员，市、县交通运输主管部门应加强统计基础工作，多种方式、依法依规强化统计力量保障。鼓励在符合保密要求和相关规定的前提下，通过政府购买服务的方式开展统计工作。加强统计人员的业务培训。

3. 加强交通运输统计科研工作

抓紧启动一批支撑统计工作创新发展的基础性研究课题。加强交通运输统计标准研究，做好与国家统计标准、交通运输行业标准的系统衔接。完善统计科研工作机制，推动建立部省联动、多方参与、合作共享的统计科研模式。

五、保障措施

（一）加强组织领导

各级交通运输主管部门要把重点任务纳入“十三五”规划和年度工作计划，细化实施方案，明确责任主体，抓好落实。

（二）完善协调机制

加强对公路水路交通运输统计工作的统一管理，推动建立综合统计与专业统计分工负责、优势互补、协作共享的工作机制，发挥综合统计在报表制度和标准制定、数据发布的归口管理作用以及反映行业全貌的主体作用，发挥专业统计在本领域管理中的支撑作用。

（三）落实工作经费

按照事权与支出责任相统一的原则，各级交通运输主管部门要合理测算日常统计、周期性专项调查、经济运行分析等费用支出并纳入年度预算，切实做好统计工作经费保障。

附表 1 综合交通运输统计指标体系（综合表）

			总量指标	构成指标	效率指标	关联指标	动态指标
核心内容	基础设施统计	线路统计	营运里程	全国（区域）营运里程构成		营业里程弹性系数	营业里程增长率
			公路实际里程			全国（区域）人均交通网长度	
			铁路延展里程			全国（区域）交通网密度	
			水路内河河道里程			全国（区域）单位增加值交通网密度	
			客运班线数量			客运班线弹性系数	客运班线增长率
			其中：支持网络购票班线数量	支持网络购票班线比重			支持网络购票班线数量增长率
		站点统计	站点数量		站点密度	站点覆盖率	
			其中：综合枢纽站个数	综合枢纽站占比	综合枢纽站密度	综合客运枢纽站覆盖率	
			其中：支持网络购票站点数量	支持网络购票站点比重	支持网络购票站点密度	支持网络购票站点覆盖率	支持网络购票站点数量增长率
			站点设计发送能力（客运）				设计发送能力（客运）增长率
			站点设计发送能力（货运）				设计发送能力（货运）增长率

续表

			总量指标	构成指标	效率指标	关联指标	动态指标
核心内容	载运工具统计		各客运/货运工具数量				各客运/货运工具数量增长率
			各客运/货运营运工具数量				各客运/货运营运工具数量增长率
			总客位数				总客位数增长率
			总载重量				总载重量增长率
	服务生产统计	交通量统计	各方式交通总量		平均日交通量		各方式交通量增长率
			其中：公益性交通量	公益性交通量比重			公益性交通量增长率
					平均行程速度		
		吞吐量统计	客运班次数量		平均日发班次	每百人客运班次数量	客运班次增长率
			其中：国际客运班次数量				
					客运班次上座率		
			旅客发送量		区域乘客生成密度		旅客发送量增长率
			其中：国际运输旅客发送量				
			货物发送量				货物发送量增长率
			其中：国际运输货物发送量				

续表

			总量指标	构成指标	效率指标	关联指标	动态指标
核心内容	服务生产统计	吞吐量统计			整体站点利用率（客运）		
					具体站点利用率（客运）		
					整体站点利用率（货运）		
					具体站点利用率（货运）		
		客货运量统计	客运总量	各区域客运量占比（分到达和发送计算）	客运运力利用率		客运总量增长率
				各种运输方式客运量占比			国际运输客运量增长率
					客运平均运距		
			网络购票数量	网络购票比重			网络购票数量增长率
			旅客周转量	各种运输方式旅客周转量占比	客运运输密度		旅客周转量增长率
			货运总量	各区域货运量占比（分到达和发送）	货运运力利用率	运输弹性系数	货运总量增长率
			大宗物资货运量	各种运输方式货运量占比			国际运输客运量增长率
					货运平均运距		

续表

			总量指标	构成指标	效率指标	关联指标	动态指标
核心内容	服务生产统计	客货运量统计	货物周转量	各种运输方式货物周转量占比	货运运输密度		货物周转量增长率
			大宗物资货物周转量				
						重点物资产运系数	
			换算周转量	各种运输方式换算周转量占比			
					里程利用率		
					实载率		
核心内容	市场运价和成本统计	运价统计		客运比价指数			客运价格指数
				货运比价指数		运价占物流成本之比	货运价格指数
			政府财政交通运输补贴额	单位财政补贴与运价之比			
		运输成本统计		客运成本比价指数			客运成本指数
				货运成本比价指数			货运成本指数
核心内容	经营者经营统计	经营者规模统计	运输企业家数	各种运输方式企业占比			运输企业数量增长率
			运输个体户数量				
			运输相关业务企业家数	各种运输相关业务企业占比	配套服务强度		运输相关业务企业数量增长率
			设施运营维护企业家数	各种运输方式设施维护企业占比			设施维护企业数量增长率

续表

			总量指标	构成指标	效率指标	关联指标	动态指标
核心内容	经营者经营统计	资产负债统计	企业资产合计（分别运输企业和设施运营企业）				
			企业负债合计（分别运输企业和设施运营企业）		资产负债率		
			企业所有者权益合计（分别运输企业和设施运营企业）				
		运营收入与利润统计	企业营业收入（分别运输企业和设施运营企业）				
			企业营业成本（分别运输企业和设施运营企业）				
			企业营业利润（分别运输企业和设施运营企业）		资产利润率		
			企业利润总额（分别运输企业和设施运营企业）		营业利润率		
要素支撑	固定资产投资统计		固定资产投资完成额	政府财政资金占比			固定资产投资完成额增长率
			本年新增固定资产	分运输方式固定资产投资占比	固定资产交付使用率		

续表

		总量指标	构成指标	效率指标	关联指标	动态指标
要素支撑	固定资产投资统计	新增生产能力（分运输方式）				新增生产能力变动率
		固定资产累计存量	国有资本占比			
	研发与创新统计	研发经费支出	政府财政资金占比部属研发经费支出占比			研发经费支出增长率
		研发活动人员数	部属研发活动人员数占比			科技活动人员数量增长率
		有创新活动企业数占比	创新活动企业数占比			
影响效应	行业生产统计	交通运输服务业总产出				
		交通运输服务业增加值	各种运输方式占运输业增加值比重	运输业增加值率	交通运输业增加值占GDP比重	
	就业与人力资本统计	交通运输服务业从业人员数	各种运输方式从业人员占比		交通运输业就业贡献率	从业人员增长率
		部属系统从业人员数			劳动生产率（以实物计算、以价值计算）	劳动生产率提高率（以实物计算、以价值计算）
	出行意愿、流向及方式选择调查		预计出行人员结构 预计出行方式结构 预计货运内容结构 预计货运目的地结构 预计运输方式结构		预计人均出行次数 预计货运量与生产量的比例	

续表

			总量指标	构成指标	效率指标	关联指标	动态指标
影响效应	出行与货运费用统计	出行成本调查	个人城市交通消费平均支出			交通消费支出在消费支出中的占比	
			个人旅行交通费用平均支出			交通费用支出在旅行总费用中的占比	
		货运费用调查	企业平均货运费用支出			企业货运费用在经营成本中的占比	
	安全与服务质量统计	安全统计	交通事故数		平均每日交通事故数		交通事故数变动率
			事故死亡人数				
			事故受伤人数				
			本年事故经济损失额		单位运输量经济损失		
	资源与环境统计	能源消耗统计	能源消耗总量	各种运输方式能源消耗结构	单位增加值能源消耗量	交通运输业能耗对社会总能耗占比	单位增加值能源消耗量降低率
					单位周转量能源消耗量		单位周转量能源消耗量降低率
		土地占用统计	土地占用总面积	各种交通方式土地占用面积		土地利用率	
			当年新增占地面积			交通运输占地面积与社会建设用地面积之比	

续表

			总量看标	构成指标	效率指标	关联指标	动态指标
影响效应	资源与环境统计	污染物排放与环境保护统计	当年环境保护投入			环境保护投入增长率	
			废气排放总量				
			其中：二氧化碳排放量		单位周转量二氧化碳排放量	单位增加值二氧化碳排放量	二氧化碳排放量变化率
			硫化物排放量		单位周转量硫化物排放量	单位增加值硫化物排放量	硫化物排放量变化率
			氮氧化物排放量		单位周转量氮氧化物排放量	单位增加值氮氧化物排放量	氮氧化物排放量变化率
			废气处理总量				
			其中：二氧化碳处理量				
			硫化物处理量				
			氮氧化物处理量				

附表 2　各类交通运输方式下的基本指标（当前状况）

			铁　路	公　路	水　运	航　空	邮　政	城市公共交通
核心内容	基础设施统计	线路统计	营业里程 其中：电气化里程	公路里程	内河航道通航里程 沿海航道通航里程	航线条数 营运里程	邮路总条数 邮路总长度（单程）	分别不同公共交通（电汽车、轨道交通和客运轮渡）类型的车道长度、线路条数、线路总长度
		站点统计	站段数量	客运站数量 货运站数量	港口个数 泊位个数	机场个数	提供邮政服务的营业场所总数	公共交通站点/码头总个数 出租汽车综合服务区总个数 综合客运枢纽个数
	载运工具统计	车辆船舶飞行器统计	机车数量 客车数量 货车数量	公路旅客营运车辆拥有量 公路货物营运车辆拥有量	水路运输船舶艘数	飞机数 航空器架数	拥有汽车数 拥有飞机数 拥有火车邮厢数	公共汽电车、出租汽车、轨道交通运营车数，运营船数
	交通运输服务生产统计	交通量统计	机车总走行公里 通过总重吨公里	高速公路货车车流量 平均日交通量	日均船舶流量 进出港口船舶量 停泊艘次	飞机起飞架次 飞行小时 机场飞机起降架次 机场运输起降架次		
		吞吐/发送量统计	始发旅客人数 货物发送量 行包发送量		港口货物吞吐量 港口旅客吞吐量	旅客吞吐量 货邮吞吐量		

续表

			铁路	公路	水运	航空	邮政	城市公共交通
核心内容	交通运输服务生产统计	客货运输量统计	旅客运输量 货物运输量 行包运费运输量 旅客周转量 货物周转量 行包周转量	客运量 旅客周转量 货运量 货物周转量	客运量 旅客周转量 货运量 货物周转量	旅客运输量 货邮运输量 货物运输量 邮件运输量 运输总周转量 旅客周转量 货物周转量 邮件周转量	邮政业务总量	出租汽车客运量 轨道交通客运量 轨道交通旅客周转量 客运轮渡客运量 公共汽电车客运量
		客货运价及成本统计			沿海散货运价指数 出口集装箱运价指数 长江航运指数			
	市场统计	经营者规模统计		公路运输企业家数	港口法人企业家数 水路货运企业家数 水路客运企业个数	企业家数	企业家数	公共汽电车经营业户数 出租汽车经营业户数 轨道交通经营业户数 城市客运轮渡经营业户数
	经营者经营统计	资产负债统计		资产总计 负债合计 所有者权益	资产 负债 所有者权益	资产 负债 所有者权益	资产总额 负债总额	资产总计 负债总计
		运营收入与利润统计	旅客票价收入 货运收入 行包运费	营业收入 营业利润 利润总额	营业收入 营业利润 利润总额	营业总收入 主营业务收入 营业利润 利润总额	邮政业务总收入	营业收入 营业成本 营业利润 利润总额

续表

			铁路	公路	水运	航空	邮政	城市公共交通
要素支撑和政府参与	投资建设统计	固定资产投资统计	本年完成投资金额	固定资产投资额	固定资产投资额 新增生产能力	计划投资额 实际投资额	固定资产投资完成额	本年完成投资
		固定资产投资存量统计						
	研发与创新统计	研发投入统计		科技项目资金支出	科技项目资金投入	研究与开发费	科技投入	
				研究报告数 科技论文数 出版著作数 专利授权数	研究报告数 科技论文数 出版著作数 新产品新材料、新工艺、新装置数 专利授权数	科技成果数		
		创新统计						
影响效应	交通运输与经济	行业总产出						
		行业增加值						
	交通运输与社会	就业统计	行业从业人员数	交通运输系统从业人员数 行业内法人单位从业人员平均人数	部交通运输系统从业人员数 行业内法人单位从业人员平均人数	行业从业人员数	年末从业人员	各类城市公共交通从业人员数

续表

			铁　路	公　路	水　运	航　空	邮　政	城市公共交通
影响效应	交通运输与社会	安全与服务质量统计	事故起数 伤亡人数	交通事故数 事故死亡人数 事故受伤人数	水上交通事故总数 水上交通事故伤亡人数 水上交通事故直接经济损失	地面事故发生次数 地面事故死亡人数 事故发生次数 事故征候次数		责任事故次数 责任事故死亡人数 责任事故直接经济损失
	交通运输与资源环境	能源消耗统计	燃料消耗量	公路货运燃料消耗 营业性汽车运输燃料消耗	海洋货运船舶能源消耗 内河货运船舶能源消耗 营业性船舶运输燃料消耗 港口企业能源消耗量	能源消费量及折标准煤消耗量（分别机场和航空公司）		汽油消耗量 乙醇汽油消耗量 柴油消耗量 液化石油气消耗量、 天然气消耗量 电能消耗量
		土地占用统计	征用和购置土地面积					
		污染和环境保护统计	废水排放 废弃排放 固体废物排放	废气产生总量 当年环境保护投入	污水产生总量 废气产生总量 固体废物产生量 当年环境保护投入	二氧化碳排放量		

续表

			铁　路	公　路	水　运	航　空	邮　政	城市公共交通
专题统计	多式联运统计							
	信息化统计							
	国际化统计							
	政府参与统计							
	公共性服务统计			乡镇公路通达率			邮政通达率	公共交通通达率 公共交通社区覆盖率

参考文献

[1] Economic Commission for Europe, Geneva, "Annual Bulletin of Transport Statistics for Europe and North America" [R]. 2008.

[2] United Nations Economic Commission for Europe, "Review of the Transport and Logistics System of the Republic of Belarus" [R]. 2013.

[3] United Nations Economic Commission for Europe, "Transport Trends and Economics 2011 -2012" [R]. 2013.

[4] Economic Commission for Europe, Geneva, "The UNECE Transport Statistics for Europe and North America" [R]. 2011.

[5] United Nations Economic Commission for Europe, "Illustrated Glossary for Transport Statistics, 4th Edition" [R]. 2009.

[6] Eurost at Economic Commission, "Reference Manual on Maritime Transport Statistics" [R]. 2012.

[7] Euros tat Economic Commission, "Reference Manual on Air Transport Statistics" [R]. 2012.

[8] Eurost at Economic Commission, "Guidelines for Regional Data Providers" [R]. 2012.

[9] Eurost at Economic Commission, "Rail Transport Statistics Methodology" [R]. 2014.

[10] U. S. Department of Transportation, "National Transportation Statistics 2013" [R]. 2014.

[11] U. S. Department of Transportation, "State Summaries2002 Commodity Flow Survey" [R]. 2005.

[12] Frank Southworth, "Filling Gaps in the U. S. Commodity Flow Pic-

ture: Using the CFS with Other Data Sources” [R]. 2005.

[13] Ho-Ling Hwang, Jane Rollow, “Data Processing Procedures and Methodology for Estimating Trip Distances for the1995 American Travel Survey (ATS)” [R]. 2000.

[14] Battelle Memorial Institute, “Methodology for the Freight Analysis Framework-2: Forecasts of Inter-regional Commodity Flows” [R]. 2007.

[15] Arnim Meyburg, “Commodity Flow Survey Conference” [C]. Kathleen Hancock, Transportation Research Circular E-C088. Boston, Massachusetts: Transportation Research Board of the National Academies, 2005.

[16] Susan J. Lapham, “1995 American Travel Survey: An Overview of the Survey Design and Methodology” [R]. 1995.

[17] U. S. Department of Transportation, “Highlights of the 2001National Household Travel Survey” [R]. 2003.

[18] Oliver Blume, Harald Eckhardt, Siegfried Klein, Edgar Kuehn and Wieslawa M. Wajda, “Energy Savings in Mobile Networks Based on Adaptation to Traffic Statistics” [J]. Bell Labs Technical Journal, 2010.

[19] Jonas Butkevičius, Mindaugas Mazūra, Vladas Ivankovas & Skirmantas Mazūra, “Analysis and Forecast of the Dynamics of Passenger Transportation by Public Land Transport” [J]. Transport, 2004.

[20] J. M. del Castillo & F. G. Benitez, “Determining a public transportsatisfaction index from user surveys” [J]. Transport Metrica A: Transport Science, 2013.

[21] Harm Jan H. Boonstra, Chris J. de Blois, Gert-Jan M. Linders, “Macro-Integration With Inequality Constraints: An Application to the Integration of Transport and Trade Statistics” [J]. Statistica Neerlandica, 2011.

[22] Jens M. Turowski1 and Dieter Rickenmann, “Measuring the Statistics of Bed-Load Transport Using Indirect Sensors” [J]. Journal of Hydraulic Engineering © ASCE, 2011.

[23] Jay Devore, “Statistics” [J]. The American Statistician, 2008.

[24] アメリカにおける交通調査の新展開 [R]. 運輸政策, 1999 年.

[25] 全国貨物純流動調查 [R]. 国土交通省, 2007 年.

[26] [美] Stacy C. Davis, Susan W. Diegel, 主编. 2007 年美国运输能源统计手册 [M]. 北京: 交通运输部科学研究院, 2007.

[27] 许涤龙, 龙海跃. 欧盟数据质量评估框架及其对我国的启示 [J]. 统计与决策, 2013 (8).

[28] 王华. 欧洲统计系统用户满意度调查的经验及启示 [J]. 统计与决策, 2011 (7).

[29] 余芳东. 外国统计数据质量的意义、管理以及对我国的启示 [J]. 统计研究, 2002 (2).

[30] 常宁. IMF 的数据质量评估框架及启示 [J]. 统计研究, 2004 (1).

[31] 许涤龙, 叶少波. 政府统计数据质量及其提高对策研究 [J]. 湖湘论坛, 2009 (6).

[32] 许小乐. "大数据"与政府统计改革 [J]. 研究探讨, 2013 (5).

[33] 刘敬青. 我国交通运输信息化发展回顾 [J]. 中国铁路, 2009 (2).

[34] 莫荣强, 艾萍, 吴礼福, 岳兆新, 冯鹏. 一种支持大数据的水利数据中心基础框架 [J]. 水利信息化, 2013 (3).

[35] 成建国, 钱峰, 艾萍. 国家水利数据中心建设方案研究 [J]. 特别关注, 2008 (19).

[36] 邹斌. 大数据环境下统计信息化建设的思考 [J]. 科技创新与应用, 2014 (2).

[37] 程芸蓓. 现代经济条件下企业统计信息化建设探究 [J]. 财政监督, 2011 (8).

[38] 李坚, 程培勋. 高速公路联网大数据挖掘应用探析 [J]. 中国交通信息化, 2015 (6).

[39] 任海林. 交通经济运行分析指标和方法研究 [J]. 长安大学, 2015.

[40] 交通运输部科学研究院. 新型交通运输统计工作体系构建研究 [R]. 2011.

［41］交通运输部科学研究院．交通行业科技统计体系研究［R］.2008.

［42］交通运输部科学研究院．主要国家和机构统计数据质量管理体系［R］．2014.

［43］加拿大统计局．国家质量保证框架［R］．2010.

［44］交通运输部．公路水路交通运输信息化“十二五”发展规划［Z］．2011.

［45］田秀华．一体化企业调查方法与实施［M］．北京：中国统计出版社，2011.

［46］国家统计局统计设计管理司．企业一套表联网直报工作手册［M］.北京：中国统计出版社，2013.

［47］邵春福．交通经济学［M］．北京：人民交通出版社，2008.

［48］马建堂．大数据在政府统计中的探索与应用［M］．北京：中国统计出版社，2013.

［49］马建堂．大数据：政府统计的新机遇［M］．北京：中国统计出版社，2015.

［50］徐翠华．大数据与政府统计［M］．南京：南京出版社，2014.